秦亡汉兴三十年

戴文杰◎著

全国百佳图书出版单位

时代出版传媒股份有限公司

安徽人民出版社

图书在版编目(CIP)数据

秦亡汉兴三十年 / 戴文杰著. —合肥：安徽人民出版社，2014.4

ISBN 978-7-212-07326-8

Ⅰ.①秦… Ⅱ.①戴… Ⅲ.①中国历史—秦汉时代—通俗读物 Ⅳ.①K232.09

中国版本图书馆CIP数据核字(2014)第063930号

秦亡汉兴三十年
QINWANG HANXING SANSHINIAN
戴文杰 著

出 版 人：胡正义
责任编辑：任 济 王大丽
封面设计：王建敏

出版发行：时代出版传媒股份有限公司 http://www.press-mart.com
安徽人民出版社 http://www.ahpeople.com
合肥市政务文化新区翡翠路1118号出版传媒广场八楼
邮编：230071
营销部电话：0551-63533258 0551-63533292（传真）
印 刷：北京凯达印务有限公司
（如发现印装质量问题，影响阅读，请与印刷厂商联系调换）

开本：670×960 1/16 印张：22.75 字数：290千
版次：2014年5月第1版 2014年5月第1次印刷

标准书号：ISBN 978-7-212-07326-8 定价：36.00元

前　言

　　孔子在《论语·宪问》中曾说："古之学者为己，今之学者为人。"这里的"为己"，是指为了自己学习，从而实现修身养性的目的；而"为人"则是指卖弄于他人、哗众取宠。两千多年后，此语仍是当今社会的真实写照。

　　一部真正高水平作品的诞生，其作者的创作动机必然是"为己"的。因为只有如此，作者才能经由内心的自我了解去了解外界，才能使其治学有独立思考的精神，不受既有观念的约束，不为名利而取悦他人。也只有如此，作者的学术才能真正精进，真正有所创新。

　　为己治学，才能思想独立。思想独立，才能创新。

　　史学的发展，一在于史料之搜集、整理，二在于新观点之提出，后者必须以前者为基础。治史学者，要在基本史料的基础上有所创见，从旧材料中提出新问题，并引领时代新潮流。当然，这里所说的创见、创新，一定要以基本史料做基础，而不是曲学附会，故作标新立异或炒作，否则便只是欺世盗名、自欺欺人，为真正的治学者所不齿。

　　近代史家陈寅恪先生在谈治学时，曾自称"不甘逐队随人，而为牛后"，这无疑是史学创新的典范，也是一个真正史家所应具备的操守。

笔者不才，对秦末汉初史颇感兴趣，遂以《史记》《汉书》《资治通鉴》等史料为基础，参考王夫之《读通鉴论》、赵翼《二十二史札记》、钱穆《秦汉史》、田余庆《秦汉魏晋史探微》等，将自己所思所得编排次序，予以整理，以飨读者。

自嬴政统一六国到刘邦去世，这段时间虽短，在中国历史上却是浓墨重彩的一笔，其重要性不亚于其他任何一段时期。正如赵翼所言："盖秦、汉间为天地一大变局。"（见《二十二史札记》卷二"汉初布衣将相之局"条）中国历史发展到这里，正走到了封建时代与帝国时代的衔接时段。这也就注定了它不能获得如后世王朝般的稳定性，也因此成为左右中国历史方向的关键岔路口。

具体而言，这一时期可分为三个各具特色的阶段：

第一阶段：自秦帝国诞生至胡亥即位（十二年）。秦朝作为一个伟大而短命的王朝，其特殊性在于崇尚以法家思想治国，而不以儒家伦理标榜。这种单方面的极端性，致使帝国先天畸形。秦始皇雄略过人，治国戒慎戒惧，弥合朝中三派的裂痕，使帝国臻于极盛，却不能避免二世而亡，原因何在？除贾谊指出的"仁义不施"之外，"亡秦者胡"和"亡秦必楚"各指出其中症结的一部分，即统治阶级的内讧和封建势力的死灰复燃。

第二阶段：自陈胜、吴广起义至项羽败亡（八年）。这是一段剧烈变动的时期，"五年之间，号令三嬗"。胡亥集团的倒行逆施，葬送了秦始皇的帝国伟业，致使天下分崩离析，重返封建时代。当时诸侯纷争，兴衰无常，却始终在沿一定脉络前进。项羽想以楚政权统一天下，在东方重建帝国，却遭到以刘邦为首的西方势力的严重挑战。纷乱时局中，只有范增、蒯通等少数人看透了本质，却只能望洋兴叹。

第三阶段：自刘邦称帝至驾崩（七年）。秦朝之后，中华民族将走向何方？刘邦布衣出身，他领着一群乌合之众，先灭秦，后败项羽，最终从纷繁时局中脱颖而出。他为何获胜？可以从"统一战线""根据地建设""武装斗争"中寻找答案。汉朝建立后，刘邦从秦朝的统治经验中汲取营养，予以斟酌损益，使其屹立四百余年不倒，使中国历史平稳地从封建时代过渡到帝国时代。

"以史为镜，可以知兴替"。本书从基本史料出发，而不囿于成见，将秦亡汉兴这段历史置于中国历史长河中，从微观视角全方位、多角度观察，提出数十个司空见惯的"老"问题，并予以"新"解答，是对秦汉史的全新解读，谨希望对读史者有所启迪。

序

秦、汉易代，是中国历史上的大课题。

罗贯中曾说"天下大势，分久必合，合久必分"。但时至今日，"合"已成为中国政治局面的常态，而"分"的时间越来越少，已逐渐成为一种变态。

这种演变趋势的起点，至少可追溯至先秦时代。周朝对中华民族的贡献之一，是在中国人的潜意识中确定了"天下应该统一"的观念。早在秦统一之前的一个半世纪，梁惠王就已和孟子在探讨"天下恶乎定"的问题。

春秋、战国诸子百家，无不是顺应"统一"的趋势应运而生的，虽然理念各异，却殊途而同归。最终，法家以秦国为依托，为回应这一时代大问题交出了满意的答卷。商鞅变法一个半世纪后，统一的秦帝国横空出世。

这项统一帝国的伟业，是在秦始皇嬴政手中完成的，他也因此而彪炳千古。秦始皇呕心沥血，操劳一生，使秦帝国臻于极盛。但秦之统一和建立操之过急，一些先天性的隐患未得到妥当解决。结果，秦始皇辞世后，胡亥、赵高集团的倒行逆施，立马使局势急转直下，甚至出现反方向倒退。

显而易见，胡亥集团的暴政致使帝国分崩离析。这种混乱状态，与春秋、战国时代的诸侯纷争并无二致。秦作为统一的帝国早已不复存在，赵高早在子婴即位前就已取消其帝号，而承认天下又回到战国时诸侯纷争的局面。

在这关键的岔路口，中华民族将何去何从？陈胜、吴广首开平民造反之端，想予以回应，未果而卒。之后，刘邦、项羽作为诸侯翘楚，再试图给出答案。

刘邦心慕秦地，以关中为基地，恢复秦始皇的功业。但眼前局势不可更改，所以他着眼于眼下诸侯纷争局面的第一步是将自己定位为诸侯之一——"关中王"或"汉王"，而不是一个统一王朝的皇帝。假若第一步计划如愿以偿，他接下来的第二步计划，必定是以关中为基地，逐步消灭诸侯群雄，重走秦始皇之路，成为下一个大一统王朝的皇帝。

项羽的计划与刘邦针锋相对，但并不像传统观点所说，他反对秦的统一，是封建旧势力的代表者，主张恢复战国时期诸侯割据的局面。其实，项羽的目标与刘邦并无二致，也是在秦之后重建统一帝国。但他首先必须承认眼下诸侯纷争的现实，并以此为起点，来开创其帝业。

项羽与刘邦在终极目标上殊途同归，但毕竟有所不同。项羽因对楚国感情至深，而对关中不感兴趣，所以灭秦之后想东返彭城。他之所以残灭咸阳，不采纳韩生的意见，其实是想彻底根除秦在关中的根基，以减缓其对他在东方建立"楚帝国"的阻力。当然，在当时的情况下，他是难以启齿的，所以只能以"富贵不归乡，如锦衣夜行"之语来搪塞。

为进一步佐证或说明上述观点，我们下面依史实进行合理推演。

项羽的举措中有一项应引起重视，即推楚怀王熊心为义帝。这表明他已将秦首创帝业的功绩予以肯定而保留下来。这只是他针对眼下诸侯纷争局面，妄图改变现状的第一步，但却至关重要。实际上，熊心自始至终只是个傀儡，帝号无疑是项羽别出心裁，给自己预留的。第二步是项羽大封诸侯而自称霸王，将自己凌驾于诸侯之上。第三步是唆使部下，暗中谋害熊心。第四步是自己称帝。他已迈出了前三步。

当然，这只是项羽计划中"名"的一路，除此之外，他的计划中还有"实"的一路。他的另一项安排是自封于西楚九郡，那里土地肥沃，将其建成根据地，足以吞并诸侯，统一天下。

事实上，项羽计划中"名"的一路只差一步，"实"的一路也已被付诸实施。韩国、衡山国、九江国都已陆续被吞并，接下来汉王刘邦反叛，项羽的目标是将其消灭和吞并，而不是将其限制于函谷关以西。

可见，项羽的计划是富有创造性和挑战性的。只可惜，关中基业自商鞅变法开始，已有一个半世纪，且有汉中、巴、蜀的支持，不可能轻易被摧毁，秦亡之后，尚可资刘邦之汉国利用；而楚地根基浅薄，且封建思想浓重，项羽想以此地为根据地重建帝国，无疑比刘邦困难百倍。等到汉国、齐国纷纷反叛，项羽立马被拖入战争的泥潭，变主动为被动，形势急转直下。

在这种情况下，项羽的事业刚起步就开始倒退，兼之封建诸侯之举由他完成，一些愚妄者就认定项羽是封建旧势力的代表者，想开历史的倒车，恢复战国时期诸侯并争的局面。该观点其实只看到了表象，是一种严重的误解。

由此，我们得知，秦始皇创立的基业虽因胡亥集团的倒行逆施而中途夭折，却未完全毁灭。项羽和刘邦都是秦始皇所创帝业的忠实继承者，只不过项羽想将此基业由关中转移至西楚，因而遭到了失败。

再者，即便在刘邦消灭项羽之后，汉朝在近百年内仍是封建、郡县两制并行；而项羽若未遇到刘邦的挑战，他的楚帝国也不可能一蹴而就。故而，楚汉之争无论鹿死谁手，中国都将缓慢地由封建制[1]进入帝国制，这是大势所趋，也是一个缓慢的演进过程。

---

1 文中的封建制是指夏商周三代封邦建国的体制，嬴政统一六国后这种体制就被破坏了，转而成为中央集权的帝国制。

目 录

第一章 全面审视秦帝国

已故美国史学家斯塔夫里阿诺斯，在其名作《全球通史》中指出：

在中国长达数千年的历史上，曾有过三次大革命，从根本上改变了中国的政治和社会结构。第一次发生于公元前221年，它结束了领主封建制，创立了实行中央集权制的帝国；第二次发生于1911年，它结束了帝国，建立了民国；第三次在1949年，建立了共产党领导的政权。

本书讲的就是第一次大革命，时间是公元前221年——这是西历纪元，按照当时中国的纪元，则是"始皇帝二十六年"。[1]

无论以何种纪元，在中国历史中，这都注定是不平凡的一年。当时，华

1　这是《史记》《资治通鉴》中的纪元方法，很明显是后来追溯的，因为"始皇帝"的称谓始于本年，此前只能称"秦王政某年"。再者，秦朝和汉朝前期，都以十月为岁首，以九月为岁末，直至公元前104年汉政府颁布"太初历"，才改以正月为岁首。

夏大地上的头号主角嬴政，是战国七雄之一——秦国的君主，时值39岁，正是年富力强的年纪。他即将完成一件震惊世界的创举，即完成中国的统一。

在此之前，周朝统治中国已达八百余年，东周的封建体制造成诸侯割据、战乱频繁，也已有五百年之久。这种持续的混乱使广大百姓生活在水深火热之中，生命和财产都得不到有效保障。长此以往，他们对眼前的生活渐持厌倦乃至反感的心理。

我们从史料中得知，至少从战国中期的孟子开始，人们已经在关注中国的统一问题，而且关注程度也日益加深。[1]他们盼望一个兼具实力和仁德的政府出现，以改变政治现状，结束分裂与战乱，保障百姓生活的安定和富足。

这种愿望固然美好，却十分渺茫。那时中国思想界派系林立，标榜仁德的儒家与主张富国强兵的法家各持己见，立场、观点截然相反，根本不站在一条战线上，甚至相互攻讦。一个政权若想同时吸纳两家意见，而不偏袒任何一方，几乎不可能。这种先天性的缺陷，似乎注定了中华帝国在诞生之初，必将是畸形的。

中国的思想流派之争持续几百年方告落幕，最后，儒家在东方确立了优势，而法家则在西陲扎下了根基。事实证明，处于混乱时代的儒家，根本不是法家的对手。战国末年的政治格局，秦国在西方鹤立鸡群、遥遥领先，东方诸侯先后失去抵抗能力。

在嬴政登基之前，秦国以法家思想为国策已持续了一百余年。秦国统治者稳扎稳打、步步为营，通过一步步的军事扩张，渐渐扩大了秦国和法家的影响力。嬴政本身就雄才大略，登基为王后，更显其野心勃勃。先辈们的谨慎和耐心在他看来简直是一种束缚，应被坚决地抛在脑后。

自公元前231年起，嬴政迫不及待地以牺牲山东六国为代价，来构

---

1 在《孟子·梁惠王上》中，梁惠王和孟子已开始探讨"天下恶乎定"的话题。

建他理想的帝国。耗时十年，他终于如愿以偿。秦帝国如一头沉睡千年的庞然巨兽，猛然雄起于东亚大陆，睥睨世界。嬴政将几千万人的愿望变为现实，其功勋之伟，环视宇内，再无一人堪与之比肩。

三百年前，儒家鼻祖孔子有过"正名"的主张，后来名家又将其理论予以深化。[1]嬴政在以虎狼之师横扫六国，统一中原之后，认为不更名号就无法显示自己的伟大，也搞起了"正名"的把戏。

在统一之前，秦王和其他六国君王在称号上并无二致，都以"王"相称。嬴政既灭六国，使天下定于一尊，自认为"德兼三皇，功过五帝"，于是改号为"皇帝"（自称"朕"），以突显自己的尊贵。"皇帝"和"朕"的称谓，无疑是嬴政的又一个了不起的发明，此后在中国通行了2122年，直至清亡方休。

但还有一件事情让嬴政心有不满，即"谥法"。周朝初年有一种"谥法"，规定国君死后，大臣据其生前的性格和作为给定一个谥号，为其生平盖棺定论。嬴政对"谥法"的不满在于，大臣评价国君实在不成体统。于是"谥法"被废弃了，代之以一项新制度：嬴政自称"始皇帝"，子孙后代则依次排下去，"二世、三世至于万世，传之无穷"。

以上是嬴政本人的正名，当然这还远远不够。为了便于统治全国的百姓，秦王朝也需要一套新的理论体系。当然，新理论越玄乎越好，核心是给臣民灌输一种观念，即秦帝国不是平白无故建立起来的，而是顺承天命的结果。嬴政挨个搜寻诸子百家的学说，看哪一家的思想最能支持他的观点。结果，邹衍的"五德终始说"被选中了。

邹衍，战国末期齐国人，阴阳家的代表人物。

阴阳家学派的理论体系主要有"阴阳"和"五行"两部分。按照邹衍给出的解释，"五行"指的是"金、木、水、火、土"五种构成世界

1　有关儒家和名家关于"正名"的观点，可参考冯友兰的《中国哲学简史》第四章和第八章。

万物的元素，"五德"则是这五种元素的属性。"五德终始"即指"五行"相生相克，循环不息。

"五德终始说"的应用，被从季节更替推广到朝代更迭，从而形成了一种全面的历史哲学。按照这套理论，远古黄帝以"土德"王，后来被以"木德"王的夏朝取代，夏朝又被以"金德"王的商朝取代，商朝又被以"火德"王的周朝取代。整个中国历史的演进，就是在按照这"五德"的顺序周而复始。

嬴政对这套理论颇感兴趣，于是予以采用。按照"五行"理论，克火的应该是水。秦朝取代以"火德"王的周朝，按顺序应该遵属"水德"。所以，新王朝就应该按照"水德"来运行，以合乎"五德"之数。

一旦相信某种理论，就坚决付诸实施，这是秦国君主的可爱之处。当年秦孝公采纳法家思想，推行商鞅变法，就是如此，他的坚定和果敢奠定了日后秦国强大的基础，这是秦国的幸运。然而一百多年后，秦始皇采纳邹衍的"五德终始说"治国，却注定是一场悲剧。

其实，这场悲剧带有极大的偶然性。在"五德"之中，最消极、最阴暗的一个是"水德"——"水，北方，黑，终数六"。水主阴，阴刑杀。秦朝按"五德"的顺序推演，恰恰碰上了最阴暗的"水德"。

秦朝创立伊始，就是以此基调进行统治的：皇帝、百官的衣服和旗帜一律采用黑色，平民百姓被称为"黔首"（"黔"意为黑），黄河也不叫黄河了，改叫"德水"。受此原则影响，秦帝国的统治变得"刚毅戾深，事皆决于法，刻削毋仁恩和义"。

由此看出，秦朝建立后，其统治的理论基础已不单纯是法家思想。嬴政是本着实用主义原则，兼顾个人喜好，来确定秦帝国的统治政策的。当然，除法家、阴阳家之外，他还曾采纳过一些东方儒生、方士的建议，虽然这些建议的影响极其有限。

嬴政的两大愿望

春秋战国混乱了五百多年，黎民百姓无不期盼统一，希望能过上好日子。但等统一真正到来时，大家才发现理想总是虚幻的，他们仍处于水深火热之中。

嬴政当然不会这么想，他自认为在历代帝王中功德最高，秦帝国也比历代的王朝更伟大。由此进一步推出的结论是：他的臣民生在如此伟大的国家中，被如此伟大的君主统治，也必该感到幸福。当然，这只不过是他一厢情愿的臆想。实际上，对于百姓内心的真实感受，他是无从体察的。

嬴政的确是一个具有雄心壮志的帝王。这明显体现在他平生两大愿望上：一是秦王朝万世不衰，二是他本人长生不老。

消灭多个竞争对手，建立秦朝这么一个庞大的帝国，在中国是史无前例的。嬴政器量广大、目光如炬，他一直着眼于打造一个万世帝国，而非眼下的权宜之利。因此，他的举措泽被后世较多，但对当时的统治却没有太大的有利影响。为使秦王朝万世不衰，嬴政苦心孤诣，采取了以下几个措施：

一、推行郡县制，将全国分为三十六个郡（以维护秦朝的持久统一）；

二、没收私人兵器，铸成十二个金人，昭示天下不用再受兵革之苦；

三、统一文字（小篆）、货币和度量衡；

四、修建驰道（既是为了巩固统治，也是为了满足他自己出游的需要）。

关于上面这些措施，小学、初中历史教科书已讲得不厌其烦，这里不再多费唇舌。我们只需针对第一条，做出两点澄清：

第一，秦朝是继承而不是最早推行郡县制的王朝。根据顾炎武的考证，晋国在春秋时即已推行郡县制，战国时秦、魏、赵等国也都陆续推行了郡县制，秦朝在统一后，只是将此制度正式以法律形式确定下来。[1]

第二，三十六郡是秦灭六国之初的编制，在南征百越胜利后，又在南方添设南海、桂林、象郡三郡；北击匈奴大胜后，为巩固河南地区，又在北方新增九原郡。这样，秦朝郡的数量就达到了四十个。[2]

至于嬴政的第二个愿望"长生不老"，细心的人会发现，其实它并不成立，这只是嬴政精心设计的一个大骗局。为了拆穿这个骗局，我们首先需要探讨一个问题，即嬴政是否真的相信长生不老。答案明显是否定的，理由有二。

第一，他早就有言在先，要将皇位"传至二世、三世、至于无穷"；

第二，他从即位起就在修骊山墓，准备给自己料理后事。

1　有关郡县的起源和发展，可参阅顾炎武《日知录》第22卷"郡县"条。

2　《史记·秦始皇本纪》仅记秦始皇二十六年（前221年）立三十六郡，《汉书·地理志》列举其名目。此后，秦朝郡数又有增加，后世有四十郡、四十二郡、四十八郡、五十四郡之说。

以上两点足以证明，长生不老并不是嬴政的真实愿望。那么，他一味追求不死药，究竟目的何在，难道只是自欺欺人？以嬴政的务实和精明，他断不会愚昧至此。他之所以设此骗局，其实说来话长，得追根溯源到秦孝公时期。

自从公元前359年商鞅辅佐秦孝公酝酿变法时起，秦国的统治阶层就分裂成了两个派系：一是本土派（保守的既得利益者），一是事功派（醉心于功利的改革者或野心家，属于外来派）。这两个党派自形成之日起，就势如水火、不可调和，他们的斗争贯穿了此后秦国的发展过程。

而自嬴政即位时起，秦国又兴起了新的一派——文化派。该派与事功派都是外来派，两者的不同之处在于：事功派多出自三晋，以法家、纵横家和兵家为主，专注于富国强兵；而文化派则以燕、齐、楚人为主，多是一些儒生、方士之流，偏重于意识形态建设。[1]

文化派兴起后，虽然参与了秦国的宫廷政治，但从未真正获得权势。秦国真正的当权派不是本土派，就是事功派，文化派被当成了政治花瓶，用来装点门面、粉饰太平，也能借之安抚东方的儒生、术士，以防他们"闲居为不善"，破坏秦朝的和谐、稳定。对于这一点，嬴政后来供认不讳："悉召文学方术士甚众，欲以兴太平，方士欲练以求奇药……"

明白了这一点，嬴政追求长生不老的良苦用心也就不难理解了。现在，我们回到嬴政寻找不死药的话题上。关于不死药，嬴政是在到齐国故地巡游时听到的。

巡游算是嬴政的最大爱好之一。据不完全统计，在嬴政统治的十年当中，他累计外出巡游多达五次，比较重要的一次发生在公元前219年。当时，嬴政一行自咸阳出发，向东抵达鲁国故地，在泰山逛了一圈，又继续东行，到了海边。

1　有关事功派与文化派的分野，可参阅钱穆《秦汉史》第1章。

嬴政生平第一次见到大海，心情十分舒畅，于是就地接见了几个方士。一个名叫徐市（又名徐福）的齐国人不知出于何种目的，报告说海中有蓬莱、方丈、瀛洲三座仙山，山上有仙人和长生药，但只有带着童男童女才能求到。

对于这近乎荒唐的请求，嬴政竟很爽快地答应了。于是，徐市奉命挑选几千名童男童女，带着他们下海去求仙药，却从此一去不复返。据说他没有完成任务，因怕嬴政怪罪，干脆带着童男童女去日本了。

嬴政让徐市求访仙药，一等三年没有消息，但他求仙之心不死，又派出两支人马去海外探求，一支由燕国人卢生率领，一支由韩终、侯公、石生率领。

公元前215年，卢生先去先回，神仙没有访到，却带回来了一本《录图书》。书的内容不得而知，但有一句十分关键的话："亡秦者，胡也。"这句话一共五个字，其中关键字"胡"的意思不够明确。

嬴政想当然地将"胡"理解为胡人，也就是北方的匈奴人。按照整句话的意思，堂堂秦朝竟会被蛮夷匈奴所灭？！秦始皇怒不可遏，决定先发制人，于是令蒙恬为将，率领三十万大军北击匈奴。

"胡"究竟是指什么？谜底七年之后方才揭晓——灭秦的不是匈奴，而是秦二世胡亥。

话说回来，即使秦始皇的理解没错，他的做法从逻辑上也是行不通的。为证明这一点，需要用一点逻辑学的知识。

我们先假设命题"亡秦者是匈奴"正确，那么秦始皇发兵攻打匈奴，为的是防止秦朝被匈奴所灭，若真能实现此目的，这无疑是用目的推翻前提，自相矛盾。假设命题"亡秦者是匈奴"错误，那么发兵击匈奴就没有必要了。也就是说，无论"亡秦者是匈奴"这个前提正确与否，都推不出发兵攻打匈奴这个决定。

不幸的是，类似的笑话在八百年后再次发生。隋文帝在位时，他又听信了一句"十八子坐天下"的谶语，妄图杀掉全国所有姓李的人。按相同的逻辑推断，无论推翻隋朝的人是否姓李，这种想法都是毫无意义的。

然而，秦始皇在决策时，没有用逻辑考虑，蒙恬当然也不会思考这个问题。君令既下，做臣子的本就没有选择的余地，只要照办就是了。自此，秦与匈奴为敌。

在战国时期，匈奴已日渐强盛。当时的七雄之中，赵、燕、秦三国与匈奴为邻，他们都曾修筑长城，以防止匈奴侵袭。到了战国末期，秦国因忙于统一六国的战事，而无暇顾及北疆，匈奴单于头曼趁机挥军南下，侵占了河南地。[1]

蒙恬来到北疆后，首先拿河南地开刀，在该地几次大败匈奴军。头曼单于尝到了苦头，不敢再与秦军较量，只得向北狼狈逃窜。蒙恬趁机率军收复河南地，在那里新设了四十四个县，编为九原郡。

为防匈奴再次南下骚扰，蒙恬又奉命动用数十万大军，将原先燕、赵、秦三国的长城加以修缮，使其连为一体。新长城东起辽东，西到甘肃临洮，绵延一万多里。随后，秦始皇将被判有罪之人征调过去，驻守北方边疆。

赢政在北方收复了失地，又于同年南征百越。他这次征调了五十万兵力，其中大部分是曾经逃亡的犯人，他们被典押给富人做奴隶，主家又给娶了妻子。当时，由于南方实在没有一支像样的抵抗力量，这支庞大的乌合之众也获得了胜利。之后，秦朝在那里设置了桂林、象郡、南海三个郡。

第一章 全面审视秦帝国

---

1 河南地，即今河套一带，因在黄河之南，故称。

『焚书坑儒』为哪般？

如前所述，秦帝国"重法轻儒"的国策导致了它的先天畸形，其在政治上的表现是事功派与文化派力量的失衡。由于地域的缘故，文化派在秦国引进晚、发展慢、力量小，从未形成可与事功派抗衡的实力。

文化派在秦帝国的第一个代表是吕不韦。由于他的原因，嬴政骨子里根本不对该派存有好感，只是被形势所迫，才将一些儒生、术士引入朝廷。到了统治后期，他对该派完全失去了耐心，遂开始打压乃至铲除。"焚书坑儒"就是嬴政采取的两项具体措施。

焚书的提议源自李斯。

李斯，楚国上蔡人，儒家宗师荀况的高徒，法家思想的代表人物之一。

春秋战国时期，中国思想界百花齐放、百家争鸣，法家是其中之一。法家思想的诞生，是为了迎合时代的需要，也是为了满足诸侯国扩军备战的需要。

众所周知，到了战国时期，经过春秋三百多年的混战，诸侯国的数量已大大减少了。战国时期的战争，就规模和数量而言，也已远远超越了春秋时期。为了应对频繁而惨烈的大规模战争，这些诸侯国都想在自己的国家建立一个强有力的政府。法家思想就是当时的先进人物针对这种需求而开出的一剂良药。

简而言之，法家的核心目标，就是通过组织和领导的理论和方法，建立一个高度集权的中央政府。掌握法家思想的人，往往被称为"法术之士"。可见，当时法家所谓的"法"，与今天的"法"含义大不相同。

战国中期，法家分成了"法""术""势"三派。其中，法派以商鞅为代表，主张君主应以法律、法制为工具治国；术派以申不害为代表，强调君主做事、用人的方法，也就是政治手腕；势派以慎到为代表，最重视君主的权势、权威。

法家三派殊途同归，到战国晚期渐渐趋向于合流，由此诞生了一个在理论上集大成的人物——韩非。韩非是李斯的同学，但理论造诣远高于李斯。在他看来，"法""术""势"对一个君王而言，都是不可缺少的，三者"不可一无，皆帝王之具也"。韩非起初为韩国服务，后来受到嬴政的器重，但同时也遭到李斯的嫉妒。秦朝统一前夕，他死于一场政治暗害。

秦国自秦孝公任用商鞅变法以来，一直以法家思想为治国的指导思想。李斯是战国最后一位法家人物，在嬴政统一中国的过程中影响极大。秦灭六国之后，他又主张"废分封，行县制"，被嬴政采纳。

公元前213年，嬴政召集了七十个博士，在咸阳宫设宴招待群臣。一个以仆射周青臣为首的"歌德派"（歌功颂德派）小组，在宴席上公开吹捧嬴政的威德，盛赞秦朝统一事业的伟大，从而引发了封建制与郡县制优劣的讨论。

一个名叫淳于越的齐国籍博士，本就不赞成大一统，又眼见周青臣等人大行歌功颂德之能事，当场表示十分反感。随后，他以商朝和周朝为正面例子，以"晋国六卿篡权"和"田氏代齐"为反面例子，来论证封建分权制的好处。他认为，秦朝若采用中央集权制，悲剧就会重演。

赢政知道此话题非同小可，就没有明确表态，而把它抛给了丞相李斯。

李斯拿定主意之后，给赢政上了一封奏疏。在这篇奏疏中，他批判了古代诸侯割据、百家争鸣的局面，指出这是政令不一、标准杂乱的根源，应该坚决予以摒弃。现在，秦朝统一天下，为防止这种乱局再次出现，应该把诸子百家的书籍统统消灭干净，只留下秦朝史籍和医药、占卜、种植之类的书籍。

李斯的奏疏正中赢政下怀，于是他下令"罢黜百家"，将《诗经》《尚书》和其他诸子百家著作统统没收，然后全部烧毁。可怜战国诸子近三百年的著述，到此被付之一炬，化作了焦土。

焚百家之书，是赢政为巩固其统一成果而采取的强制举措，也附带打击了以齐籍博士淳于越为代表的文化派人士，缺点是失之粗糙。

千年之后，唐代诗人章碣作诗《焚书坑》，以讽刺秦朝焚书之举：

竹帛烟消帝业虚，关河空锁祖龙居。
坑灰未冷山东乱，刘项原来不读书。

焚书之后仅一年，为了进一步打击文化派，又发生了"坑儒"事件。

该事件的导火索是卢生和侯生诽谤赢政，其结果则折射出本土派与事功派之间不可调和的矛盾。

自徐市骗赢政去找仙药，偷渡日本一去不回后，卢生接过了他的重任。长生药的故事纯属虚构，卢生当然是知道的。但皇帝让他找，他就必须得找，不但要找，而且一定要找到，这任务想不接是不行的。卢生是哑巴吃黄连，有苦说不出。

君令如山，该如何应对呢？卢生陷入了苦苦的思索中。最后，他决定效法徐市，故弄玄虚，蒙混过关。毕竟，人最重要的是生命，无论何时何地，保命都是最重要的。

拿定主意后，卢生自编了一串瞎话，又去报告嬴政。报告的内容很长，大意是：神仙和长生药一直找不到，原因是恶鬼作祟，只有嬴政本人秘密出行，才能制服恶鬼。而且，要想见到仙人，嬴政平时的行踪、居所等都要保密，不能被常人知晓。

嬴政听完报告后，对卢生的意见表示认可。随后，他发布了一条命令，将咸阳二百里内的二百七十座道观都用天桥、甬道连接起来；把帷帐、钟鼓和美人都安置在里边，全部待在登记的位置不得移动。此后，嬴政成了皇宫中的隐士，但凡有人胆敢泄露他的行踪，都要以斩首论处；如果泄露者不能确定，所有可疑的人都要掉脑袋。

卢生万万没有想到，他保全了自己却害了很多无辜的人。他心里惴惴不安，整天提心吊胆，于是对好友侯生发了一肚子牢骚，批判嬴政独断专行，抱怨得势的只有法家，文化派只是摆设，根本没发挥该有的功用。

秦朝是个典型的警察国家，实行的是特务统治。发牢骚是可以的，但一旦被发现，就要承担相应的责任。卢生、侯生意识到了问题的严重性，两人商量后都溜之大吉了。

卢生、侯生的逃亡，使嬴政对文化派彻底失去了耐心。他立即召集人马，开会商讨惩处之策。

伴君如伴虎，当官需要具备高度的政治敏锐性。朝廷的御史们深谙此理，即使皇帝不说，也知道他要将咸阳的儒生一网打尽。为此，他们想到了一条妙计，将所有儒生一一审查，让他们相互揭发、相互检举。

这的确是一条妙计。儒生们平时只知死读书，关键时刻哪里禁得住审查、拷问？按最后的统计结果，一共有四百六十余人归案。嬴政经审查核准后，下令将他们全体活埋，并昭告全天下人，以示惩戒。

嬴政的威严无边，向来是说一不二的。各级官员们很知趣，得令之后，都去乖乖执行。然而，历史的经验告诉我们：有原则就有例外。关键时刻，偶尔也会出现几个"敢冒天下之大不韪"的牛人！

此牛人就是公子扶苏。嬴政有二十几个儿子，扶苏是其长子。

扶苏是本土派的代表人物，一直活跃在秦朝的政治舞台上，与他同派的人还有蒙恬、蒙毅、子婴等。而作为其死敌的事功派代表人物，则有李斯、赵高、周青臣、章邯等，他们将嬴政的少子胡亥扶植为政治代理人。

在文化派失势后，本土派和事功派进行了第一次较量。

从史料记载来看，扶苏是个好人，也颇有声誉，但却不是个聪明人。他对文化派的遭遇十分同情，在得知数百儒生要被活埋后，竟然去进谏嬴政，提出天下刚刚平定，远方百姓还没有归附，儒生们都诵读诗书、效法孔子，若一律用重法予以制裁，将不利于天下的安定。

嬴政的刚愎自用是出了名的，而且对儒生深恶痛绝，他没有收回成命。

"好吧，你到北方做蒙恬的监军吧。"这是嬴政给扶苏的答复。

嬴政虽在政治上抛弃了文化派，但对另外两派的态度没有明显侧重。按照以往的经验，历代秦王在治国策略上都是支持事功派的，而最高的统治大权则要控制在主体派手中。对此，嬴政也不例外，如果不是后来客死异乡的话，他肯定会安排主体派的扶苏接班，让一位事功派大臣做宰相。

按照上述思路分析，嬴政未必是因为生扶苏的气而让他北上监军。当时，蒙恬、蒙毅兄弟最受嬴政信任，地位甚至在李斯之上。蒙恬手握三十万大军，在外防御匈奴，能力可想而知。[1]扶苏是嬴政最贤能的儿子，此举未必不是想历练扶苏，以便他将来承担治国重任。

不管怎么样，扶苏进谏失败之后，就打好包袱，匆匆北上监军去了。坑杀四百六十多名儒生之后，嬴政终于舒了一口气。

---

1 对蒙恬带兵的数量，《史记》记载并不一致。《秦始皇本纪》记为："始皇乃使将军蒙恬发兵三十万人北击胡，略取河南地。"《蒙恬列传》也记为三十万。但《匈奴列传》却记载："后秦灭六国，而始皇帝使蒙恬将十万之众北击胡，悉收河南地。"

长生不死药的骗局被戳穿之后，嬴政心里依旧忐忑。公元前210年，为了发泄心中的纠结和抑郁，他决定再次出游全国，欣赏一下祖国的大好河山，顺便寻找治理国家的灵感。

这是嬴政平生最后一次出游，主要随行人员有李斯、赵高、胡亥等，全是事功派的官员。

李斯，时任帝国左丞相。秦朝同时设置了左丞相和右丞相，当时的右丞相为冯去疾，负责留守咸阳。

赵高，时任中车府令行符玺事。车府令是皇帝的御用车辆总管，前面加一个"中"字，表示赵高是宦官（古代宦官也称中官）；"行"意为兼职暂代。"中车府令行符玺事"说明赵高当时不但担任嬴政的御用车辆总管，还暂代管理皇帝印章、玉玺之职。

胡亥，嬴政诸子中最年轻的一个，也是嬴政私下最喜欢的一个。一个丞相、一个宦官、一个皇子，注定要在这里上演一台好戏。

公元前210年年底，嬴政一行从咸阳出发（或许还在正在建造中的阿房宫逗留了几日），一路向南，再转向东，后来又转而向北，几乎绕着帝国逛了一圈。结果，由于旅途劳顿，嬴政在途经山东平原津时累病了。

在病魔面前，人人都是平等的。一个人可以不承认自己有病，却阻止不了病情的发展。嬴政因为"过于自信"，讳疾忌医，结果延误了治疗，病情日益加重。只可惜，当时扁鹊已死，华佗还未降生。结果，他刚到沙丘，就一命呜呼了。

在临死之前，嬴政口述了遗嘱，由赵高负责记录："以兵属蒙恬，与丧会咸阳而葬。"遗嘱是写给长子扶苏的，只短短十二个字，大意是：将帝国军队交给蒙恬，你回咸阳参加葬礼，然后下葬。

从遗嘱可以看出，嬴政即使在临死之时，也绝不昏庸。平心而论，他至少是公私分明的。他个人虽然喜欢少子胡亥，但为国家着想，仍选择长子扶苏作为继承人。

尽管后世人经常说嬴政是一个暴君，但却不能否认他的明智与远见，这就是千古一帝的伟大之处。

但明智归明智，伟大归伟大，这都是生前的事。人一旦死了，就什么都说不准了。

李斯作为帝国左丞相，现在是一人（右丞相冯去疾）之下、万人之上，身系大秦安危。嬴政客死外地，他怕各地大员知道后会制造变故，遂决定将死讯秘而不宣，等返回咸阳后再公告天下，给嬴政办理丧事。

李斯的想法是不错的，但他忽略了一个极重要的现实：当时正值盛夏，尸体放久了会腐烂发臭，况且各地官员时不时上书奏事，也肯定会发现蹊跷。如此一来，嬴政的死讯就别想掩盖得了。

为此，李斯想了一个办法：将棺材放到一个密闭且透风的车子上，保持里面温凉，然后让几个宦官到车子里和嬴政的尸体做伴，批阅各地官员的奏折。后来，当车里的尸体慢慢腐烂发臭时，他又让人往车里装上一堆腥臭的腌鱼，借以掩盖尸臭。只是这样一来，车里和尸体做伴的宦官就遭了殃。

这招瞒天过海的法子，当真起到了作用。他们从沙丘一直回到咸阳，竟没被人发现破绽。但退一步说，即便真有人发现了蹊跷，又怎么会质疑嬴政呢？

嬴政梦寐以求的是他的帝国能持久、强盛。他将扶苏选为接班人，大半是基于这种考虑。但他的遗嘱最后却没能实现，问题出在赵高身上。

嬴政驾崩后，赵高拿着他的遗嘱，心中惴惴不安。这种恐惧是有理由的，因为他早先和蒙氏兄弟结过仇怨。而且，双方分属两个党派，彼此之间水火不容。

赵高祖上原是赵国王族，后因家族日渐败落，他在赵国混不下去了，就流落到秦国混日子。但在秦国，赵氏家族仍没能改变悲惨的命运，一代不如一代。赵高的幼年是很不幸的，他母亲曾因犯法而被施刑，而他本人和几个兄弟刚生下来，就被阉割了。

被阉后的赵高不甘堕落，他独辟蹊径，坚定不移地开创了有赵氏特色的宦官之路。所谓特色，是指他对秦国律法进行了一番精心钻研，找到了自己的核心竞争力。

是金子总会发光的。赵高凭借此特色，逐渐赢得了嬴政的赏识，被提拔成中车府令，负责掌管皇帝的御用车辆。几年之后，嬴政看他工作踏实、认真，于是再加提拔，让他兼任胡亥的老师，专教决断讼案。

胡亥是嬴政最爱的少子，赵高把他伺候得很周到。他深知绑定了这根台柱子，也就找到了靠山，以后任凭风吹雨打，自能岿然不动。

在官场有一条规律：屁股决定脑袋。发达之前的赵高处处谨慎、小心翼翼，但一被提拔到高层，胆子也随之无限膨胀，他开始目无法纪、肆无忌惮地做坏事。

当年，秦孝公任用商鞅变法，连太子犯了错，老师都被毫不留情地割掉鼻子。而赵高凭借强有力的后台，即使犯有重罪，也依旧能逍遥法外。

当时，在秦国众臣之中，蒙氏兄弟鹤立鸡群。蒙恬主外，手握重兵守卫长城；蒙毅主内，主要给秦王出谋划策。两人权倾朝野，其他大臣都望尘莫及。赵高犯罪之后，蒙毅本着有法必依、执法必严的精神，秉公处理，建议将其开除公职，并判死刑。

可这个判决结果一下来，却让嬴政犯了难。因为他不想杀赵高，而蒙毅却较上劲了。最后，出于平衡两派的考虑，嬴政做出了裁决：蒙毅秉公执法的精神值得表扬，但赵高是不可多得的人才，而且办事勤勉尽力，故而予以赦免，并官复原职。

判决下达之日，立即生效。

蒙毅、赵高恶斗的背后，其实是本土派和事功派的暗中较劲。这种斗争由来已久，难以根除，嬴政对此心知肚明，但他以自己的雄才伟略和无上权威将这种隔阂暂时弥合了。所以，当时秦朝政治至少在表面上是风平浪静的。

但这种把复杂问题简单化的做法，只能作为权宜之计，而丝毫无助于问题的彻底解决。在蒙毅和赵高之间，一颗定时炸弹就此埋下，只等遇火即爆。嬴政在沙丘驾崩，就成了引爆这颗炸弹的导火索。

当然，以上只是嬴政生前的失误之一。他还有另外一大失误，就是在消灭六国之后，没有妥善安置各国的贵族和王室后裔，任由他们流落民间。秦朝一旦发生变故，这些诸侯国的遗老遗少们便会趁机卷土重来，疯狂反扑。

祸起萧墙

　　秦朝统一后，嬴政的勤勉和睿智解决了很多问题，但仍遗留下一些隐患。而他的意外去世，使秦朝更加摇摆不定、前途未卜。

　　嬴政驾崩之时，秦朝的局势是这样的：

　　嬴政只给长子扶苏留了一份遗书，其他什么都没交代；遗书写好后，仍留在赵高手中，而没有交给使者；扶苏并没有被正式确立为太子；除赵高、胡亥和几名宦官外，全国上下无人知道皇帝的死讯。

　　嬴政驾崩后，赵高十分恐惧。若真让扶苏顺利接班，得宠的必定是蒙氏兄弟，他是没有好果子吃的。但若由胡亥接班，情况就大不一样了。两种结果天壤之别，哪一种能成为现实，关键就在那一纸遗书。

　　秦始皇有二十几个儿子，可能即位的只有扶苏和胡亥。

　　扶苏有皇长子的政治资本，既在朝廷中享有声望，又有蒙氏兄弟的照顾。另外，嬴政的遗嘱也至为重要，只是当时没在扶苏手中，且没有几个人知晓。胡亥是嬴政最爱的，也是唯一伴他最后旅行的儿子。但他背后有一个阴险狡诈的宦官，手里还握着嬴政的遗嘱。

如果扶苏被拥立为帝，赵高自料会死无葬身之地，即使自己长了十个脑袋，也肯定是不够砍的。他要想继续在朝廷混下去，唯一的办法是让胡亥继承皇位。但是，胡亥即位有没有可能呢？

答案是：有，但难度和风险较大。

除此之外，赵高的另一项发现也至关重要：本土派和事功派都不能决定他的命运，有能力决定谁继承皇位的其实另有其人，而那人却尚未觉察到。好在赵高认真学过法律，虽没拿到什么文凭或资格证书，却练就了良好的逻辑思维能力。

赵高冷静下来，仔细分析当前局势，发现破绽就在李斯身上。

李斯的确成了左右时局的关键——向左则扶苏胜，蒙氏掌权；向右则胡亥胜，赵高得势。但他身在局中而不自知，还没意识到自己的党派归属。赵高敏锐地意识到：咸鱼翻身的机会是有的，但需要先摆平李斯。一切成败，都押在此人身上了。

赵高决定铤而走险，拿命运赌一把，于是他先找到胡亥，分析了当前局势："当今天下的大权，无论谁的生死存亡，都掌握在你、我和李斯的手中。统治别人和被别人统治，是不可同日而语的！"

胡亥刚死了父亲，装出一副悲痛欲绝的样子，随意敷衍了几句，最后以"犹抱琵琶半遮面"的态度表示默许。

赵高的高明之处在于：他明明是为了一己私利，但用语言表达出来时，给人的感觉却像是在帮别人谋划，对胡亥如此，对李斯也是如此。而且，他早看穿了李斯嫉妒心强的弱点，接下来便需对症下药。

赵高又找到李斯，见面先试探一番："始皇去世，赐给长子扶苏诏书，命他到咸阳参加丧礼，并立为继承人。现诏书和符玺都在胡亥手里，还没人知道此事。立谁为太子，只在你我一句话而已。你看这事该怎么办？"

李斯或许刚意识到，自己竟成了棋局中的一颗关键棋子。作为一名事功派官员，他的基本想法和赵高一样，却不知对方的真实意图。为进一步探明赵高的动机，他假意反驳，称赵高的话是亡国之语，不是人臣该议论的。

赵高丝毫不觉惊慌，仍胸有成竹地做了一番剖析："你自己估计一下，和蒙恬相比，谁更有本事？谁的功劳更大？谁更谋略深远而不失误？天下百姓更拥戴谁？与长子扶苏的关系谁更好？（君侯材能、谋虑、功高、无怨、长子信之，此五者皆孰与蒙恬？）"

李斯摇摇头，承认在这些方面自己都不如蒙恬。

赵高见状，终于说出了最具威力的一句话："假如扶苏即位，肯定会把丞相的位子给蒙恬。你若还想拿通侯之印告老还乡，还不如立胡亥为帝。"

此话的确够分量，如闪电一般直击李斯那被嫉妒蒙蔽的脆弱心灵。李斯接下来的反应是：仰天长叹，假惺惺挥泪叹息一番，然后就同意了。

李斯的这一抉择，决定了秦朝的命运。刚建立十年的秦王朝，开始凋零了。

善于揣摩人心、察言观色、精于算计，凭此赵高初战告捷。在得到李斯的默许之后，他立刻去向胡亥报告了好消息。三人串通一气，终于达成合谋。于是，一个由宦官、丞相、皇子形成的集团，开始实施惊天密谋。

行动的第一步是造假。三人废弃了嬴政给扶苏的诏书，又伪造了两份，一份是立胡亥为太子，一份是将扶苏和蒙恬赐死，将军队交予副将王离。赐死蒙恬的理由如下：1. 率几十万大军驻外十几年，毫无功勋；

2. 扶苏怨恨自己被流放，且多次上书诽谤；3. 蒙恬和扶苏在一起，却不纠正扶苏的错误。

拟好了诏书，加封上玉玺，赵高就让门客带去转交给了扶苏。

扶苏的优点是有仁德之心，缺点是仁德过了头，唯父命是从。接到假诏书后，他竟没有半点怀疑，大哭一场，接着就跑回内室想自杀。

相对于扶苏的轻信，蒙恬就显得精明、理智得多。诏书来得太突然，他一眼就看出了疑点，然后劝阻一心寻死的扶苏："我们领三十万大军驻守边疆，可是天下重任。现在仅凭使者的一面之词，你就要自杀，怎能断定其中没有虚假呢？"

扶苏大概是平时被嬴政训怕了。蒙恬劝他上书请示，以确认诏书真实与否，他竟拿不出一点勇气，相反，寻死倒是勇气十足。经使者一催促，他立马就自裁了。之后，蒙恬也被关押了起来。

人固有一死，或重于泰山，或轻于鸿毛。扶苏不仅死得冤，而且毫无价值。

使者将扶苏的死讯回报后，胡亥、赵高、李斯三人大喜过望，接着实施第二步计划——夺取政权。

胡亥一行回到咸阳后，先发布了先帝的治丧公告。紧接着，年仅二十岁的胡亥以太子身份荣登大宝，按嬴政"传之无穷"的精神，称作"秦二世"。随后，赵高被提拔为中书令，李斯依然任丞相。

"千古一帝"秦始皇死后，被安葬在骊山。墓葬的建设自他登基就已开始，到秦二世即位时，雇佣的劳役多达七十余万。经胡亥授意，墓葬内布满各种奇珍异宝，还设置了重重机关暗器，以防被盗。

新帝的即位就如一片乌云，将秦朝团团笼罩起来，前景一片黯淡。胡亥走进父亲的皇宫，发现住的多是父亲的嫔妃，他顿时感觉宫内人多会浪费资源，于是让她们都到地下陪伴先皇去了。

在赵高眼中，只让妃嫔陪伴先皇是远远不够的，最起码还得有蒙氏兄弟。造谣诽谤对赵高来说实在是小菜一碟，他杀死蒙氏兄弟只用了一句话："陛下，我听说先皇早就想立您为太子，只是被蒙毅从中阻挠才一拖再拖。不如杀了他吧？"

关于蒙氏兄弟之死，大致的猜测如下：1. 二人之死经过了胡亥批准；2. 蒙毅是被杀，蒙恬是被逼吞药自杀；3. 他们的同伴子婴曾给他们求情，结果未遂；4. 蒙恬为自己之死找了个理由——修长城挖了地脉，以至于遭受天谴。

赵高将蒙氏兄弟迫害致死，终于遂了自己的心意。但这只是两派斗争的开端，还远远没有结束。扶苏、蒙恬、蒙毅不过是本土派的主要代表，在他们三人之后，还有大批人有待被清算。

惨剧，即将上演

　　苹果公司前CEO乔布斯具备一种非凡的魅力——现实扭曲力场——能说服别人相信一种与现实不符的观点，即使被说服的人明知真相是什么，也都照信不误。

　　两千年前，秦朝宦官赵高也有一种相似的超能力，名叫"指鹿为马"。这种混淆黑白的能力，确实与乔氏的现实扭曲力场有异曲同工之妙。两者的不同点在于：乔布斯依靠的是他独特的个人魅力，赵高则是凭借无上的权力和胡亥的无知。

　　公元前209年，秦二世元年，注定是不平凡的一年。

　　胡亥登上帝位之后，主要在从事两项活动，一是杀人，二是享乐。

　　这年春天，胡亥先效法嬴政在全国绕了一圈，可能是因为触景生情，他一回到咸阳就跟赵高探讨起人生的意义。小小年纪就探讨哲学问题，果然是名师（赵高）出高徒。

　　胡亥先阐述了自己的想法：人生在世，如驾驭六匹骏马从缝隙间飞过，实在过于短暂。一个人即使贵为皇帝，也不能例外（嬴政就是活生生的例子），所以一旦君临天下，就该"悉耳目之所好，穷心志之所乐，以终年寿"。

在这里，胡亥其实提出了一个重要的哲学命题：人生短暂，究竟该如何度过？

九百多年后，唐代诗人李白也有过类似一问，而且他给出的答案——"人生得意须尽欢"，与胡亥的看法不谋而合。两者的区别在于：一个是剥夺全天下利益来满足一己私欲，一个是因报国无门而徒感悲凉与无奈。

赵高回复水平之高，几乎无人能望其项背。他没有直接断定其观点的对错，只是说了句"此贤主之所能行，而昏乱主之所禁也"，这就把胡亥捧到天上去了。但紧接着，他又来了个一百八十度大转弯："陛下现在皇位尚未坐稳，你的哥哥和大臣们也都口服心不服，还虎视眈眈地盯着你的宝座！我整天为此担惊受怕，而你却想贪图享乐了？"

据此，胡亥只认为赵高谋事周全，而不知他话里有话，于是想听听其高见。

赵高开始故弄玄虚："明君治国应采用严刑峻法，将心怀不满或具有威胁性的大臣、皇子统统杀掉，换上一批被弃而不用的人。让贱的贵起来，让贫的富起来，让疏远的变得亲近，这样才能确保上下团结、国家安定。"

赵高其实是心里有鬼，怕沙丘之谋东窗事发，所以想怂恿胡亥铲除异己，借以巩固自己的胜利成果。一旦昏君胡亥批准，他立马按计划行事——先修订法律，然后按新法判罪拿人。这时，法律已降格成赵高铲除异己的工具。

实践是检验真理的唯一标准，也是创新的动力。赵高在杀人实践中，无意间发现了新问题：被打击对象过多，若要挨个治罪判刑，效率低下，累也累死了。

问题的出现正是创新的机会。赵高经过一番艰苦探索，发明了一条有赵氏特色的杀人捷径：从个案犯罪开始牵连到一批，最后到满门抄斩。

其实，这就是古代所谓的"连坐"。但秦朝的"连坐"与汉朝还有所不同，秦朝实行"连坐"时，是按地域来划分的；而汉朝则是按"血缘"划分的。对于打击范围的广度和有效性而言，两者各有利弊。

实践证明"赵氏杀人法"省时省力，不仅极大地提高了行政效率，还能减少审判过程中的资源浪费，同时大大缩短获罪者的死亡时间，助其减轻痛苦和死亡恐惧，实在是一举多得。只可惜，当时秦朝还没有专利、发明权的概念，赵高也就不能据此将所得利益继续扩大。

最后的统计结果显示：十二个公子在街头被斩首示众，十个公主被肢解处死，财物悉数没收，连带治罪者不计其数；秦始皇在位时的勋旧众臣，大多被逮捕治罪，就连近侍小臣中郎、外郎、散郎，都没有一个幸免。

根据《史记》记载，以上举措的后果是："群臣谏者以为诽谤，大吏持禄取容，黔首振恐。"从朝官到地方官，再到平民百姓，都处于一种非正常的混乱状态。一个国家一旦走到这种地步，若还祈求长治久安，无异于痴人说梦。

至于在这段时期内，胡亥和赵高为非作歹、倒行逆施到何种程度（主要体现在法律这个工具上），我们仅从以下几个例子就可以窥一斑而知全豹了：

第一，陈胜、吴广被逼造反时，曾对其同伴说过一句话："失期当斩。藉弟令毋斩，而戍死者固十六七。"也就是说，戍边之人不及时到达目的地要被问斩，而在幸存者之中，死在边疆的也多达百分之六七十；

第二，刘邦在起事前，曾代表沛郡押解服役者去骊山，他在路上亲睹他们为躲避徭役而纷纷逃亡；

第三，黥布曾在骊山服役，当时服役者多达几十万，不少人情愿亡命江湖、落草为寇。

当一个国家的法律对待其民众严苛到这种地步，这个国家是没资格奢谈长治久安的。

异己被铲除，百姓被整治后，赵高得意了，胡亥也可以享乐了。但除了他们两人之外，全国各族人民都不乐意了，有的甚至生不如死。大多数人都在考虑死，却又都没有勇气死，那就只剩下了最后一条路——造反！

秦二世元年阴历七月，大泽乡一声炮响，吹响了陈胜、吴广起义的号角。

第二章

巍

巍大厦缘何倾

大楚兴，陈胜王！

胡亥、赵高君臣为了坐稳江山，保住其既得利益，将枪口对准了咸阳的贵族、大臣和宗室。在他们眼里，布衣草民也许根本算不上威胁。但他们万万没料到，反抗正是来自山东的草民。

其实，中国的农民向来是最淳朴的，他们只要还有饭吃，就绝对不会造反。陈胜、吴广的出现只能说明：相对于贵族和大臣而言，生活在社会底层的农民已经处于水深火热之中——他们已经活不下去了。

历史无数次证明：农民造反，有一种得天独厚的优势——豁得出去。舍得一身剐，敢把皇帝拉下马，大不了是一死，反正自己一无所有。

陈胜、吴广不是一无所有，起码有改变自身命运的雄心与勇气。

陈胜，阳城人，字涉；吴广，阳夏人，字叔。两人均是楚国遗民，政治面貌也都是"黔首"。

中国的农民千千万，登上历史舞台的不多，能名载史册的更屈指可数。陈胜能做到这点，说明他不是一般的农民。陈胜的另类之处就在于他喜欢思考，而且特别擅长思考人生问题。

胡亥也喜欢哲学思考，但因为身份不同，两人关注的问题也大相径庭。胡亥贵为皇帝，一般思考这辈子该如何度过等问题；陈胜身为黔首，则一直在思考黔首与权贵之间的差异，以及一个黔首如何向权贵过渡。

陈胜自幼家贫，曾给别人当过雇工，饱受田间耕作之苦。在被雇劳作期间，他时常跑到田间地头上休息，有时会说一些莫名其妙或离经叛道的话。其中，有一句被广为传播，叫做"苟富贵，无相忘"。

旁边的几个弟兄被逗乐了，讥笑道："你不过一个打工之人，何谈什么富贵呢？"

"嗟乎，燕雀安知鸿鹄之志哉！"陈胜身为农民，学问也不高，却句句名言，而且其志向绝非常人可比。

是金子总会发光的，陈胜很快迎来了一次机会。

秦二世元年七月，不知是因为北方长城坍塌，还是匈奴人又打回来了（趁蒙恬已死的机会），朝廷从大泽乡（今安徽省宿州市附近）派了一队人马去戍守渔阳（今北京市附近）。队伍一共有九百人，陈胜、吴广都被编入伍，且因才能出众，当上了屯长。

大泽乡距渔阳有一段相当长的距离，陈胜等人即便是日夜兼程，也不可能快速到达。但赵高新修订的法令硬生生地载明，延期抵达者都要掉脑袋。大家伙本来就不乐意去那么远的地方服役，无奈中途又遇上了大雨，路上泥泞难行，结果没能如期抵达。

九百人注定要掉脑袋了，还有什么可说的呢！

陈胜当然不这么想。好不容易活了几十年，他肯定不甘心就这么丢了脑袋。与其坐以待毙，不如与命运搏斗一番。等死，注定没希望；找死，也许会有生路，说不定能闯出个"柳暗花明又一村"呢。

于是陈胜找到吴广，两人凑到一块，开始商量死的问题："如今逃走是死，起义干一番大事也是死，反正难逃一死，可否选择为大事而死？（今亡亦死，举大计亦死，等死，死国可乎？）"

只要合乎道义的要求，即便是明知不可为而为之，也是值得赞许的，这就是孔子所谓的"知天命"。以这种心态做事，即使最终失败了，也能不留遗憾。在陈胜、吴广看来，反正横竖都是死，不如干脆死得有价值一点。两人对此竟不谋而合。

既然事情可能靠谱，陈胜遂和盘托出了自己的想法："天下受暴秦压迫已久。当今皇帝本该是扶苏，而非胡亥。扶苏在百姓中享有盛誉，无罪而遭杀害，百姓们多不知此事。楚将项燕功勋卓著，深得楚人爱戴，人们也不知其生死。若以这两人的名义相号召，肯定有很多人会响应的。"

以上这番话，一般被视为陈胜、吴广起义的理论根据。殊不知，陈胜的第一步棋就走错了，而且大错特错。扶苏是秦始皇的长子，项燕是楚将，被秦所杀。陈胜硬是东拉西扯，将两个人凑到一块，明显犯了"以子之矛，攻子之盾"的错误。

吴广认为陈胜说得很有道理，成了陈胜的第一个支持者。但要反抗偌大一个秦帝国，仅凭两个人明显是不够的，还需要招聘更多人手。两人为鼓动手下一帮死囚参与造反，上演了一场闹剧。

陈胜事先得知当晚伙食里有鱼，便决定在鱼上做文章。他找来一块白色绸缎，用朱砂写上"陈胜王"三个字，悄悄塞进鱼肚子中，然后让吴广到远处草丛中埋伏，准备到时以怪叫迷惑众人。

当晚，九百个死囚一起吃饭，果然发现了鱼肚中的帛书，被唬得一愣一愣的。正当惊疑不定之时，远处草丛里传来了一阵阵怪叫。大伙侧耳倾听，那声音分明是："大楚兴，陈胜王。"

陈胜、吴广达到了惑众的目的，第二天便加紧行动。当时，朝廷派三个县尉作为押送队伍的人，陈、吴二人想举大事，就必须先除掉他们。为此，吴广亲自导演了一场苦肉计。

三个县尉中有一个是酒鬼。吴广先假意请他喝酒，在其酒酣之际，大肆扬言要逃跑。嗜酒的县尉一下被激怒了。众目睽睽之下，他挥舞起长鞭，将吴广抽得皮开肉绽。一旁众人不明真相，看到自己的屯长受虐，不由怒从心头起。

这时，大家伙口中不说，心里窝火。另有一县尉见状不妙，干脆拔出身上佩剑，想就此结果了吴广的性命。此举早在预料之中，也正中吴广下怀。见时机成熟，他奋然夺过县尉手中的宝剑，一剑将县尉刺死。

旁边的陈胜也当机立断，趁机宰了另两个县尉，然后振臂一呼，将九百多个囚徒召集到一起，训话道："壮士不死即已，死即举大名耳，王侯将相宁有种乎！"

于是，两位"带头大哥"领着九百名死囚，摇身一变，成了反抗秦朝暴政的先行者。这个新生政权的雏形，被命名为"大楚"。陈胜和吴广一个自称将军，一个自称都尉，由屯长变成了反抗军领袖。

这是一条没有返程票的不归路，一旦选择踏入，便再无回头的机会。无论结局如何，毕竟第一步还算顺利。但路漫漫其修远兮，接下来还需反复求索。

陈胜、吴广率领义军九百人，从大泽乡揭竿而起，一路所向无敌，陆续攻克了蕲、铚、酂、苦、柘、谯等地，一炮走红，名震天下。等拿下陈之后，义军队伍的资产已有六七百乘车、一千多骑和几万士卒。

随着队伍一天天壮大，流寇式的游击战已严重落后于形势的发展。当时，陈已成为义军管辖之地。这是一个重要的军事据点，而且当地百姓也支持起义者，对革命抱有极大热情。陈胜经考虑之后，决定把陈打造成未来的革命大本营。

在这之前，全国各地都被秦朝暴政折腾得够呛，只是害怕枪打出头鸟，没有一个敢为天下先的。现在一旦得知陈胜起义，他们也就纷纷杀掉当地官吏，以示响应。于是，革命大业一时出现了"云集响应，赢粮而景从"的盛况。

从以上陈胜的发迹，我们可以看出：

第一，他是在陷入绝境之后才被逼反抗的，之前只是一个有志向的农民；

第二，他的第一目标是保命，第二目标是成为王侯将相；

第三，他怀有很大的铤而走险的赌徒心理。

由以上三点，联系陈胜之后的种种举措，我们可以合理推断：

第一，从"富贵者"或"王侯将相"的终极追求和他事后急于称王一事来看，他不会代表一般劳苦百姓的利益；

第二，他自始反对诸侯，肯定也不是诸侯势力的代表者；

第三，对知识阶层的态度，他和秦始皇并无二致，只是用来装点门面、自我粉饰；

第四，他之所以建号"大楚"，至少一部分因为他自己是楚人，另外，他或许已注意到楚地反秦潜力之大，足以产生较大的号召力。

陈胜的起义依靠了平民阶层的力量，后又借"大楚"的名号取得了封建势力的支持，但他对这两股势力，只是出于利用的目的，而并非任何一方的代表者。这也就注定他的事业虽大，但缺乏一种稳固的群众基础，犹如一座没有根基的大厦，是难以持久的。

叛乱真
在蔓延吗？

在胡亥的授意下，赵高凭其专业和地位优势，完成了对帝国律法的修改。此前，法律是作为一种治国工具被使用的，现在却变为压榨人民和铲除异己的尖锐武器。

这里的"人民""异己"外延极广，凡是平民百姓、六国贵族、秦朝宗室和朝廷官员，只要不满胡亥集团的心意，都会被归入此范围之内，从而受到严惩。

要了解胡亥集团的性格，只举一个例子就够了。

胡亥的勤政远不如其父，他只效法先帝巡游过一次，其余时间都躲在宫闱之内。这就在无形中凸显了谒者的作用。[1]陈胜起事后，几个忠于职守的谒者从山东紧急赶来，如实报告当地的乱象。不料胡亥冥顽不灵，又受到赵高的蛊惑，杀完人后一心盼望出现天下大治的盛况，故而听完谒者的汇报后，当即龙颜大怒，将其交付相关部门治罪。

1　"谒者"是一个隶属于郎中令的官职，多由皇帝的近侍充任，专掌传达等事务。

在领导面前，说他爱听的话往往比真话更有效。有了这前车之鉴，其余使者再逢皇帝垂问，都纷纷告以"那不过是一些盗贼罢了，不足为忧，郡守、郡尉已将其全部抓获"之类的鬼话，反而使龙颜大悦。

"当今皇帝盛德，百姓安乐，天下大治，怎么会有变乱？前面的谒者分明是欺君罔上，唯恐天下不乱。"胡亥宁愿屈服于自己的臆想，也不接受现实。正是统治集团的这种糟糕品性，致使政府无能，错失了早行剿灭叛军的良机。

在胡亥无知的日子里，叛军势力正一日千里，如雨后春笋般，在急遽发展壮大。

革命大业小有所成，新问题也层出不穷。陈胜眼下的第一要务，是如何将陈建设成为全国反秦力量的中心。为此，他摆出一副礼贤下士的样子，广泛请教于当地的父老、豪杰。

所谓父老、豪杰，按比较正规的说法，是指当地那些年长德劭、颇有威望之人。

陈的父老、豪杰早就看穿了陈胜的心思，他无非是想自立为王。于是，他们纷纷投其所好，很明智地说一些歌功颂德之语，最后劝他自立为"楚王"。

陈胜确有称王之念，但还满腹狐疑，未下定决心。这时，有两位社会贤达慕名来访，正好成了他的顾问。

造访者一个叫张耳，一个叫陈余，都是故魏国大梁人氏。两人素怀大志，相与为刎颈之交，有着深厚的友谊。当年魏国被灭，秦始皇听说两人的盛名，想花重金聘请。不料两人对秦怀有敌意，终于溜之大吉。

张耳、陈余为了躲避秦廷的追聘潜伏于陈，一躲就是十几年。一直等到义军杀到，他们才终于露面，结果名声大噪。陈胜久仰二人大名，对于称王之事，他虽然早拿定了主意，但仍对两人寒暄一番，摆出一副虚心请教的架势。

出人意料的是，张、陈二人并不赞同陈胜称王，接着还提出三点建议：

第一，陈胜起义抗秦，代表的是全天下人民，而非自身利益，所以不该急于称王；

第二，目前的当务之急，应一面率军西进攻秦，一面册立六国后裔，以拉长战线，分散秦朝军力；

第三，对复辟后的六国，应以德服之，灭秦大业成功之日，陈胜的帝业指日可待。

平心而论，就当时的形势而言，张、陈二人的建议不无可取之处。陈胜起义之初，力量还比较薄弱，册立六国后裔，的确可以增强自己的力量，同时也可以分散秦军的注意力。当然，它的弊端也不可忽视：秦朝一旦被灭，诸侯割据的局面势必会恢复，那时谁再想统一天下，可就凭实力说话了。在这方面，仁义道德的作用毕竟有限。

张耳、陈余之计当然只是针对当前，但陈胜当时称王心切，哪里能听得进这些意见。他最后还是同意了长老、豪杰的请求，自称"陈王"，将"大楚"变更为"张楚"，确定为正式国号。"张楚"即张大楚国之意。

于是，第一个武装割据政权正式挂牌成立了，目标是与秦朝分庭抗礼，争夺天下。陈胜不立六国之后，硬要凭一己之力跟秦军单打独斗。

张耳、陈余没有先了解陈胜的为人，就急着前去投奔，失之仓促和草率。一旦自己的意见不被采纳，两人便骑虎难下了。多年的经验告诉他们，申请外派或许还有出路。于是，两人隔了几天再找到陈胜（这时已是楚王），献上第二条计策：

"当前，'张楚'政权主要在原魏国和楚国境内，下一个目标是向西攻破函谷关，这样就无暇顾及燕、赵了。我们早年游历赵境，熟知当地风土人情，希望大王派给我们一支军队，去帮您拿下该地。"

陈胜因为猜忌心作祟，踌躇半天才批准了这项请求，调拨出三千人马。但出于对二人的戒备，他还附带一个条件：军马由陈人武臣统帅，召骚做护军，张耳、陈余为其麾下左、右校尉。陈胜的考虑是：武臣是他的亲信，由他领军能保证地方服从中央，张耳、陈余是危险分子，决不能执掌兵权。

派遣出武臣方面军后，陈胜继续其建国大业。"张楚"政权的当务之急，至少还有两项工作：一是健全官职体系，壮大自身；二是制订一个像样的作战计划。

在官职体系建设方面，陈胜将楚国和秦朝制度混合引进，搭配使用，先后设置了令尹、（上）柱国、博士、司过和中正等职衔：令尹地位相当于丞相，后来由田臧担任；上柱国是全国最高武官，地位仅次于楚王和令尹，由上蔡人蔡赐（房君）担任；博士不限名额，主要负责参谋国事，孔子八世孙孔鲋就是其中之一；中正和司过各一人，负责监督群臣之过，分别由砿房和胡武担任。

作战计划由陈胜亲自制订，最后确定为"一个中心，八面撒网"，其具体内容是：由楚王陈胜亲自坐镇陈县，向四方派出各路兵将，去攻城略地。据不完全统计，当时外派的各路人马，除攻赵的武臣一路之外，其余还有六支：

一是以周文（陈人）统楚军主力，西进攻秦；

二是以吴广为假王，统兵攻打荥阳；

三是以邓宗（汝阴人）攻九江郡；

四是以宋留（铚人）攻打南阳；

五是以周市（魏人）攻战国时期魏国地盘；

六是以召平（广陵人）攻打广陵。

派出这几路兵马后，楚王陈胜遥相指挥，敬候佳音。最初的星星之火，现在已成燎原之势。革命前途无限光明，陈胜的自豪是可以理解的。

但另一方面，自大泽乡开始，一路的胜利使陈胜盲目自大，越来越看不清前方的道路了。他变得高傲和孤僻起来，猜忌、苛察之心也时常作祟。被外派的将士们凯旋而归还好，一旦带回兵败的消息，十有八九会丢掉脑袋，搞得人人自危，不肯真心卖力。

帝国的反击

从胡亥登基至今，已经一年有余了。不可否认，这位皇帝和他父亲一样，也希望天下大治，但却被赵高引入歧途，其举措与理想往往背道而驰。这一年以来，胡亥完全陶醉在自我编织的美梦中，要不是被周章捅破了窟窿，还不知何年何月能清醒过来。

周章，字文，陈之贤人也，自言习兵。

他的称号"贤人"和"习兵"，其实是大有来头的。原来，周章阅历丰富，既曾侍奉过春申君，又在项燕军中任过职。

春申君黄歇是楚国人，曾任令尹（国相），是战国"四公子"[1]之一。周文由于这层关系而身价倍增，被公众认可为"贤人"。项燕既是楚国名将，又是陈胜等人膜拜的对象。不过，周章在他军中只是个"视日"官（负责出兵前占卜吉凶），所以只能"自称习兵"，表示他这项

1　战国"四公子"，即齐国的孟尝君（田文）、魏国的信陵君（魏无忌）、赵国的平原君（赵胜）和楚国的春申君（黄歇）。四人都因养士而闻名。

能力没有博得公众认可。

不用说，周章的条件在义军中是极优越的。连陈胜都认为，他自己既然能称王，周章有这么大本事，统兵攻秦肯定不成问题。于是，他以极大的信任拱手相授将军印，让周章统领楚兵主力西进，去收拾狗皇帝秦二世。

其实所谓楚军主力，顶多也就几万人，要跟秦朝的虎狼之师较量，无异于以卵击石。除非胸中早有一大把竹子，否则是没人敢接这份苦差事的。

周章确实有一套克敌制胜的法宝，那便是自力更生，艰苦奋斗，煽动群众。

楚军凭此绝技，仅用不到两个月，就攻破了通向咸阳的屏障——函谷关，并已膨胀为战车千辆、兵卒数十万的大军。这在中国几千年的军事史上，恐怕是绝无仅有的。

公元前209年九月，周章率军进驻戏亭（今陕西省临潼县），像利剑一样逼近了秦朝的心脏。戏亭距秦都咸阳只有一步之遥，下一步就是吹响号角，向咸阳发起总攻。

胜利，似乎没有想象中那么难，但好像也没有想象中那么简单！

这时，胡亥刚处置完宗师、百官，正准备将其享乐计划付诸实施。义军逼近咸阳的消息一传来，直击其敏感神经。胡亥从安乐窝里跳出来，差点晕倒。两批谒者言犹在耳，究竟哪个说的是实话，他现在才搞明白，但为时已晚。事到如今，追究责任已毫无意义，重要的是谋划守御之法。

秦始皇自取缔私人兵器持有权以来，惑于天下安定的假象，开始奉行"守外虚内"的国策，将帝国军队大量外派。蒙恬死后，三十万秦军掌握在王离手中，仍在北疆修长城、御匈奴，首都附近并没有多少军队。

眼下，敌人大军压境。是战、是守、是降，胡亥完全没了主意。等从慌乱中清醒过来，胡亥只得召集群臣，主持召开临时军事会议，商讨御敌之策。与会者主要是朝中的三公、九卿。

秦朝已经区分了皇室和政府，皇帝是国家元首，丞相是政府首脑，同时，政府还有所谓的三公、九卿。

丞相、太尉、御史大夫统称三公，丞相主管行政，为文官首长；太尉主管军事，为武官首长；御史大夫主管监察，是丞相副手。秦朝丞相设左、右两员，当时左丞相是李斯，右丞相是冯去疾。

九卿位列三公之下，分别是：奉常（主掌宗庙祭祀）、郎中令（掌宫殿警卫）、卫尉（宫门警卫）、宗正（皇族、宗室事务）、太仆（宫廷御马和国家马政）、廷尉（司法审判）、典客（外交和民族事务）、治粟内史（租税和财政）、少府（皇家财政及官府手工业）。当时，郎中令是赵高，少府是章邯。

关于秦朝政府组织先交代这么多，现在先来看会议情况。

会场气氛沉闷得令人窒息，大家都在沉默。当胡亥火急火燎一再询问"奈何"时，竟无一人吭声，即便聪明如李斯、狡猾如赵高，也哑口无言。不是不想说，只是无言以对。

偌大一个秦帝国，难道就此葬送了吗？

危难关头，少府章邯突然有了主意："匪盗临近咸阳，且人多势众，陛下想从临近各郡县抽调军队，也已来不及了。现在，在骊山服役的囚徒很多，不如赦免他们并授予兵器，让他们去迎击匪军吧！"

章邯的一番话确实出乎众人意料，让人既惊又喜。这个章少府位居九卿之末，平日里沉默寡言，从不显山露水，不料关键时刻能扛起大梁。此计若是可行，那可是上天眷顾秦。

胡亥对章邯之计十分赞同，散会之后立马试行，颁布了一道全国大赦令（效用实际仅限于咸阳附近），将在骊山服役的民工、囚徒和农奴子弟免罪，全部纳入军事编制，统归少府章邯指挥。

论指挥能力，章邯较周章似乎更优异。不出几天，他已搞出了一支像模像样的军队，其速度甚至超过了对手。军队算不上训练有素，但足可一战。而此战结果，将决定他本人和大秦帝国的命运。

三百年前，伟大的孙武曾指出："未战而庙算胜者，得算多也！"现在，秦、楚双方的软硬实力对比如下表：

	秦方	楚方
性质	帝国合法政府	反政府武装割据
主将	章邯	周章
兵力	数十万（具体不详）	数十万（具体不详）
军队组成	杂牌军（囚徒、民工等）	杂牌军（社会底层，具体不详）
士气及战斗力	因遇赦而兴奋，战斗力强	投机心理重，战斗力较弱

除上述几方面之外，双方还有几点差异：秦军处于守势，有孤注一掷的决心和勇气，且主将章邯务实性强，对敌方军力把握清楚；楚军处于攻势，兵员多是临时收编而来，主将周章宣传功夫重于实战，对敌方底细不甚了解。

经以上"庙算"推演之后，对于战斗结果，我们大概已能猜个八九不离十。秦、楚两支杂牌军经过一番激烈博弈，战果当即揭晓：楚军彻底落败，主将周章率残兵败将一路向东溃逃，退出了函谷关。章邯在大获全胜之后，一路穷追猛打。

退出秦地后，楚军本想在曹阳（河南省陕县西南）重整旗鼓，回头再战，结果在敌军的追击下溃不成军，败走渑池，并在该地受到致命性失败。周文被逼走投无路，回去又怕陈胜问罪，最后以自刎方式谢幕。

其军队完全丧失战斗能力，一夜之间溃散殆尽。

强中还有强中手，一山更比一山高。周章遇到章邯，的确是他的不幸，同时又是秦帝国的万幸。正是因为章邯获胜，秦朝国祚才又得以延续两年。

义军开始时进展迅猛，其实得益于胡亥的自我陶醉。而周章一旦将其美梦打破，这位弱智皇帝就开始对义军磨刀霍霍了。

第二章
巍巍大厦缘何倾

　　秦二世二年（公元前208年）初，周章兵败自杀，一举成为轰动全国的热点话题。天下百姓原本认为秦朝末日已到，但在得知章邯胜利之后，不得不重新评估秦的实力。

　　陈胜对周章本是寄予厚望的，只可惜希望越大，失望也越大。自起兵以来，陈胜初次尝到失败的滋味，当即被吓破了胆。惊魂甫定，另外几支军队也噩耗频传：武臣攻克赵国后，受张耳、陈余蛊惑，在邯郸自立为王，任陈余为大将军，张耳、召骚分别为左、右丞相；赵将韩广奉命攻燕，事成后自立为燕王，与赵国分庭抗礼；假王吴广围荥阳，久攻不克，陷入苦战，后因为人倨傲，被部将田臧等人谋杀；周市攻克魏国，立魏咎为王，自任魏相。

　　先前派出的几路兵马，现在都或败或叛，不受掌控了。

　　这不仅在楚国，而在山东诸国成为一种普遍现象。可见，这时山东的诸侯势力依然强大。他们之前迫于秦之武力而潜伏民间，现在遇火即燃，趁着陈胜起义的时机，又恢复了统一前的格局。这样，在消灭共同敌人秦朝之前，义军内部首先陷入分裂了。

继周章兵败之后，如何处理当前的涣散局面，成为"张楚"义军自起兵以来面临的第二大考验。由于陈胜不恰当的作战部署，义军现在已由唯一的"张楚"政权演变为各诸侯政权的松散联盟了，一旦其内部自相反目，势必会陷入群龙无首、各自为战的局面，而这样最容易被秦一一击破。

原先的"带头大哥"，几乎一夜之间变成了光杆司令。陈胜素来孤傲，如何受得了这等情形，当即宣布讨伐武臣叛军，但又苦于缺兵少将，最后因柱国蔡赐劝阻而作罢，算是在表面上维持住了义军联盟。

陈胜这个"张楚"王做得实在很窝囊。但窝囊有时是必需的，尤其在这种大敌当前的关键时刻。田臧之前曾谋杀假王吴广，陈胜出于无奈，也毫无怪罪之意，相反还把令尹之印相授。田臧挂印而去，在敖仓与秦军激战，当场阵亡。

秦帝国犹如一只百足之虫，是没那么容易被摧毁的。眼下，觉醒的秦军确已转守为攻，如拾草芥一般陆续收拾大小各路义军。胡亥认识到义军的强大威胁，又抽回了长城前线的大军，由都尉司马欣和董翳指挥，配合章邯作战。从此，章邯在辽阔的中原大地上，每战必胜，再无敌手。

下一个目标：陈县！

陈胜在冥冥之中，已感到命运之神在向自己招手。自起兵以来，他抱定了"壮士不死则已，死即举大名耳"的决心，将生死置之度外。时虽半年，也是万人之尊，人生如此，夫复何求？

人生短暂，只求一搏，胜败天定，虽死无憾！英雄末路，陈胜决心再慷慨一次。他派出了"张楚"政权最后的力量——柱国蔡赐和部将陈贺。

章邯以强势兵力直逼陈县，蔡赐和陈贺根本不是敌手，当着陈胜的面先后被杀。秦军的首要目标陈胜，这时跑到汝阴避难，不久又由汝阴再跑到城父。秦军胜利指日可待，章邯本打算奋起直追，不料在出发之前，就收到了陈胜的首级。

这位显赫一时的义军领袖，竟死于自己的车夫之手。

陈胜本打算卷土重来，但最终没等到机会。他的车夫庄贾文化虽不多，却深刻认识到："张楚"当局已成为过江的"泥菩萨"，注定是死路一条。现在，正是改旗易帜、报效朝廷的好机会。

虎落平阳遭犬欺。陈胜万万没想到，自己竟栽在一个车夫手中。

卖主求荣算什么？在现实利益面前，任何道德评价都显得那么苍白无力。

秦二世二年端月¹，庄贾偷袭楚王陈胜得手，随即取了其首级，到章邯的军营里投降献功——这就是"革命先驱者"陈胜的结局。

陈胜是众多叛军中的第一支，也是当时最重要、最强大的一支。章邯拿到陈胜首级，为秦朝立下了汗马功劳，但叛军尚众，他接下来还有更长的路要走。而远方的咸阳宫廷，即将上演一出内讧的大戏。

陈胜开启了一个新时代，但只走完了这个新时代的开端，之后要由项梁、项羽、刘邦等人接力。从这个意义上讲，他的死宣告了一个新时代开端的结束。

陈胜死后比生前赢得了更多的尊重，而且名气也越来越大。司马迁专门为他作传，位居"世家"之列；司马光称其部队为"兵"，而不是贼寇。刘邦当上皇帝之后，只祭拜过两位已故之人，一个是孔子，另一个就是陈胜。

---

1 端月即正月，当时因避秦始皇嬴政之讳，故改称端月，意为"开端之月"。

史赞：

一个颇具雄心的亡命之徒，为了"王侯将相"的远大理想，率领一群乌合之众铤而走险，奋起反抗秦朝暴政，终因性格悲剧而遭惨败。但是，他们初次表达了劳苦大众反抗暴政的诉求，也揭开了中国历史新的一页。

第二章
巍巍大厦缘何倾

大厦因何而倾？

历史演进到秦二世二年，一个问题亟待解答：秦始皇驾崩之后，秦王朝迅速由鼎盛走向覆亡，原因何在？我们从前面已经找出一些症结，现在总结如下：

秦帝国迅速衰亡的根源，在于其"重法轻儒"的先天性缺陷，即贾谊所谓的"仁义不施"。这种病症始于秦孝公，贯穿秦国（秦朝）始终，但在前一百余年并未明显发作。它严重到无可救药的程度，不是在秦始皇时期，而是在秦二世即位之后。

秦始皇在位十年有余，虽屡有兴作之举，但他的统治是相对平和的。而且，他已开始注重对东方文化的引进。从史料记载来看，对于徭役繁重的地区，他采用了减免赋税或物资存恤的政策。在他统治期间，秦朝未出现任何叛乱的记载。

但秦始皇对东方文化的态度远远算不上重视。到了晚年，他更是失去了耐心，大有将其斩尽杀绝的姿态。而胡亥即位后，修律法、杀宗室、兴徭役、灭功臣，无恶不作，使流毒于天下，遗祸于四海，闹得民不聊生。可见，秦朝暴政自秦始皇晚年已显端倪，到秦二世即位后变本加厉，登峰造极。

司马迁对此洞若观火，他指出：秦二世的暴行使"宗室振恐，群臣谏者以为诽谤，大吏持禄取容，黔首振恐"，终于招致了亡国之祸。

除上述先天缺陷之外，两大危机的爆发也加速了秦朝的崩溃：

第一，秦朝统治阶级的内讧，即本土派与事功派的无休止恶斗。胡亥作为帝国之主，从血缘上虽是秦朝宗室，然而由于严重的智力障碍，他完全无法掌控朝政，在上台之前就已被事功派驾驭，由此招致了两个党派的毁灭性内斗，结果两败俱伤，使秦朝的统治基础轰然垮台；

第二，六国封建势力的复苏和反扑。秦末暴动发轫于楚国，进而引发山东六国的叛乱，但从未波及秦国故地，即关中、汉中、巴、蜀等地区。这充分说明，遍布六国的封建势力是灭秦的急先锋，义军队伍虽也夹杂着平民、匪徒、秦朝底层官吏等，但总体上是以六国诸侯势力为主要力量的。[1]

从历史进程看，"张楚"政权虽已败亡，却点燃了灭秦战争的导火线。一个陈胜倒下了，后面还会有千万个陈胜站起来，前赴后继，终至将秦朝的大厦彻底推倒。

从下一章开始，我们的视角将从秦朝转移到义军方面。

---

[1] 当时，反秦义军的成分相当复杂：陈胜、吴广、樊哙、郦食其、陈平、范增等，都是平民出身；项梁、项羽、田儋、赵歇、张良、魏豹等，都是封建贵族后裔；彭越、黥布是典型的匪徒；萧何、殷通、故沛公、陈婴、刘邦等，则是秦朝底层官吏。

第三章

两位革命先驱者

其兴也勃，
其亡也忽

秦末之乱始于秦二世元年阴历七月，由陈胜首开其端，坚持了半年，之后由项梁接力。项梁于秦二世二年阴历八月为章邯所败，又由项羽、刘邦继承其业。一年之后，抗秦大业遂在刘、项手中完成。

在三代领导人中，抗秦大业始于陈胜，完成于项羽、刘邦。项梁被夹在中间，最不引人注目。实际上，他颇具领袖之才能，不仅修正了陈胜的错误战略，而且多次击败章邯，或许还是唯一能保持项羽、刘邦团结关系之人。仅就抗秦一事而言，他也堪称继陈胜之后的第二位先驱者。

在项梁出场之前，我试图先对第一位先驱陈胜的败因进行总结。这虽是件吃力不讨好的事，却是任何历史文章所不敢忽略的。

根据本书的观点，陈胜及"张楚"政权之所以失败，大致有如下几点原因：

1. 陈胜自身孤傲的个性

按照传统的观点，陈胜一般被视为农民阶级利益的代表者。但从一些口号（如"苟富贵，勿相忘""王侯将相宁有种乎"）中，他清晰地表达了自己的追求，即"富贵""王侯将相"。

这些追求跟农民阶级利益八竿子打不着，难怪当年的难友前来投奔时，陈胜不但不与之共富贵，反而将其杀害。司马迁着重指出："诸陈王故人皆自引去，由是无亲陈王者。"自然会失去社会底层大众的拥护。

在政权建设方面，陈胜几乎是胡亥的翻版。胡亥有郎中令赵高，陈胜有朱房（任中正）和胡武（任司过）。两人最擅长的就是督查群臣之过，朝中凡有抗命不尊者，他们不用审理就可以直接抓来治罪。司马迁再次指出："诸将以其故不亲附，此其所以败也。"

以上两方面，归根结底，都源于陈胜孤傲的个性。他最后成了光杆司令，不败才怪。

2."张楚"政权缺乏人才，尤其是军事人才

陈胜本人是农民出身，从未有过领兵打仗的经验，他的将领本事自然也不会高到哪里去。"张楚"政权维持半年，顶多也就两人在军事方面能说得过去，即周章和葛婴。

无奈周章碰到了高手章邯，实属倒霉。

葛婴是符离（今安徽省宿州市）人。当义军从大泽乡转战陈县时，他一路攻克了铚、酂、苦、柘、谯等地，立下了汗马功劳，之后又向东征讨，未逢敌手。但他后来未经请示，擅自立了一个楚王，由此惹恼了陈胜，蒙冤被杀。

除周章和葛婴之外，"张楚"政权再无将才。

3.反秦战略规划的失策

从反对复辟诸侯来看，陈胜是一个中央集权制的支持者。但当时山东却满是孕育封建势力的土壤。张耳、陈余主张册立六国之后，以拉长

战线，分散秦军注意力，该策略虽可能留下后遗症，但对灭秦大局仍不失为有效。但陈胜不予采纳，硬是跟秦军单打独斗，最后孤立无援，坐等败亡。

实际上，山东封建势力复辟是势之必然，陈胜根本无力阻止。当抗秦势力由最初唯一的"张楚"政权演变为山东众诸侯的联盟时，他其实仍可以其"首义"的优势，保持自己盟主的地位，进而集诸侯之力而攻秦，但他的气度和心胸根本不足以服众。

在举兵之初，陈胜打出项燕、扶苏的旗号，又定国号为"大楚""张楚"，无非是想赢得民心。但他最终没有册立楚国后裔，而是自立为王，结果大失民心，削弱了埋藏在楚国人民中的雄厚力量。

第三章 两位革命先驱者

群龙无首

有的人死了，他还活着。陈胜倒下了，在他背后站起了千万个后继者。

"张楚"政权被灭后，反秦的星星之火，已成燎原之势。秦帝国版图虽大，但当时政府能有效控制的还不及统一之前。在函谷关以东，活跃着数十支形形色色的反秦队伍，其成员多则数千，少则几百，不一而足，但都各自为战，处于群龙无首的尴尬局面。

首先，是楚、赵、燕、齐、魏五国的复辟：

楚国

在山东六国之中，最先复辟的是楚国，陈胜就是复辟后的第一任楚王，却无奈地在章邯的强烈打击之下壮烈牺牲了。

击败陈胜后，章邯忙着对付其他起义军，只留了两个校尉驻扎在陈县。陈胜生前一个叫吕臣的侍臣，组织了一支以青巾裹头的苍头军，趁机发动反攻，又光复了陈县。

吕臣在陈县主要做了两件事，一是杀死庄贾，给已故楚王陈胜报了仇；二是派人找来陈胜的尸身，将其埋葬于砀，并起了个谥号"楚隐王"。这样，十几年前被秦始皇废除的谥法，自陈胜开始，又被恢复使用了。

国不可一日无君。陈胜虽死，楚王之位不能空着。陈人秦嘉捷足先登，立景驹为楚王。景是楚国三大贵族姓氏之一，人望颇高。秦嘉扶立景驹而不自立，比陈胜技高一筹。

赵国和燕国

武臣自被张耳、陈余蛊惑而自立为赵王后，一直奉行独立自主的外交政策，既不与陈胜关系亲密，也不去迎击章邯。这自然还是受张耳、陈余的影响。张、陈二人本来对陈胜就不怀好感，所以趁机以其"夹缝理论"鼓动武臣：

秦、楚、赵三国之中，赵国最为弱小，楚国（即"张楚"）如果能消灭秦朝，下一个目标肯定是赵国，所以赵国不能助楚灭秦；楚国若不能单独灭秦，又必定会讨好赵国。所以，赵国在秦、楚之争的夹缝中求生存，理应千方百计增强自身实力。

赵王武臣在此理论的指导下，将灭秦大局抛之脑后，一心专注于开疆拓土、扩大地盘。为此，他同时派出了三路兵马——韩广攻取燕国故地，李良攻取常山，张黡攻取上党。从此，武臣就厄运不断了。

韩广顺利地攻克了燕国，后来因推脱不过当地父老的盛情，竟脱赵自立为燕王。武臣得知很不高兴，亲自与张耳、陈余兴兵伐燕，却不幸被燕军生擒，后因一个勤杂兵从中调解，才有幸得救。

李良也顺利地攻下了常山，后又奉命攻打太原。但在中途，他受到秦军的策反，又因武臣的姐姐对他不大礼貌，一怒之下叛赵降秦，反戈攻击邯郸。武臣和召骚竟双双被杀，张耳、陈余因为耳目众多，才侥幸逃过一劫。

不久，张耳、陈余整理武臣旧部，得到了五万残军。两人凭此又赶跑了李良，之后找了一个赵国王室后裔赵歇，扶立为赵王。

魏国和齐国

周市奉命攻取魏国故地时，曾向东到达狄县（今山东高青县东南）。当时，狄县县令稳坐城中，坚守不降。

这时有一个怪人来访。来访者名叫田儋，身边跟着一帮子年轻人，还有一个被五花大绑的家奴。据田儋自称，他要当着县令之面杀死有罪的家奴。

狄县县令十分好奇，立马召见田儋。但两人一见面，田儋就翻脸不认人，快速掏出了刀子。在县令做出反应之前，他手起刀落，迅速完成了杀人动作。之后，他迅速召集群众，在狄县自立为王，并率军击退了周市的进犯。然后，他又趁机率军东伐，夺取了齐国故地。

当时，山东各地义军蜂起。除山东五国复辟之外，一些良莠不齐的地方实力派，也相继扯起了反秦旗帜，纷纷组建自己的杂牌军，较出名的有起兵于吴的项梁、项羽叔侄，起兵于沛郡的刘邦，起兵于番阳的英布，起兵于东阳的陈婴等。

自陈胜死后，各地义军队伍多是散兵游勇，惯于各自为战，没有统一的归属与编制，有时甚至为争夺地盘大打出手，很难形成反秦的合力，极易为章邯各个击破。

义军阵营急需一名新盟主，凭威望与才能镇服群雄，主持反秦大计。不少眼光长远的义军人士，都觉察到了这一需求的迫切性。恰在此时，陈胜的一名老部下召平，响应时势，为挽救革命挺身而出，做出了平生最重要的一次决定——假传楚王军令，请项梁出山。

义军新盟主

陈胜在世时，召平曾奉命攻取广陵（今江苏扬州市），但一直没攻克。陈胜战败的消息传来，他很担心。章邯连续击溃周章和陈胜，看来绝非无能之辈。义军本来就是一群乌合之众，如今又群龙无首，只要秦兵一来，后果可想而知。

为确保革命前程，必须再寻一个顶得住章邯的人物。召平干脆放下手头工作，转而到各地物色将才。功夫不负有心人，他从广陵渡江，围江东绕了一圈，终于物色到了一双潜力股——项梁、项羽叔侄。

项梁，下相（今江苏宿迁市）人，楚将项燕之子。项籍，字羽，项梁的侄子。

项氏家族渊源已久，历来在楚国担任武官要职。楚国被灭前夕，该家族又涌现出了名将项燕。项燕以其军事才能和崇高的威望，成了当时楚国的顶梁柱。当时项梁还年轻，与家人一起过着衣食无忧的生活。

项氏家族的幸福生活，一直持续到公元前226年。那年，嬴政大举兴兵伐楚，两年之后项燕兵败自杀。从此，项氏家境一落千丈。

此后，项梁便与侄子项籍相依为命，浪迹于江东一代。好在项梁文武双全，还从父亲那里学会了兵法，维持生计倒不算太难。但在江湖上混久了，恩怨在所难免。有一次，他因杀人跟人结仇，为了躲避仇家，只好带着项籍跑到吴中（今江苏苏州市）。

是金子在哪里都能发光。项梁身为名将之后，自然也非等闲之辈。吴中素来人杰地灵，是个藏龙卧虎的宝地。项梁到达该地后，一时竟鹤立鸡群，不多久就得到了当地豪杰的一致拥护。吴中每当有大徭役或丧事，十有八九由他做主办人。

虎父无犬子，狮爷没孬孙。项梁的侄子项籍身高八尺有余，力能扛鼎，才气过人，与其祖、父二代相比，雄伟气象毫不逊色。

项梁对侄子的教育相当重视，从读书写字到习武练剑，挨个教了个遍。但项羽对此并不领情，最后书法和剑法一个都没学成。项梁白费一番工夫，大为恼火，对项羽痛加责骂。但接下来，小侄子的一番话却令他无言以对："书，足以记名姓而已！剑，一人敌，不足学。愿学万人敌！"

小小年纪好大气魄！项氏家族有儿如此，也算后继有人了！项梁从此对侄子刮目相看，专心教他学兵法。项羽的学习方法与众不同，自成一套——略知其意，不肯竟学。

四百年后，有一个人使用了这套独特的学习法，并将其发扬光大，后来辅佐刘备开创了蜀汉基业——此人名叫诸葛亮。

公元前210年，秦始皇最后一次巡游时，曾路经浙江。项羽时年23岁，和叔父项梁一起前往观看。不料中途，他冷不丁冒出一句："彼可取而代之！"项梁闻得此话，吓得冷汗冒了一身，赶紧捂住他的嘴："你小子不要胡说，小心被满门抄斩。"

项梁话虽如此，其实心里比吃了蜜还要甜。项羽年纪轻轻，竟有如此宏大志向，将来成就必不在他爷爷项燕之下。

项梁既有才华又有人脉，且胸怀大志，与秦有不共戴天之仇。他和侄子项籍在吴中潜伏已久，如同隐忍的大鹰，不飞则已，一飞冲天。好汉不出手，只因时机未到。

公元前209年阴历七月，陈胜首先打响了武装反抗秦朝反动统治的第一枪。两个月后，会稽郡郡守殷通也按捺不住了，决定迎合时代潮流，起兵反秦。为此，他找来项梁共商大计。

千载难逢的机会终于盼来了。项梁欣喜若狂，领着侄子直冲郡守府。到了府衙，项梁令项羽在外等候，一人去见殷通。

殷通知道项梁有能耐，很客气地与他商量："现在长江以西都造反了，看来是上天要灭秦啊。我也想先发制人，起兵反秦，由你和桓楚统帅军队。不知你意下如何？"

项梁听罢此言，表面不做声，其实心中早有了主意。思虑半晌，他假意回答："可惜桓楚如今不在，除我侄子项羽之外，没人知道他现居何地。"

说完，项梁就出了郡守府，对项羽低首附耳交代了几句，让他把剑准备好。事后，他又回到府内，对殷通道："请把项羽招来，让他去寻桓楚。"

项梁经允许将项羽叫到府内。郡守殷通从未见过如此壮汉，当即被吓得魂不附体。项梁见时机成熟，给项羽使个眼色，说道："可以行动了。"项羽立即拔出宝剑，二话不说，将殷通的头颅砍落在地。

片刻之后，项梁手持殷通首级、身挂郡守官印，再次亮相于郡守府外。殷通部下见状，一时缓不过劲儿来，都惊慌乱窜，直到被项羽连砍了百八十个人头，才算消停下来。项梁不愠不怒，向众人讲明起兵之意，得到一致拥护。

项氏叔侄当众表示创业成功。在众人看来，项梁无疑是一个既懂兵法，又广有人脉的领袖人物。更重要的是，他是楚国名将项燕之后。这么优秀的人日后一旦发达，众人也能分一杯羹。

项梁得到郡府牙吏的拥护，便自立为会稽郡守。项羽奉命到会稽郡下辖各县，收编各地的武装力量，最终得到八千精兵。这八千江东子弟后来在中原叱咤风云，成了反秦义军的骨干力量。

从此，项梁在会稽自立门户。江东又多出一支精悍的反秦队伍。召平眼光独到，及时发现了项梁这颗政治新星。

当时，多数义军只知道陈胜战败，却不晓得陈大王已然归天。召平之前身在广陵，自然也不例外。他只是想找一位能与章邯匹敌的人物，助陈胜整合反秦力量。

召平打着陈胜的名号抵达江东，寒暄过后，发现无论从资历、名望还是能力来看，项梁都是配合陈胜的不二人选，于是自作主张，以楚王代理人的名义，给项梁颁发了伪造的上柱国大印，让他急引兵西击秦。

项梁接了"张楚"上柱国的大印，明显感受到了压力。在其位就得谋其政。他率八千子弟立马渡过长江，一头扎进了反秦斗争的泥潭，从此再也没能拔出脚来。

在项梁渡江的时候，东阳县（今安徽天长西北）活跃着一支以陈婴为首的义军。

陈婴，东阳县人，曾做过县令史，素以诚实、谨慎闻名当地。陈胜起义后，东阳县的一些不良少年杀死了县令，聚集起两万人马，却没有合适的首领人选。情急之下，他们想到了陈婴，想请他做头领。

陈婴为人谦虚、谨慎，以能力不足为由，不肯就任。那群少年气愤不过，索性不经其同意，想强迫他称王。双方僵持不下，最后以陈婴母亲的意见为准，达成了妥协："项氏世世将家，有名于楚，今欲举大事，将非其人不可。我倚名族，亡秦必矣！"

为分散造反失败的风险，陈婴举众投靠项梁麾下。这是自西渡以来，项梁队伍的第一次扩编。

项梁带义军继续西行，渡过淮河时，又碰到了黥布与蒲将军。

蒲将军，名字不详，履历不详，家世不详，秦末义军首领之一。黥布，六县（今安徽六安市）人，本姓英，因曾犯法被黥面，故称黥布。[1]

黥布被司马迁刻画成了怪人。一般人额颊上被刺字涂墨，肯定一脸沮丧，不敢见人。黥布不但不沮丧，相反还高兴。旁人问其原因，答曰：他小时候看过相，相面先生说他该受刑之后称王。现在大概快应验了吧！

黥布在骊山服了几年劳役，后来受不了苦，便纠集一批同伙私自逃窜，在长江边上落草为寇，成了江洋大盗。几年之后，他又厌倦了当土匪的日子，便想再次转行。恰在此时，陈胜、吴广吹响了反秦的号角。

黥布对陈胜十分崇拜，于是来到番县，与县令吴芮商量造反之事。两人果然一拍即合。对于黥布当过逃犯和土匪的历史，吴芮一点也不嫌弃，为表示诚意，还把自己的女儿嫁给了他。

于是，黥布摇身一变，从土匪变成了义军领袖，手头握有几千兵马。当时，章邯刚打败了陈胜，在中原大红大紫。但黥布对秦军毫不畏惧，收复陈县就是他与吕臣合作的成果。在义军之中，他是少数几个敢于挑战秦军权威，并小规模取胜的将领之一。

黥布和蒲将军久仰项梁之名，一听说他要渡江击秦，便专程赶来效

---

[1]　"黥面"也称"墨刑"，是秦朝的几个主要刑种之一，施刑方法是用刀子在额颊处刺字，再在伤口上涂墨。

力，无偿献出了自己的军队。

项梁有幸遇到这几个绿林好汉，实力迅猛发展。当从淮河进驻下邳时，他的队伍已扩编至六七万人规模，成为一支新的抗秦劲旅。

从会稽起兵开始，项梁一路招兵买马，进军十分顺利。然而在下邳，他首次碰到了拦路虎。令他意想不到的是，眼前第一个路障不是秦军，而是景驹和秦嘉的楚军。

虽然同为楚国的名门大族，景氏家族的号召力却比项氏家族弱得多。景驹自从被秦嘉立为楚王以来，他的队伍虽一直坚持反秦斗争，但总体上并没有多大起色。同时，他又坚持所谓的"法统"：景驹已在陈胜之后成为新任楚王，所有楚军都该归他节制。因此，他们对从长江那边过来的项氏人马，持强烈抵制态度。

革命领导权事关革命前途和方向，绝无妥协之余地。项梁在这方面态度十分坚定：景驹被立为楚王，完全未得公众认可。既然他一意孤行，干脆就兵戎相见。

战前，项梁为了获取人心，仍先从理论上占领制高点：陈胜尽管一时受挫，但毕竟是反秦的首义者。如今他生死未卜，秦嘉就擅立景驹，实在是大逆不道。宣传完毕，开始动武。

不管怎么讲，景驹一方毕竟势弱，加上对方有项羽、黥布等猛将，几个回合下来，景驹率领的楚军毫无招架之力，大败而逃。项梁率大军在后，一路又是穷追猛打。最终结果是，秦嘉战死于胡陵，景驹死在梁地，部队全部归降项梁。

收拾完景驹，项梁作为义军新一届盟主，算是实至名归了。成功来得如此容易，除个人能力和魅力外，项梁只是主打了一个"项"字。这足见项氏家族（尤其是项燕）在楚国的威望和号召力。

收编完景驹残部之后，项梁遇到了真正的敌手——章邯。在劲敌面前，谨慎一点是没坏处的。为试探对方底细，项梁先令两个别将朱鸡石、余樊君出马，结果二人一死一逃，全军覆没。

由此得出的结论是：秦军强悍，不可小觑，楚军应暂避其锋芒。于是，项梁很明智地将部队从胡陵转移到了附近的薛县。

刘邦的发迹

项梁在向薛县转移途中，曾遇到一队特殊人马。对方总共一百余人，既不是来帮忙的，也不是来挡道的。为首的头领名叫刘邦[1]，四十来岁，自称是来搬救兵的。

刘邦，字季，沛郡丰邑人。

关于刘邦的逸闻，再没有比其身世更扑朔迷离的了。据传，他是其母在田郊假寐时与一条蛟龙偶合而生。按我们今天的看法，这多半是后人为神化刘邦而杜撰的，没有任何实际意义。当然，也有某些外国人思维奇特，认为"所谓蛟龙，很可能就是四处流窜的地痞流氓"[2]。但这纯是一种无稽之谈。

刘邦出生在丰邑一个地道的农民家庭。他的祖上在魏国做过大夫，直到他祖父那一代才迁到丰邑，继而沦落为农民。

---

1 在汉朝建立之前，刘邦的真名应该是刘季，"邦"是他称帝后才改的名字。
2 这是日本作家司马辽太郎的观点，参看其作品《项羽与刘邦》第三章。

丰邑原本是宋国辖地。最后一位宋王因暴虐专横、穷兵黩武，葬送了自己的国家。公元前284年，丰邑被楚国接管，成了这个南方大国的北边疆界。刘邦的父亲刘执嘉，很可能就出生于距此事件不远的某个年份。

根据刘邦祖上的迁徙经历与丰邑的情况，我们可以大致推断：自刘执嘉出生时起，他的国籍观念就相当模糊，而这又深深地影响了刘邦。刘邦对楚国的感情相当淡薄，这或许可以解释六国被灭后，他为何热衷于在秦朝的地方政府机构中任职，而不是像其他楚国后裔、贵族一样，坚持不与秦合作的立场。

刘邦据说相貌出众，左腿上有七十二颗黑痣，脸上胡须也漂亮。因此他便自命不凡，不跟家人从事一样的生产作业，而一心只想当官。他平生的两大喜好，一是调戏村中妇女，二是嗜酒如命。他经常赊酒，喝得酩酊大醉。

刘邦在志向未遂时，整天游手好闲，尽管生活窘迫，却从不为生计犯愁。他的官梦是在秦灭楚后实现的。当时，他在当地政府混了个泗水亭长的差事，但也不认真工作，只一门心思揣弄长官，或者请假偷懒。

像刘邦这样的无赖之人，按说娶媳妇不是件容易的事。但事实却是：没等他去找，有人竟主动送上门来了。

送媳妇的人名叫吕公。他和项梁一样，曾因杀人而被迫四处躲难，直到有一天在沛郡安了家。因为他和丰邑县令有旧，而且私交甚深，丰邑底层小吏知道此事后，为了讨好上司，都去送礼庆贺。

负责收礼的小吏名叫萧何，比刘邦为秦效力更早。他和赵高一样，因精晓律法而任"吏掾"一职。当时，沛郡衙门里官风不正，萧何也专门制定了一条规矩：送礼不满千金的，就让他坐堂下。

对于这种歪风邪气，刘邦素来是深恶痛绝的，因为自己家徒四壁，拿不出贺礼。但经仔细盘算之后，他仍找来一个进见名帖，写上"贺钱一万"，随手就扔给了萧何，大摇大摆进了宴席。

吕公擅长相面之术，见了刘邦异常恭敬，亲自迎他入座。萧何在一旁不明就里，张口说了实话："刘季从来满口大话，其实很少成事。"

其实，萧何与刘邦私下里关系不错。刘邦在布衣时就多蒙他照顾，做亭长后依然如此。

初次见面，吕公已断定刘邦将来绝非池中物。对于萧何的评价，他全然不加理睬，再经酒后与刘邦深入攀谈，对其前程更加深信不疑。最后，他竟不顾老婆的强烈反对，将女儿吕雉嫁给了刘邦。

吕公没有看错人，刘邦的确是一个胸怀大志的好汉，只是因为出身草莽，其潜力尚未被发掘出来。至于他的大志，咸阳之行就是明证。几年前，他随大家去咸阳服徭役，曾有幸瞻仰秦始皇的尊容。当时，他一睹皇帝容颜后，赞叹之声脱口而出："嗟乎，大丈夫当如此也！"

刘邦自然不知道，他几年后的主要对手项羽见到秦始皇时也有过类似的感慨。但细品项羽和刘邦的豪言，两者都有冲天的豪气，然其中也有细微的区别：项羽之言霸气十足，充满了斗争气息；而刘邦之言却是赞语，语气比项羽要温和得多。

作为亭长，监送服役者从沛郡到骊山，是刘邦的主要工作之一。事实上，他的确在履行职责。在陈胜起义前后，他就曾奉命押送一批壮丁到骊山服役。

同是监送工作，刘邦这次比陈胜、吴广还要悲观。自打从沛郡出发，他手下的役卒就陆续开溜，刘邦一个人根本禁止不了。估计抵达骊山后，就只剩他一个光杆司令了，根本没法交差。念及此，刘邦遂将心一横，干脆与众人一起逃亡。

在丰邑之西，刘邦趁着夜色喝酒壮了胆，当众表示大家要走要留，悉听尊便。此言一出，众人当即一哄而散。最后只留下十来个壮汉，他们被刘邦的义举所折服，表示愿与他同生共死。刘邦对此表示默许，然后让一个壮汉上前开路。

众人随刘邦夜行，刚走了一阵，却见壮汉回来报告："前有大蛇挡路，还是回去吧。"

"大丈夫行路，有什么好怕的！"刘邦趁着酒意走上前去，一剑将蛇斩为两段，然后若无其事地与众人走了过去。

后来，有人又返回杀蛇之地，见一个老妇哭倒在地，诉称她儿子是白帝之子，因变蛇挡路，被赤帝之子杀了。壮汉闻言大惊，由此得知刘邦是赤帝之子。

以上即汉高祖"提三尺剑，斩蛇起义"的由来。这多半是当时刘邦为蛊惑人心，想给自己制造神化身份，或他称帝后为宣扬汉灭秦是天命所归，而刻意编造出来的。因为当时"五德终始说"依然盛行，而又莫衷一是，以"土"（赤帝之子）克"水"（白帝之子）表明汉朝取代秦朝的合法性。

刘邦和他的追随者畏罪潜逃后，一直藏匿于深山老林之中，不久得知了陈胜、吴广起义之事。当时，各地百姓因不满秦朝暴政，都纷纷杀了当地的长官以响应陈胜。刘邦也跃跃欲试，想出山闯一番事业，只是未得其便。

不久，义军的声势波及沛郡。丰邑县令自知腐败严重，害怕下面百姓造反，整天提心吊胆。经过一番思想斗争后，他终于决定先带头造反。拿定了主意，县令便去找狱掾曹参、吏掾萧何商量。

萧、曹二人对县令不满已久，见眼下正是发泄的良机，便以为了镇服沛县子弟为由，让他多招一些亡命之徒——这实际在为刘邦创造出山的机会。县令不知是计，马上派樊哙去找刘邦前来助阵。

樊哙，沛县人，早年以杀狗卖肉为生，且与刘邦有旧。当他找到刘邦时，对方的队伍已有近百人之多。两人便率众赶往丰邑。

不料，丰邑县令见刘邦人多势众，又临时变了卦，将他们关在城外，不肯放他们进城。萧何与曹参自知阴谋败露，怕县令拿他们开刀，便趁机私逃出城，投入刘邦麾下。刘邦等人进城未遂，于是以策反之计对付县令。

城中父老受到感召，竟主动斩杀了县令，开门迎接城外人马，随后经公众推举，确定萧何、曹参、刘邦为首领候选人。萧何与曹参都是文吏出身，害怕事败会被株连九族，所以一再推脱。而刘邦出于谦让，也迟迟不肯就任。

最后，多数人的意见占了上风，选定刘邦做首领。于是，在众人推举之下，刘亭长正式变成了刘沛公，时年四十八岁，手握三千兵马。接下来，刘邦等人的任务便是率众攻城略地。

刘邦从老家丰邑出兵，第一次军事行动是攻取胡陵、方与，结果没攻克不说，还打草惊蛇，惹怒了泗水郡监平（监是官名，平是人名，无姓）。

刘邦退回老家后，平率大军包围了丰邑。但两天之后，刘邦亲自率军出城，打破了平的围剿，之后自领大军一路追击，直到平被刘邦的左司马曹无伤杀死。刘邦追平期间，令雍齿守卫老巢丰邑，结果留下了隐患。

刚打了胜仗的刘邦万万想不到：自己的老巢丰邑居然起火了。

点火的人是周市。

周市当时正在收复魏国故地，一路杀到沛县，碰见丰邑守将雍齿，就恐吓他："丰邑本是魏国国都迁徙之地。魏军现已收复十几座城池，你若肯归顺，我就提拔你为丰邑侯；若不肯归顺，魏军就屠城丰邑。"

雍齿一来禁不住恐吓，二来对刘邦没有好感，当即改旗易帜，宣布投降周市。

　　刘邦听说丰邑叛变，火冒三丈，立即回兵。结果打了几个回合，不仅没攻下丰邑，自己还打出病来了。

　　经四处打探，刘邦得知景驹刚被立为楚王，就决定去投奔景驹。当时，章邯在一路追击残余义军。刘邦与景驹合力抗敌，几次击败章邯几个部将的别军，兵马也增加到了九千人。但以当时情形，九千人马攻打丰邑，仍有难度。不久，景驹败于项梁，死于梁地。刘邦又成了孤军。

　　这时，他又听说项梁刚与章邯交过手，正向薛县转移，便决定带一百多人，到那里去碰运气。几经攀谈之后，项梁认定他值得信赖，便大发慷慨，借给他五千兵马，外加十名五大夫级的将领。

　　刘邦借到援军之后，信心大增，乘势再去围攻丰邑。战斗持续了不到一个月，最后以丰邑顺利被夺回而告结束。美中不足的是，雍齿逃奔魏国，而没有被刘邦的军队擒住。

　　刘邦在丰邑整编完兵马，驻扎了几天，决定再赴薛县，一来返还援兵，二来向项梁致谢。不过，还没等他动身，项梁军中早有人来拜访了。他从来者口中得知：陈胜殉国的消息已被证实，项梁作为公认的新盟主，广邀各路义军齐聚薛县，共议灭秦大计。

　　如此盛会，既能凝聚义军力量，又能广交各路豪杰，岂有不参加之理！

　　刘邦总算否极泰来，当下马不停蹄地带人马再赴薛县。

公元前208年的薛县会议，是楚王陈胜殉难之后，义军内部召开的一次重要军事会议。会议的主题是讨论关于反秦的战略方针和路线问题。

本次会议的头号主角，是耄耋老头范增——一个神龙见首不见尾的人物。

"居鄛人范增，年七十，素居家，好奇计。"司马迁的寥寥数语，使一位老谋深算的谋臣形象跃然纸上。关于范增，《史记》交代的内容虽不多，但仍可得到以下信息：

第一，他是居鄛（今安徽巢湖东北）人，即已故楚国的臣民；

第二，他出山时已七十岁。自出生（约公元前280年）到秦灭六国（公元前221年），他都一直隐居在家，并不过问世事；

第三，在隐居期间，他一直在搞见不得人的奇谋妙计。

到这里，问题就来了。

首先，时逢战国乱世，诸侯并立，人才辈出，灿若群星。范增既然擅长搞奇计，为何不及早出山，使六国免于被暴秦吞并呢？

其次，当时各国之间人才流动频繁，他为何不效法商鞅、张仪等人，借秦国为舞台施展其才智？

再次，他深藏七十年，本可一直与世无争、逍遥度日，为何晚年要出山？

最后，陈胜首义，他为何不辅佐张楚政权，而是等其失败后投靠项梁？

司马迁没有交代答案，也正因如此，才有了我们发挥想象的空间。根据范增生平，我在这里做一下保守推测：

第一，战国晚期，六国衰弱而秦独强，统一是大势所趋。以范增的精明，他当然意识到助六国徒劳无益；

第二，范增身为楚民，对本国感情至深，归属感至强，这是楚人与三晋人士很大的一点不同，在陈胜、景驹、项羽等人身上也有明显的体现；

第三，范增是姜太公、百里奚一般的韬晦之人，只待晚年一鸣惊人，建立旷世奇勋；

第四，陈胜首义，勇气固然可嘉，但不足以成大事。范增在他身上，早看出了失败的苗头。

闲话少叙。当时项梁礼贤下士，身负众望，很有一番振作气象。范增听闻他要在薛县开会，便急着去建言献策。这是研究了七十年的功夫第一次派上用场，他内心之兴奋可想而知。

接下来，他为众头领做出如下分析：

陈胜败固当。夫秦灭六国，楚最无罪。自怀王入秦不反，楚人怜之至今。故楚南公曰："楚虽三户，亡秦必楚也。"今陈胜首事，不立楚

后而自立，其势不长。今君起江东，楚蜂起之将皆争附君者，以君世世楚将，为能复立楚之后也。

这段话篇幅不长，却字字珠玑，较之汉末诸葛亮的"隆中对"，有过之而无不及。针对反秦义军，范增总结了三条论断，并剖析了其中的原因或对策。

论断一：亡秦必楚，因为"秦灭六国，楚最无罪。自怀王入秦不反，楚人怜之至今"。

当年，楚怀王被秦相张仪耍弄，接二连三被骗不说，还被当人质扣留，最后客死于秦。因此，楚国百姓都同情楚怀王而憎恨秦国，将来肯定是反秦的急先锋。更重要的是，根据《资治通鉴》的记载，此事件在国际上也有重大影响，而且其影响之所及，直至秦末。其中蹊跷今天不得而知，但当时却被范增发现了。

范增为佐证自己观点，还摆出了当年楚南公的一句预言："楚虽三户，亡秦必楚。"

对于这里"楚"的含义，我们大致可从两个层次来理解：第一是地域和国别的层次，指的是以旧楚国为首的山东势力；第二是义军成分的层次，主要是指故楚国王室后裔、贵族、平民和盗匪的联盟。在第二层次中，王室后裔和贵族灭秦是为了兴楚，平民和盗匪反秦一则是被逼无奈，二则是出于一种机会主义的投机心态。

论断二：陈胜败固当，因为"陈胜首事，不立楚后而自立，其势不长"。

义军最雄厚的力量深埋于楚国百姓之中，是因为他们哀怜楚怀王。因此，只有楚国王室后裔，才能真正号召起楚人的反秦浪潮。陈胜身为楚人，却不立楚国王室后裔而自立，根本无法号召起楚人的反秦积极性，失败也是迟早之事。

论断三：楚蜂起之将皆争附项梁，因为项氏家族"世世楚将，能复立楚之后"。

项梁是楚将项燕之子，而项家又是忠于楚王室的典型代表。项梁如果吸取陈胜失败的教训，以册立楚王后裔号召大家反秦，是很有希望成为反秦中坚力量的。

范增老先生不鸣则已，一鸣惊人，轻描淡写地为义军制订了灭秦蓝图。这短短一席话，堪称秦末"隆中对"，成了日后义军反秦的总战略指导方针。

但这里还有个问题悬而未解：众所周知，项氏是当今义军盟主，一旦立楚王后裔号召群雄，那项氏岂非也要俯首称臣？那时，究竟谁才是真盟主？

其实，若仔细琢磨，范增早就给出了答案：楚王不过是名义上的领袖，项梁才是实际的决策者和操纵者，册立楚王只是为了增加号召力。从事后发展及范增的政治立场看，这一点是很明确的。

项梁细加琢磨，发掘出了范增话中深藏的玄机。范老先生老谋深算，现在来辅佐项氏家族，实为大幸！何况如今，"张楚"王陈胜已死，假楚王景驹也不得人望，不立新王确实不足以服众。

项梁认真听取了范增的意见，深表赞同，一散会便派人去打探，几经周折，终于找到一位名叫熊心的楚王室后裔。此人恰是已故楚怀王的孙子，正流落民间为人牧羊。

楚人对秦国的仇视，源自八十年前楚怀王的悲剧。再加上熊心与楚怀王的祖孙关系，项梁为了唤醒楚人心中的反秦怒火，干脆将熊心再立为王，名号仍叫"楚怀王"。接下来，他为新王举行了隆重的登基仪式，以盱眙为都城，以陈婴为上柱国。

范增加盟革命阵营，是义军反秦运动的一次重大转折。陈胜、吴广起义之所以失败，除不立楚后和战略失策之外，还有很重要的一点，即他们是被逼造反的，怀有很大的赌徒式的投机心理。"张楚"队伍根本就是一群乌合之众，毫无计划、方针可言。而范增加入项梁的队伍后，制定了切实可行的战略方针，给义军的行动以理论上的指导。这是项梁军与张楚军很大的一点不同。

　　熊心成为义军共主（名义上的）后，反秦运动的后期发展果如范增所料：楚国很快成了义军的顶梁柱，项梁以楚怀王为号召，实际成为义军盟主，自号"武信君"，义军在与秦军的大战中接连取胜。

稚嫩的张良

在薛县会议上，范增关于册立楚怀王之孙熊心为王的提案被批准后，张良又阐述了他的主张。他被后世尊称为"谋圣"，名列"汉初三杰"之一，但他作为后起之秀，较之老谋深算的范增，仍显稚嫩。

张良，字子房，韩国人，出身于贵族世家。他的祖、父两代活跃于战国晚期，曾连续给五位韩王当宰相，仅家仆就有三百多名。

张良的家庭背景和项梁有相似之处，两人都在权贵家庭成长起来，后来被万恶的秦国剥夺了优越感。因此，张良对秦政府也是万分痛恨。唯一不同的是：项梁出身于将家，学的是兵法；张良出身于相家，学的是礼法。

六国被灭之后，为了祭奠逝去的辉煌，张良抛弃了斯文，对秦始皇展开疯狂报复。他不惜变卖全部家财，只为寻求一位真正的勇士，伺机行刺秦始皇。

公元前218年，秦始皇在一次环绕全国的巡游中，途经阳武县一个叫博浪沙的地方。张良已提前让勇士埋伏在路侧，等秦始皇车驾路过时，便把一个重达一百二十斤的铁锤扔过去。

铁锤的确砸中了车驾，不过是皇帝后面的副驾，而不是他本人乘坐的那辆。差之毫厘，谬以千里！错过这次机会，下次不知要等到何年何月。

张良万分不甘，但不得不就此作罢了。秦始皇雷霆震怒，已在全国发布紧急搜查令。眼下风声正紧，张良迫于无奈，只得改名换姓，在下邳一躲就是十年。事实证明，这才是他成长的开始。

张良在逃难期间，时常到下邳附近的一座桥上闲逛。有一次，他在那里碰到了一个穿粗布衣服的老者。老者见到张良，将自己的一只鞋扔到桥下，让他去捡回来。这是对张良隐忍度的一种测验方式。

张良心知老者此举必有缘故，于是忍辱捡回鞋子。老者又要求张良给他穿上，张良听命，通过了测验。老者与其相约五天之后再见于桥上，然后扬长而去。张良望着他远去的背影，表情愕然。

张良连续等了两个五天，结果都是迟到，终于第三次先于老者赶到桥边。老者对他的至诚表示认可，于是掏出一本半旧枯黄的书，道："此书读完，可为帝王师。你花十年方可学有所成。"说完就走了。

等天亮后，张良拿书一看，封面赫然写着四个大字——《太公兵法》。授书老者是当时的著名隐士黄石公。

《太公兵法》也称《六韬》或《素书》，共两万余字，是一部姜子牙与周武王关于行军作战的对话录。该书最主要的成就是提出了"六韬"，即用兵作战的六种谋略：文韬（治国用人）、武韬（行兵用武）、龙韬（军事组织）、虎韬（战争环境、阵法、武器等）、豹韬（战术）、犬韬（军事训练）。

张良得了《太公兵法》，如获至宝，自此昼夜诵读，潜心钻研。时光飞逝，岁月荏苒，一晃十年过去了，秦帝国已经旧貌换新颜：秦始皇病死沙丘，二世胡亥即位，陈胜、吴广等人也闹腾起来了。张良自感学有所成，是时候出山了。

在几千年的中国历史上，纯种文人是很少能独立打江山、争天下的，他们最多在此过程中扮演"最佳配角"。像范增、张良、诸葛亮、赵普、刘伯温之辈，都属此类。他们是天生的寄生虫，纵有天大的本领，若遇不到质量优良的寄主，也注定会庸碌一生。

良禽择木而栖，良臣择主而事。张良为了寻找命中的"伯乐"，带了手下百十个人，几经思忖，决定投奔景驹。当时，刘邦为夺回丰邑，也正想到景驹处借兵。两人机缘巧合，竟在半路相遇了，虽是萍水相逢，聊得却很投机。

张良一路滔滔不绝，将黄石公所授兵法尽情展现，除刘邦之外，旁人没一个听得懂。因此，张良放弃了投靠景驹的打算，转而在刘邦麾下效力。但他得到的职衔仅是"厩将"，负责管理马匹和骑兵。

此后，张良随刘邦一路辗转，也参加了薛县会议。当时，他的发言与范增相比，确显微不足道。他见项梁拥立楚后，而韩国诸公子唯独韩成有才，于是想请项梁帮忙，扶立韩成为王，复辟韩国。

韩国在战国七雄之中，本就地盘小而实力弱，又是最先被灭的一个。陈胜、吴广起义之后，又数韩国复辟最晚，在当时的各路义军中，实在无足轻重。

项梁对此一清二楚，但只要于抗秦大业有利者，无不应允。于是，他请张良找来韩成，立为韩王，命张良为司徒，从楚军中拨出一千多兵马，由二人带领，去光复韩国故地。

至此，战国时被秦国灭掉的山东六国，在新形势下又全部挂牌上市。

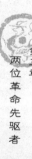

从薛县会议可以看出，张良受自己出身和家世影响，考虑问题的角度局限于韩国，和当年袭击秦始皇时是一样的。再者，他这时尚缺历练，的确不像范增白胡子一大把，早已阅尽世间沧桑。

年轻，这的确是张良的资本。范增若再年轻上十年，楚汉之争会鹿死谁手，或许还真未可知。只可惜，历史从来不允许假设。

胡亥的杀人游戏

秦二世二年秋，秦帝国的根基正在土崩瓦解，其表现是事功派的激烈内讧。这时，随着帝国的统一和巩固，事功派已无用武之地了。富国强兵方面是他们的强项，但对于帝国的维稳工作却束手无策。更重要的是，他们被严重的腐化打垮了。赵高为谋一己私利，开始疯狂地排斥异己。

就在章邯为救亡图存而鏖兵中原之际，胡亥仍在继续他的杀人游戏，而且乐此不疲，变本加厉。当然，他最终决定杀谁，要先经由郎中令赵高引导，然后方可执行。

受老师赵高影响，胡亥在为非作歹之余，偶尔也会看书，比如《韩非子》《秦律》等。但问题的关键是：他评判事物是非的标准，和正常人往往相反。如此一来，他读的书越多，危害越大。下面以具体事实为例：

周章陈兵于戏后，胡亥君臣意识到了叛乱问题的严重性。左丞相李斯从大局着眼，便经常寻机进谏，劝胡亥应就此反思，以避免将来出更大的乱子。但胡亥此时已经走火入魔，经常混淆是非黑白，一方面是受法家思想消极方面的影响，一方面是对法家思想的片面理解。

要想否定一个人，必先从理论上将他打倒。胡亥为了驳倒李斯，仍以法家思想为武器，抛出了他那历久弥新的话题——人生短暂，贤士明君究竟该怎样度日。鉴于李斯是法家出身，他这次还换了一种论证方式：

"韩非曾说过：'尧的殿堂不过三尺高，以茅草做屋顶，条件比旅店还艰苦；冬披鹿皮夏穿麻，吃粗米喝野菜汤，生活比门吏都差。禹凿龙门，通水道，腿上的肉和汗毛都没了，像奴隶般劳苦，最后还累死的。'

"他们都将统治天下看得无上尊贵，难道就只是为追求操心劳碌吗？我认为这些都该由低贱之人去做，贤能之士则应极力满足自己的欲望。倘若自己都不会捞好处，又怎能治理天下？所以我想随心所欲，永享天下安乐，难道有错吗？"

像这样的离经叛道者，在历代帝王中大概也就仅此一位。仅凭此享乐哲学一项，胡亥便足以"彪炳千古"了，真不愧是敢于打破常规的奇葩。

哲学话题定完调子了，接下来就事论事：

"李丞相，我听说你有一个儿子叫李由，贼将吴广攻荥阳时，他作为三川郡长官，竟吓得缩头缩脑，任由他们为非作歹。而且你李斯位居三公，不思为我排忧解难，却听凭盗贼肆无忌惮，是何道理？"

胡亥连续两番话，把李斯问得哑口无言，汗如雨下。回家面壁反省之后，李斯记起了先前两个谒者的故事。江山易改，禀性难移，何况胡亥贵为皇帝！

普天之下，莫非王土，一人之下万人之上的丞相也不过是个打工的，还指着拿薪水养活家小。既然皇帝喜欢享乐，混淆是非黑白，臣下若胆敢违背上意，岂非会触怒天颜？

为了顺利应对皇帝的问责，李斯写了一篇洋洋洒洒的政论文。他在文中引经据典、纵横捭阖，极力鼓吹行政"督责"之术，并力劝胡亥在全国推行。文章实非李斯本意，不过投胡亥之所好、阿谀奉承而已。

论文上奏之后，胡亥览毕，龙颜大悦。好个李斯，有好东西不早分享，非得等皇帝发怒才肯上奏。你若早把这东西拿出来，何愁陈胜不除、项梁不灭，只怕全国早就和谐了。

接下来，为深入贯彻落实"督责"制，胡亥亲自拟定了两条考核新标准，即所谓的"两个凡是"——凡是收税越多的官吏，我们就越认为他贤明；凡是杀人越多的官吏，我们就越认为他忠诚。

于是，在新标准的指导下，全国官员都被动员起来杀人。胡亥每日看着咸阳城内堆积如山的尸体，大为高兴："这才称得上'督责'嘛！"

看着胡亥每日以杀人为乐，赵高心里十分紧张，因为杀人之刀最先是由他举起的，他怕终有一天会遭报应。万一有人在胡亥面前举报他，他岂不麻烦了！

为避免上述情况发生，必须先发制人，最佳方法就是让群臣见不到胡亥的面。

为此，赵高找到胡亥，提出了以下建议："天子之尊贵，在于群臣能闻其声，而不能见其面。陛下现在年轻，未必什么都懂，一旦奖惩不当，就会暴露自己的短处。您不妨深居内宫，等大臣呈奏公文上来，我们再一起研究决定。"

胡亥认为该法省时省力，又不耽误玩乐，很是不错，即时准奏。

自此，他便躲入深宫，和大臣们玩起了"捉迷藏"的游戏。秦廷大权旁落，内外事务尽决断于赵高之手。两人各取所需，各得其乐。

但如此一来，左丞相李斯倒是被撂在一旁了。他对赵高心怀不满，口有怨言，自然也说得过去。

李斯身居高位，对赵高的底细了如指掌，留着不除必是祸害。赵高对此早就心知肚明，只是最近手头太忙，暂时还没顾得上。既然李斯心有不满，那就干脆"百尺竿头，更进一步"，让他提前安息。

于是赵高找到李斯，先假意责备他身为丞相，却对皇帝的暴行不管不顾，听之任之，以致黎民哀怨，盗匪横行。李斯以无缘得见圣上为由，表明自己的苦衷。然后，赵高便装出同情之意，建议道："你若真想进谏，我去帮你打听。只要皇上一有空闲，我立刻通知你。"

"如此甚好！"

赵高得到李斯的允诺，阴笑着离开了。几天后，他得知胡亥正在寝宫搞女人，就兴冲冲地跑去找李斯，谎称现在皇帝无事，正是进谏之时。李斯不知是计，于是急忙赶去胡亥寝宫求见，连续去了三次。

胡亥本就对李斯有所不满，当时和几个宫女搞得正欢，却又被他前来搅局，心中大感不快，于是龙颜震怒道："我平素有空时，李斯不来；而每当我娱乐之时，他却总来奏事。他是瞧不起我，还是以为我笨呢？"

旁边的赵高见时机已到，便添油加醋地污蔑，将李由不出兵剿贼之事，添油加醋又抖落了一遍。后来李斯得知此事，又去状告赵高。总之，狗咬狗一嘴毛。

最后，胡亥被搞得不耐烦了，让赵高去查办李斯，将其家族和宾客悉数逮捕。当时与李斯一起被查办的，还有右丞相冯去疾、将军冯劫，只不过两人顾及颜面，未经拷打就先自杀了事。

赵高本希望李斯也知趣点，直接自行了断。但他却自恃功高，迟迟不肯行动，并想在狱中上书胡亥。赵高为防夜长梦多，赶紧将其屈打成招，然后上报胡亥，经核准后将他满门抄斩。

李斯与次子一同被押往咸阳街头。临刑之际，他回头对儿子说："我想和你再牵着黄狗，一同去蔡东门追逐狡兔，以后再也办不到了！"说完，父子二人抱头大哭。

天道循环，无往不复。李斯若早知赵高狼子野心，又何必被一己私心迷了心窍！他当初受赵高蛊惑，废扶苏而立胡亥，杀害那么多无辜的大臣和百姓，可到头来得到了什么！

李斯、冯去疾、冯劫等人被杀之后，赵高升任中丞相，更加独断专行，闹得民怨沸腾、天怒人怨，原本强大、富庶的秦帝国，如今已危在旦夕，只剩了最后一口气。即使章邯有再多的援军、打再多的胜仗，也已无济于事了。

秦帝国回光返照

薛县军事会议结束后，各路义军按新方针分头行动，不料一出师就遭遇了挫败。

政府军的力量仍不可小觑。章邯在击败楚国之后，将下一个目标瞄向了魏国。魏王咎自知非秦军之敌，便甘心当了缩头乌龟，躲在临济拒不出战，却暗中派魏相周市去齐、楚两国搬救兵。

周市奉命，先往齐国见齐王田儋，道明来意。田儋之前曾与周市有过节，不料这次顾全大局，大发慈悲之心，对之前的矛盾既往不咎，并答应亲自领兵救援魏国。对他而言，齐、魏两国互为唇齿，唇亡齿寒。秦军不来攻齐，只因中间还隔有魏国。魏国一旦被灭，下一个就轮到齐国了。

齐王田儋亲自发兵援魏，楚国作为义军盟主，自不可能袖手旁观。于是，项梁也派族人项它率军同往。

魏、齐、楚三国联军，共敌一章邯，似无不胜之理。

章邯兵马众多，也确非等闲之辈。为挽狂澜于既倒，他必须孤注一掷。很快，义军露出了破绽。齐、楚二军与魏军步调不一致，尚未碰头。章邯决定先发制人，出奇制胜，使他们的联合计划胎死腹中。

枚是古代行军时士卒口含之物，状如筷子，可用以防止士兵喧哗。

章邯突发奇想，不仅让士兵含枚，他们所骑的战马也要衔上，目的是把行军动静压到最低，以防敌人发觉。于是，在一个月黑风高之夜，他下令秦军含枚，倾巢而出，直向齐、楚联军扑去，顿时将敌营搅成了一锅粥。不久，临济的魏军见情况有变，也掺和了进去。

四支军队混战了一整晚。天亮时分，胜负已见分晓：齐、楚、魏三国联军大败溃散，周市、田儋当场阵亡，田儋的堂弟田荣见状不妙，带着齐国残兵败逃。

章邯大获全胜之后，仍需扫荡残敌。当时，魏王咎还有一支残军被困在临济。对于这支孤军，章邯并不想斩尽杀绝，而是代之以和平攻势，希望魏咎能认清形势，顾全大局，在城破被杀和投降保民之间，作出正确抉择。

魏咎一生经历太多了。二十年前，他曾是魏国王室贵族；后魏被秦所灭，他又被贬为平民流放外乡；陈胜起义时，他抱着为黎民请命的理想，只身奔赴陈县参加革命；后来魏国复辟，他又被请回去担任魏王；而此时此刻，他正作为败军之将被困孤城。

从贵族到平民，从革命者到国王，人生如此，夫复何求！况且陈胜、田儋、周市相继战死，他也自认为无需苟活。但若死拼到底，却又可怜了全城百姓，他们毕竟无辜。

魏咎最终作出了选择：若秦不施罪于城中百姓，则情愿归降。

得一诸侯归降，胜于十万甲兵。章邯自出兵以来，一直期盼义军高级别将领归附，无奈周章、陈胜、周市、田儋不幸都死了。如今，这久盼的愿望已近在咫尺了。

但最终章邯的希望还是落空了。当得知他已在和谈协议上画押时，魏咎以自焚的方式结束了生命。

人固有一死，魏咎之死，重于泰山！

章邯解决了魏军，突然想到还有一个漏网之鱼——田荣，当时正率齐国残军往东阿方向逃走。

宁可多杀一千，也不放虎归山。章邯相信乘战胜之余威，秦军必能再获大胜，于是马不停蹄地尾追过来，想以"瓮中捉鳖"之计围歼齐军。不料，秦军一到齐国地盘，连天大雨下个没完，搞得章邯心浮气躁，军事部署连拖未决。

而这时，项梁得知齐、楚联军战败，大为震恐。魏国破灭，齐王战死，章邯若再攻克齐国，孤悬南方的楚国就独木难支了。权衡再三，项梁自率大军赶去救援田荣。得益于他的精妙部署，楚军在东阿附近以逸待劳，伏击秦军成功，大有斩获。

画蛇何必再添足！章邯本想乘胜逐北，一鼓作气拿下齐国，却没想到一时大意，竟吃了项梁的亏。这是自出师以来，秦军第一次遭受失败。在万分恼怒之余，章邯进行反省，决定暂避楚军锋芒，先养精蓄锐。

因为孤军深入敌境，秦军想恢复元气并非易事。章邯只得一面四下收编杂牌军，一面派人回咸阳向胡亥讨救兵，伺机再来个绝地大反击，挽回声誉。

又一颗巨星陨落

章邯在东阿遭遇失败之后,秦朝政府军与山东义军之间被打破的平衡又得到恢复。但这时,义军内部正潜伏着一个巨大的危机。

项梁作为义军盟主,兼有战胜章邯之余威,竟号令不动齐国。

田儋死后,其堂弟田荣率残军逃回,却发现齐国百姓已立新王田假——故齐国末君田建之弟。在田假之下,同胞兄弟田角、田间分别为国相和大将。

田荣从东阿回来,听说田假做了齐王,雷霆震怒。虽同属田氏家族,田儋兄弟在外拼死拼活,没捞到半点好处;田假尺寸之功未建,却凭白当了齐王,天下哪有这等事?田荣按压不住心中怒火,宣布向新王开战。

田假心知田荣不怀好意,又怕战不过他,就先派田间求救于赵。但田间行事缓慢,没等搬来救兵,已被田荣的兵马抢占了先机,率先杀回齐国。于是,田假还没将王位坐热,就被迫背井离乡,开始了在楚国的流浪生涯。与此同时，田角、田间兄弟则流落到了赵国。

田荣刚驱逐了田假，立刻将田儋之子田市扶立为齐王，同时以弟弟田横为大将。田荣本人任国相，是新政权的实际主宰者。此人天生一副倔脾气，赶跑田假、田角等人之后，定要斩草除根，将其置于死地。为此，他不惜忘恩负义，甚至与盟友反目。

当时，项梁破天荒地打败章邯之后，想乘胜追击，一鼓作气摧毁秦军主力，但又怕仅凭楚军势单力孤，最好再找几个外援。思来想去，魏国已经破灭，燕国路太远，韩国复国尚且无望，还是找齐国和赵国为佳。

于是，项梁派楚使分别往齐、赵求援。赵王歇在张耳、陈余的操纵下，表示无条件支持。齐国田荣受之前楚军搭救之恩，却如此答复：若楚杀田假，赵杀田角、田间，齐则派兵同往破秦，否则便不出兵。项梁一连几次遣使齐国，都是如此。

田荣开出的条件着实让项梁为难。田荣与田假的纠葛本属齐国内政。田荣兄弟抗秦不容置疑，但田假也是反秦同盟之一。作为盟友，楚国若为田荣杀掉田假，岂非不仁不义，今后如何号令群雄？

出于以上考虑，项梁是铁定不杀田假的，赵国也没杀田角、田间兄弟。当然，田荣也就说到做到，不肯发兵助楚。

其实，项梁求援于齐，纯属杞人忧天。当时，他麾下谋臣如云，将士如雨，项羽、刘邦、范增、黥布、萧何、韩信等，都在其帐下效劳。在他强大的威望号召之下，各路英雄豪杰团结一致，共同致力于抗秦大业。

后来项梁兵分两路：一路由项羽和刘邦率领，攻打城阳县；另一路由他本人带领，追击章邯率领的秦军主力。

项羽和刘邦是对好搭档，配合也默契，一路狂胜秦军。在轻而易举地攻下阳城后，他们又去进攻定陶和雍丘。雍丘的长官就是李斯之子李由，时任三川郡守。李斯当时在狱中受虐，势必影响儿子的发挥。李由出兵与楚军交战，几个回合就被斩首，致使秦军大败。

项梁乘东阿战胜之余威，在濮阳以东再次大破秦军。章邯被逼得走投无路，只得躲进濮阳避难，再也不敢应战。章邯出道虽晚，但自出道以来未逢敌手，如今却在项梁手中一败再败。

对项梁而言，救东阿、战濮阳、攻阳城、斩李由，都取得了重大战果，不但打破了章邯的不败神话，而且至少在表面上扭转了颓势，坚定了义军抗秦的信心。

章邯这个战无不胜的常胜者，如今被打成了缩头乌龟，这可是义军反秦史上从未有过的大手笔。举目天下，谁能功高盖我？项梁意气风发，坚定地认为：照如此局势发展下去，灭秦大业克日而定，胜利曙光即在眼前。

对于以项梁为首的乐观速胜派的看法，义军中不是没有意见的，其典型代表是宋义。此人在楚军中，是能跟项梁直接对话的角色，职位必定不低。

以宋义为代表的务实派，清醒地认识到：楚军在战斗中接连取胜，使形势大有好转，但要彻底击垮秦军，尚言之过早。章邯虽数次战败，但主力未损，如今又在调兵遣将、积极备战，楚军万不可掉以轻心、自我麻痹。

满招损，谦受益。在宋义看来，楚军真正的敌人不是章邯，而是他们自己。

为使务实派的意见不被埋没，宋义大胆向乐观派领袖项梁发起挑战："'战胜而将骄卒惰者，败。'如今楚军将士渐生骄惰之心，而秦军却在慢慢恢复元气，情势令人担忧。"

不识庐山真面目，只缘身在此山中。被胜利氛围笼罩的项梁，无论如何也体会不到宋义的焦躁心境："先生不必担忧。既然章邯增兵添将，那我方也争取点外援即可，麻烦你再到齐国走一遭。"

务实的宋义被打发走了，留下的项梁依旧乐观。秦将章邯看在眼里，乐在心中。受其父项燕影响，项梁虽号称熟谙兵法，其实是浪得虚名。他竟不懂得"哀兵必胜，骄兵必败"之理。

秦二世二年阴历九月，天气沉闷，漫天大雨已持续下了三个多月。章邯得到自咸阳赶来的援军相助，实力已今非昔比。对于项梁，他决定重施故技，使其重蹈周市、田儋的覆辙。

战斗的过程和临济之战大同小异，只不过这次地点是在定陶。套用班固的话，"秦果悉起兵益章邯，夜衔枚击楚，大破之定陶，（项）梁死"。结局：楚军败，项梁死。至于项梁是临阵被杀，还是战败自杀，或者是战后悔恨而死，司马迁和班固都未交代，留给大家发挥想象。

一失足成千古恨。项梁临死终于醒悟了，却为时已晚。项梁之死是继陈胜被杀之后，义军在反秦斗争中遭受的第二次大挫折。他奋斗一年的成果，于无声中化为乌有。

一些宝贵之物，人们总是在失去以后才懂得珍惜。这样的悲剧，以后还会多次上演。

史赞：

出身名门，生逢乱世，经十年隐忍，义无反顾投身革命，终以其卓越才能、威望和号召力，独挑义军盟主的大梁。一朝命殒由轻傲，王图霸业终成空。用血换来的教训弥足珍贵，但代价未免太大。

第四章

苍茫大地，谁主沉浮

楚国大变局

公元前208年阴历九月，项梁在定陶之战中战败身亡。噩耗传来，楚国朝野陷入一片恐慌。

当时，项羽和刘邦正合力进攻陈留，得到项梁身死的消息，麾下将士大恐，一时无心恋战。二人经商议，决定与吕臣引兵东返。吕臣之前曾杀死庄贾，为陈胜收尸，当时也任职于项梁麾下。

出于对章邯军队的惧怕，项、刘、吕三人大胆决定迁都，把楚怀王熊心由盱眙东撤，迁到彭城（今江苏徐州）办公。[1] 然后，三人又将楚军一分为三，各率其一，围绕彭城布阵严防。吕臣驻军于城东，项羽驻军于城西，刘邦驻军于砀，三者互为犄角，将彭城围得如铁桶一般。

兵来将挡，水来土掩。项、刘、吕认为有了这个阵势，若章邯引兵

1　对楚迁都之事，《史记》记怀王自行迁都彭城，而《汉书》《资治通鉴》则记为项羽、刘邦、吕臣三人将怀王自盱眙迁到彭城。因当时怀王尚无兵权，必不能自己做主，所以不采《史记》之说。

前来，也足以抵挡一阵子了。但等来等去，连个秦军士兵的影儿都没出现。三人细一打听才知道，章邯已率军北上了。

定陶一役，使章邯的声威如日中天，达到了前所未有的高度。在他看来，只有像周章、陈胜、项梁、田儋等人，才有资格跟强大的政府军过招。其余如项羽、刘邦、熊心、吕臣之辈，他全不放在眼里，根本不屑一顾。

自章邯出师以来，放眼天下：楚国被灭两次（陈胜和项梁）；齐王田儋战败身亡；魏王咎兵败自杀；韩国复辟尚有困难，只能在山沟里打游击；燕国地远势弱，至今闭境自保，不敢露脸；唯一还有点实力的也就算赵国了。一直以来，赵王歇在张耳、陈余蛊惑之下，奉行独立自主的外交政策，以自身发展为主线，人不犯我，我不犯人。

在章邯看来，项梁已死，楚军主力损失殆尽，其余残军再怎么闹腾，也不会闹起多大风浪。倒是赵国经过一年半的积蓄，实力尚存，足可一战。章邯盘算着，再打几场胜仗，自己就可以回咸阳复命了。功高如斯，到时升官加爵，肯定不在话下。

想到这里，他便马不停蹄，率军如猛虎一般，直扑赵国邯郸。

章邯攻赵，使漏网之鱼楚国好歹躲过了一劫。现在盟主项梁已死，下一步该怎么走，大家心里都没有谱。楚怀王熊心眉头紧皱，瞅着眼前这副烂摊子，发觉当下正是向项氏夺权的良机。

的确，熊心身为楚王数月，心里有说不尽的苦楚。

自项梁西渡以来，楚国就只是一副空皮囊，一切权力、荣耀都被他剥夺了，甚至连熊心登基都要拜其恩赐。在项梁巨大光环的笼罩之下，熊心虽名为楚王，实则一傀儡而已，从未享有一国元首该有的权力。如今项梁已死，章邯北上，此时不夺权，更待何时？

大凡一国之权力，最重要者莫过于军权。两千年后，一位伟人对此深有体会，并将其形象地总结为"枪杆子里面出政权"。

熊心夺权，也是从军队开始，而以和平方式实现。夺权要注意技巧和分寸，决不可等闲视之。忽悠被夺权者，使其丢失权力仍自我感觉良好，是这门艺术的最高境界。

确定好目标之后，熊心分析了当前局势。自从项梁死后，楚国军权一分为三，分别被项羽、吕臣、刘邦所掌握。熊心并不需要剥夺每个人的兵权。但最起码，项羽应该是被剥夺的对象，因为他这时已是项氏家族的代表人物；而刘邦曾与项羽多次配合作战，对他比较了解，应该拉拢过来；吕臣是相对次要的人物，最好也夺过其兵权来。

划分好阶级成分，分清了敌我关系，熊心开始按步骤执行计划。第一步，他先将吕臣与项羽的军队合并，归自己指挥；第二步，给予安抚措施：以沛公刘邦为砀郡长，封武安侯，将砀郡兵；封项羽为长安侯，号鲁公；吕臣为司徒，其父吕青为令尹。

仔细分析熊心的人事布局，其实是相当高明的。

首先，夺了项羽和吕臣的军权之后，马上给予显赫的名号，对两人进行安抚；

其次，熊心给吕臣父子的名号明显高于项、刘，这样既易于争取吕臣父子的配合，项羽也不敢再有意见；

再次，项梁在世时，项羽多次与刘邦合作，其地位高于刘邦，熊心保留刘邦兵权，无形中破坏了两人的关系，且易于拉拢刘邦制衡项羽。

总之，熊心通过以上措施，成功地将项氏权力集于中央，转为己有，而将吕臣父子地位提升，保留刘邦兵权，也形成了对项羽的制衡，可谓一举三得，天衣无缝。当然，这还只是开始，接着还有两个人要参与进来。

这两个人便是范增和宋义，一个是项氏的坚定支持者，一个是项梁的政治反对派。范增是怀王的最初议立者，但不难发现，他的建议是从项氏的立场提出的，因此对熊心而言，无疑应被划入敌对者之列；与之相反，宋义虽然给项梁提过建议，却遭白眼、受冷遇，是应予以争取的对象。

就在熊心紧锣密鼓地实施夺权行动时，赵国使者从河北而来，带来了那里的最新战况。

原来章邯自从闯入了赵境，四处纵横驰骋，大破赵军主力，将邯郸城郭悉数摧毁。张耳和赵王歇战败后，被秦将王离围困在巨鹿。陈余手里尚有数万之众，驻扎在巨鹿之北，但显然不足以抗衡秦军。赵国情势危在旦夕，非楚国不能解其燃眉之急。

赵国的危机与楚王夺权本是两码事，完全是八竿子打不着的，但熊心并不这么想。

当时，有人提议应趁秦军主力北上之际，派遣一支人马西进，直捣秦帝国老巢咸阳。此议一出，当即得到众将的广泛认同。项羽对项梁之死耿耿于怀，急切盼望与刘邦再次合作，联合派兵西进。

熊心心机深沉，一眼就看穿了项羽的诡计，他无非是想借机再掌兵权。更何况，项梁是败于章邯之手，现在章邯身在赵国，项羽想为叔父报仇，不往北去却往西走，显然不合常理。不过，眼下秦军主力攻赵，关中空虚，确是楚国乘虚而入的良机。

于是，一场精心编排的闹剧上演了。

楚国的老将们开始纷纷进谏熊心，说项羽虽然勇猛善战，但有重大性格缺陷，只要是他攻下的城池，很少有不被屠戮殆尽的；西攻咸阳不是不行，但得让忠厚老实的人带兵，最合适的人选非刘邦莫属。

熊心如此安排，无非是向项羽表明，这是广大将士的意见，而非他故意刁难。鉴于众将之意难违，熊心最终首选刘邦为西征军首领，而对项羽另行定夺，令其与范增追随宋义，北上救赵。

于是，兵分两路的方案就这样敲定下来了。向西的一路由刘邦率领，负责沿途招纳陈胜、项梁旧部，目标是秦都咸阳；向北的一路由宋义率领，项羽、范增分别为次将和末将，负责救援赵国，对付章邯率领的秦军主力。

临行之际，楚王熊心为鼓舞众将用心作战，特意嘱咐："谁先入定关中，我就封他为关中王（先入定关中者王之）。"

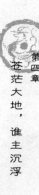

第四章
苍茫大地，谁主沉浮

卿子冠军

秦朝末年，在当时并存的几个政权领袖中，楚怀王熊心是颇有政治头脑的一个。项梁死后，他借机夺取军权，又在项羽、刘邦、吕臣之间纵横捭阖，巧妙地维持其平衡。在楚军战败之后，北上救赵、西进攻秦两路并举，也非一般君主所能明断。在这些事务的处理上，熊心是很见政治功力的。

令宋义承担抗秦救赵大任，当然也不是熊心一时头脑发热之举。事实上，他是经过一番慎重考察的。

当初，宋义进谏项梁未遂，被打发走之后，碰见了一个叫显（高陵君）的齐国人。显是作为齐国使者要去拜见项梁的，半路却被宋义劝阻了："我认为项梁必败。你若走慢点，或许能活着回来；若走得快了，恐怕要大祸临头。"

我们就这番话，再联系后文，能得出以下推断：

其一，项梁死后，显还健在人世，可见他肯定听从了宋义的话，赶路时放慢了速度；

其二，宋义成功预言了项梁的结局，而显是亲耳所闻，事后必然对宋义的明智大加赞赏。

总之，见识了宋义的本事后，显对宋义崇拜得五体投地。到了楚国之后，他大搞宣传工作，让大家都认识了这位神奇的预言家。当然，楚怀王熊心也在其列。

了解到宋义的事迹，熊心欣赏他挑战项梁的壮举，于是急忙找来共商国是。经过一番类似面试考核的深切交谈，两人一见倾心。熊心认定此人的确非同一般，是个不世出的将才。这时，在他眼里，继陈胜、项梁之后能与章邯相抗，且能压制住项羽和范增的，宋义已经是不二人选了。[1]

于是，宋义顺理成章地被封为楚国上将军，辖制除刘邦之外的楚国众将，统领数万人马，奉命北上救赵。而且，他还得到了一个响亮的名号——卿子冠军（"卿子"是当时对人的一种尊称，"冠军"是说宋义的地位在诸将之上）。

于是宋义告别怀王，领大军开拔，随行众将有项羽、范增、黥布、蒲将军、桓楚等，阵容也算豪华。但他一来估计和项梁有旧怨，二来也明白怀王压制项羽之意胜过救赵之心，三来出于对章邯实力的畏惧，一路行军缓慢，只在安阳一地就逗留了四十六天，丝毫没有继续进军的意向。

宋义办事一拖拉，就引起了次将项羽的不满。

项羽是个脾气火暴的急性之人，兼之受熊心的猜忌和打压，有意见不吐不快，于是去找宋义理论："现在秦军围赵，情势火急。上将军应

1　关于巨鹿之战前夕熊心、宋义、项羽之间的明争暗斗，可参阅王夫之《读通鉴论》卷一"二世"条。

赶紧引兵渡河,章邯虽然威猛,但外有楚军,内有赵军,腹背夹攻,还怕打不过他?"

宋义明显不把项羽放在眼里,当即反驳他道:"牛虻能轻易叮到牛,却损伤不了小虮虱。章邯攻赵若得胜,士卒必定疲惫,我方恰可利用此机会;若章邯不能取胜,赵国也就不需要外援了,我们便趁机西进,也能歼灭秦军。如今,我们坐山观虎斗,等他们打完再做决断。对于披坚执锐,我比不过你,但对于运筹决策,你却比不过我。"

这番话的言外之意是:项羽要搞清楚,我宋义才是上将军,仗怎么打我自有分寸,你即便再勇猛,也只是一介匹夫,运筹规划的能力差得远,竟胆敢以下犯上!

不但如此,宋义随即又下了一道死命令:"对于军中那些猛如虎、逆如羊、贪如狼、倔强不听指挥的人,一律杀无赦。"

命令虽是对全军发布的,但明眼人一眼就能看出,所谓"猛如虎、逆如羊、贪如狼、倔强不听指挥"的人,除了项羽还能有谁?宋义坚信,哪怕项羽再顽固、执拗,此令一出,必能震慑住他。

在反对项氏的立场上,宋义与熊心保持了高度一致。在他们看来,除暴秦之外,凡是与项氏有恩怨纠葛的,都是其潜在的同盟者。齐国田荣曾因田假事件与项梁不睦,当然是应被争取的对象。

于是,宋义决定拉拢齐国,借以加强自身的实力。他与齐国使者显有旧交,无疑有助于他与齐国关系的深化。几经攀谈之后,田荣同意由宋义之子宋襄到齐国为相。

宋襄临别,时值隆冬十月,下着漫天大雨,楚军将士们都在挨饿受冻。上将军宋义冒着天寒地冻,亲自送儿子到无盐,在那里置备酒筵,大会宾客。

项羽无疑又深受刺激,趁机向将士们抱怨:"我等本想合力攻秦,而宋义却久留不前。如今又赶上荒年，将士们食不果腹，他竟置酒会客，还找诸多借口。赵国一旦战败，秦军必定更强大，哪还谈得上乘其疲惫？再说项梁刚死，怀王坐不安席，把全部兵卒粮饷交给宋义一人，可他却不体恤士卒，还假公济私，派儿子去齐国为相，贤良之臣哪能是这副德行！"

项羽这场脱稿演讲生动、形象，再加上表情语言运用得当，获得了前所未有的成功。将士们被感动得一塌糊涂，个个群情激奋、义愤填膺。项羽看在眼里，心中萌生了杀机。

公元前207年冬天的一个早上，项羽随身带了一把刀，若无其事地去给宋义问安。宋义情知苗头不对，但还没喊出声，就被项羽手起刀落，斩去了首级（之前会稽郡守殷通也是类似结局）。

项羽砍了宋义，持头颅到帐外，对众将士发号施令道："宋义和齐国串通，密谋反楚，怀王已密令我将其处死。"

此言既出，一军皆惊。扶兴楚国本就是项家的功劳，怀王都被当作傀儡，区区宋义又算得了什么？况且他假公济私，不顾将士死活，也的确该死。

于是，项羽被众人一致推举，代替宋义当了"假上将军"。一个"假"字，是说他未经楚怀王正式授命，只算是宋义的代理人。

将在外，君命有所不受。项羽接下来自行其是，在救赵之前，又采取了两大举措：一是斩草除根，将宋襄追到齐国境内，杀死了事；二是令桓楚去给楚怀王报信儿，逼他接受既定事实。

楚怀王得知宋义被杀，顿时傻了眼。谁知枉费一番心思，到头来竟竹篮打水一场空。他虽贵为楚王，但现在军权重回项羽手中，他还能说什么呢？若把项羽逼急了，他一旦反戈彭城，岂不又是一大祸事。

大丈夫能屈能伸。生米既已煮成熟饭，熊心干脆顺水推舟，慷慨地授予项羽以"上将军"名号。

　　项羽，在陈胜、吴广时代和项梁生前，名不见经传，是个无关痛痒的小角色，而在诛杀"卿子冠军"宋义后，终于威震楚国、名闻诸侯，成为一个左右时局的紧要人物。

巨鹿之战疑云

项羽斩杀宋义，终于摆脱了束缚，如今他勇冠三军，号令既下，谁敢不服？

兵权是夺回来了，但该做的事仍然要做。项羽先派人打探了河北的战况，从中获悉：

秦军方面，王离部仍在围攻巨鹿，章邯另率一军驻于城南的棘原，修筑了一条连通黄河的甬道，用于给他供应粮草。

义军方面，张耳和赵王歇仍在城中苦撑待援，已是弹尽粮绝。陈余手里尚有两万余人，屯于巨鹿城北；张耳之子张敖从代搜集了万余人马，驻扎在陈余之侧；燕、齐等国也各派援军来助，但都在消极等待，没有一个敢跟秦军对垒。

张耳多次派人求救于陈余，但陈余自觉兵力不足，不敢前往。张耳气愤不过，再派部将张黡、陈泽前去责备，但陈余依然故我，不肯发兵，以为徒劳无益。最后，经张、陈一再争取，他只答应拨出五千人马，由两人带去救援巨鹿。张、陈二将依计而行，结果碰到秦军，狼入虎口，五千兵马一个都没能抵达巨鹿。

大人物之所以成其大，多因其想法与众不同。同一件事，在常人看来是灾难，而在他们看来，却往往是机遇。

项羽就是一个与众不同之人。他闻得河北战报，不但没有愁眉苦脸，反而相当兴奋，因为他苦学十余年"万人敌"的本事，今日终于能派上用场了。当时，各诸侯十几路兵马前来救赵，却没有一个敢与秦军对阵。

这正是上天恩赐的良机，天予弗受，反遭其咎。

鉴于赵国一再派使前来，项羽先令黥布、蒲将军率精兵两万，渡河救赵。黥、蒲二君都是久经沙场的老手，搞破坏也不在话下。到了巨鹿外，他们与王离几经交手，成功捣毁了秦军的输粮甬道。

但出人意料的是，王离因缺粮草而追求速战速决，反而加紧围攻巨鹿。如此一来，黥、蒲就无计可施了。秦军在数量上数倍于楚，楚若力敌，无异于飞蛾扑火，自寻死路。于是，巨鹿局势再次陷入困境。

陈余是个明白人，一眼就看出了蹊跷。粮草对于秦军是长久之计，而巨鹿被围却是燃眉之急。黥、蒲二将虽能征惯战，但毕竟兵少，对巨鹿困局也是杯水车薪。长此下去，张耳和赵王歇该怎么死，还得怎么死。为今之计，除了再去项羽处搬救兵，再无他法。

项羽接到陈余的告急文书，沉吟了半晌。黥、蒲二将都是不世出的猛将，难道敌不过章邯、王离？于是，他下令全军北渡黄河，亲自去会秦军。

项羽作战，多以勇略制胜。刚登上对岸，他就冒着极高风险，做了一个惊人之举：通令全体楚国将士，在迎战秦军之前，务必凿沉所有船只，抛弃所有烧火做饭的瓦罐，每人只带三日之粮，倘若战败，绝不苟活求存于世。这样做的目的，是使麾下将士抱定决死之心，激发他们的奋勇之情。

兵法云："哀兵必胜。"大敌当前，项羽以其无尽的勇气与决心，点燃了每个战士心中的热血激情。当然，他自己也必定更加慷慨激昂、坚定百倍。楚军雄壮、威猛如此，必定无坚不摧，数量虽少，何愁不能救赵却秦？

王离，秦名将王翦之孙，王贲之子。和项羽类似，他也是武将世家之后，出身名门。秦朝统一六国后，王翦和王贲已先后去世。王离在秦始皇在位时，曾作为蒙恬的副手在北方领兵。蒙恬获罪后，他由副将升为主将，成了三十万秦军的总司令。现在中原大乱，胡亥又让他与章邯围攻赵国。

其实，楚国项家和秦朝王家也算得上老冤家了。当年秦国灭楚，项燕就是被王离的祖父王翦所逼，走投无路，才被迫自杀的。谁知二十年后，秦朝又要被楚所灭，而项羽也恰好碰到了王离。

天道循环，无往不复。祖父辈的恩怨，如今要由孙子们来了断。

得知王离军驻地后，项羽二话没说，以迅雷不及掩耳之势，率军围了上去。王离仍在急攻巨鹿，突然见楚兵来势凶猛，丈二的和尚摸不着头脑。楚将项梁刚战败身死，哪里又冒出这么多楚兵？

战场局势，瞬息万变。就在秦军犹疑之时，项羽已凭绝对弱势兵力，对王离来了个反面大包围。王离慌乱之下，仓促应战，被打得措手不及，一连九个回合皆输，而楚国将士却个个气壮如山、威猛如虎。

当时，十几路诸侯的救赵大军都作壁上观，莫敢纵兵出战。当看到楚军个个如狼似虎，以一当十，在秦军面前大展神威时，他们都看呆了。这哪里是人，森林中的猛兽也不过如此。眼见楚军已占了上风，他们才放心大胆地投入战斗。

巨鹿之战的首场战役，以秦将王离被俘、诸侯联军大胜而告结束。[1]张耳和赵王歇在巨鹿城中憋了几个月，终于重见天日。项羽率领的楚军，在战斗中表现突出，堪称讲义气、爱战斗的典范，广受好评。

付出才有回报，耕耘方得收获。楚军以其一往无前的胆略和大无畏精神，赢得了无上敬畏和尊重。战后，项羽召见各路诸侯将领，出现了戏剧性的一幕。众将走到楚营门外时，都不禁手脚发软，跪地而行，头也耷拉着不敢往上抬。

自此，义军联盟重归楚国项氏家族领导。项羽由楚国上将军，一跃当上了诸侯联军总司令，接过了叔叔项梁的未竟之业。

巨鹿解围之后，战斗仍未结束。章邯还手握一支重兵，驻扎在棘原，几乎毫发未损。

项羽将军队屯于漳水之南，对章邯虎视眈眈，却一直按兵不动。不是不敢动，而是不必动。按他的料想，秦国自商鞅变法以来，确立了崇尚军功的尚武精神，现在秦军战败，即使敌军不来进攻，其内部也必然生变。

项羽的预测的确精准。没出两三个月，章邯的使者果然来了。

原来，秦朝军队实行的是长官负责制。王离军败被俘，秦军数次退却，责任依法都要归于主将。因此，巨鹿战后没多久，秦二世的使者便来问责了。章邯对使者信任不过，遂亲派长史司马欣回咸阳，去给胡亥作报告。

司马欣心惊胆战地回到咸阳，静候发落。但当时面见皇帝，必先经中丞相赵高批准。由于赵高从中作梗，想对胡亥隐瞒败讯，司马欣在皇

---

1 《史记》记事多自相出入。《项羽本纪》记载此战过程为：项羽"至则围王离，与秦军遇，九战，绝其甬道，大破之，杀苏角，虏王离"。而按《张耳陈余列传》则为："项羽兵数绝章邯甬道，王离军乏食，项羽悉引兵渡河，遂破章邯。章邯引兵解，诸侯军乃敢击围钜鹿秦军，遂虏王离。"

宫外门（司马门）等了三天，皇帝和丞相均未见到。

司马欣等得心慌，怕其中有蹊跷，遂不辞而别，从别路返回棘原。后赵高发现他溜走，果然派人原路去追，结果没有追到，只能作罢。

章邯已两年不回咸阳，闻知司马欣狼入虎口，竟能生还，大为震惊。司马欣向长官报告朝廷近况，称："当今朝中，赵高大权独揽，独裁专断，下面的人是不可能有作为的。如今我们仗若打胜，必会招其嫉妒；若打不胜，则难免一死。"

章邯听完这话，心生忧虑。情况比原先预料得更糟。他的宏愿本是替皇帝扫平叛军，以保大秦江山稳固，作为回报，自己也会升官加爵。而现在，赵高竟要将其置于死地。自己死了不要紧，关键谁能挑起秦朝大梁？

对于章邯此时的处境与心境，旁观者陈余洞若观火。几经思量，他派小校致书对方，劝他趁机弃暗投明，一起致力于灭秦大业，到时说不定能裂土封王；而对秦效愚忠的结果，到头来只是死路一条。

章邯合上书信，更加犹疑不定。原本威猛、干练的将军，如今竟优柔寡断起来。

他在外征战三年，相继铲除陈胜、田儋、魏咎、项梁等盗匪头目，也算得上战功卓著。但如今奸臣当道，报国无门，只因一次战败，就要被判死刑，天理何在！

当然，他这番怨言是无法达于胡亥之耳的。章邯最后决定来个缓兵之计，先暗中遣使向项羽求和，再从长计议。然而，他等了老半天，使者没来，却等来了蒲将军的大军。

在范增的指点下，项羽早就看穿了章邯的伎俩。想求和可以，不过先要打掉你的气焰。

项羽派蒲将军连夜渡过三津户，再次与秦军战于漳水之南。章邯因

第四章 苍茫大地，谁主沉浮

措手不及而吃了败仗，惊魂未定，又被项羽率诸侯联军尾追过来，打得几乎失去了反抗能力。如此一来，双方和谈就无障碍了。当时，项羽因军中缺粮，其实不具备持续作战的条件。

几天之后，秦军与诸侯联军盟于洹水之上，双方的代表分别是章邯、项羽。盟约达成后，章邯抱着项羽失声痛哭，大骂赵高专权，祸害国家。项羽既往不咎，将他立为雍王，仍然统帅秦军，在自己麾下效力。

公元前207年阴历七月，章邯及其麾下军队，脱离了为之效力多年的秦帝国，成为诸侯联盟中的一员。至此，秦朝赖以维系的军队基础，也告瓦解了。

巨鹿之战，楚败秦的原因固然很多，如项羽破釜沉舟，同仇敌忾；秦廷内部腐败，自相倾轧等。但不可否认的一点是，章邯之前败周章、陈胜、田儋、项梁等，都是速战速决，不费吹灰之力。攻赵之后，他又得到王离援助，为何反而迟迟不能攻克巨鹿？再者，项羽北上救赵，先与王离部对阵，连续九战九捷，为何章邯部坐视不管？

要解此疑惑，恐怕还得从秦朝的党争入手。

不难看出，王离祖孙三代在秦为将，而他本人之前与蒙恬、扶苏驻兵北疆，在政治上属本土派无疑；而章邯、司马欣、董翳是胡亥、赵高掌权后，于中下层官吏中提拔的后进，全属于事功派。两派的斗争从宫廷延续到疆场，章邯与王离两部人马各自为战，缺乏配合，致使攻赵之战久拖不决，最终被诸侯联军各个击破。

刘邦西行记

巨鹿之战，使26岁的项羽一战成名。虏王离、降章邯、统诸侯，救赵事业大功告成。当真是少年英雄，春风得意。

但事情至此，尚未圆满结束。当初，楚怀王曾为众将立约："先入关中者王之。"言犹在耳，令项羽寝食难安。

北路人马经赵国至咸阳，本就路远，途中又被宋义白白浪费两个月，巨鹿之战也迁延时日，耽误了许多时间。项羽担心落后于西路军抵达咸阳，遂一边率军进发，一边派人打探刘邦进军的情况。

刘邦一路人马与宋义救赵同时，也于公元前208年9月自彭城出发，随行人员有萧何、曹参、樊哙等。

刘邦的军队和救赵楚军相比，无论在质量还是数量上，都是劣等次品。但他遇到的对手也个个熊包，和章邯、王离的秦军主力远不可同日而语。所以，西方的战况远不如东方紧张、激烈。

俗话说：吉人自有天相。刘邦兵力虽少，但一路上多有贵人相助，所以总能逢凶化吉，巧渡难关。

他遇到的第一号贵人，名叫彭越。

彭越，字仲，昌邑（今山东巨野南）人，和黥布类似，也是江洋大盗出身。几年前，他曾伙同一帮盗匪，在巨野湖泽中为寇。陈胜、项梁起兵后，很多年轻人也想跟风，于是找到彭越："现在大家都跟陈胜反秦，彭大哥若站出来，咱们也起而效法怎么样？"

面对拱手而来的领袖之位，彭越却不为所动："现在他们胜负尚未见分晓，还是再等一等吧（两龙方斗，且待之）。"

过了一年多，巨野泽中已聚集了一百多号人。他们又来找彭越当头领，几经恳请，终于把他说服了。但彭越仍有自己的条件："明早太阳一升起，大家就准时出来集合，迟到者问斩！"一帮年轻人不以为意，纷纷嬉笑打闹着，一哄而散。

第二天一早，迟到者竟有十余人之多，最后一个中午才到。彭越对此大动肝火，但因迟到者过多，不便一一问斩，他执意要将最后一人处死。一帮年轻人仍漫不经心，嬉闹道："不必这么认真吧，以后不迟到就行了。"

但彭越可是说一不二的。大丈夫处世，言必信，行必果，否则如何服众？当即，最后一名迟到者被砍头示众。这下，大家都不敢支吾了，从此再不敢轻易违令。由此，彭越作为这支部队的首领，达到了其立威服众的目的。

刘邦是在攻打昌邑时碰到彭越的，当时他已集结了千余人马。双方合兵进攻，虽然最终仍没能把昌邑攻下来，但刘、彭二人经此合作，已结下了深厚的战斗友谊。事后，刘邦绕过昌邑继续西行，彭越也领着人马回到巨野，继续当他的匪盗头领。

友谊之种既已种下，终究有一日会生根发芽，结出丰硕的果实。

从昌邑继续西行至高阳（今河南杞县西南，当时隶属陈留），刘邦碰到了第二号贵人——郦食其、郦商兄弟。

郦食其，高阳人，身高八尺，自幼嗜书如狂，但家里一贫如洗，六十几岁连自己的吃穿都供给不起，只好去给别人当看门小吏。拿现在的标准来衡量，他的生活能力远在街头小混混之下。

虽然家境穷困，郦老先生仍不失其风骨，故人赠外号曰"狂生"。当初，陈胜、项梁部下的十几个将领曾行军路过高阳，郦食其都拒而不见，直到从一个在楚军任骑士的邻居口里得知刘邦前来，才大喜过望，表示愿意相见。

刘邦有个毛病，就是不喜欢儒生。非但不喜欢，他一见到戴着儒生帽子的人，甚至会摘下来往里撒尿，动辄还破口大骂。

郦食其从邻居那里得知此事，却不以为意，仍执意以儒生打扮去见刘邦。刘邦当时住在高阳一家旅社中，接见郦食其时，正坐在床边伸着腿，让两个女子给他洗脚。

郦食其见到这幅光景，也不愠不恼，只做了简单的自我介绍，也不下拜，就和刘邦进行了如下对话。

郦食其："您是想帮秦打诸侯呢，还是想率诸侯灭秦呢？"

刘邦："你个狗奴才儒生。如今天下饱受秦朝之苦，所以诸侯才起兵反抗。谁说我要帮秦打诸侯了？"

郦食其："我好歹也是长辈。你若想真心抗秦，就不该这般无礼。"

经老前辈一番教训，刘邦立马恭敬起来，赶紧停下洗脚，穿好衣服，请郦老先生至上座，然后端上饭菜，详问有何妙计。

郦食其见刘邦孺子可教，是堪造就之才，遂将自己的见解和盘托出："你纠合所有的散兵游勇，恐怕也不满万，以此抗秦无异于以卵击石。陈留是秦朝要塞，城里存粮甚多。我和陈留县令关系不错，现在去劝他归降。他若不降，到时你派兵攻打，我来做内应。"

刘邦对此深表赞同，几天之后，果然顺利进驻陈留城。由此，郦食其也被赐封号"广野君"。当时，他弟弟郦商还有四千多兵马，也被他拉过来效命。刘邦在收编了陈留和郦商的兵马之后，实力大增，继续向西进发，连续攻克了白马、颍川等地。

刘邦在西行途中，遇到的第三号贵人是张良，他此前早已登场。

薛县会议之后，张良和韩王成奉命收复韩国故地，但一直没什么进展。因为手头兵少，两人和秦军打了一年游击战，搞得兵疲马乏。张良后悔当初不该盲从其余五国，如今认识到复国无望，一听说刘邦兵到，立马追随而去，将韩王成撇在一边当留守。

刘邦有张良相助，真是如鱼得水，一连攻下了十几座城池，其间还在颍川搞了一次大屠杀行动。当年阴历六月，他又率楚兵攻克南阳郡，郡守吕齮退守宛城（今河南省南阳市宛城区）。

刘邦本想绕行西进，但怕宛城守军与前方秦军腹背夹击，最后听从了张良的劝告，继续围攻宛城。于是，武臣攻赵那一幕又在宛城重演。刘邦在吕齮门客陈恢的规劝下，不但没杀吕齮，反而予以厚赏，由此不费一兵一卒，降服宛城以西各个城邑。

游戏玩完了

公元前206年阴历十月，刘邦率领楚军抵达武关时已拥众数万。为了显示自己的兵强马壮，他又搞了一次大屠杀，之后继续西行，并在半路碰到了秦朝使者。

使者是赵高派来向刘邦传达想法的：胡亥已死，他想和刘邦瓜分关中，各自称王。

作为反秦义军的主要领袖之一，刘邦与暴秦仇深似海，不共戴天，自然不可能与祸国殃民的乱臣贼子赵高狼狈为奸。再者，胡亥今年才二十出头，现在突然驾崩，明显不合常理。

但使者的消息的确属实，胡亥确已自杀，享年23岁。事情的原委是这样的：

即位三年以来，胡亥、赵高师徒一直配合默契。每当皇帝有困难时，只要赵高在，总能药到病除。因此，在处死李斯、冯劫、冯去疾等人后，胡亥来了一个大撒手，将全部政务抛给赵高，自己则潇洒地躲入深宫，与众宫女逍遥快活去了。

皇帝不管事了，他就可以肆无忌惮、为所欲为了。想到这里，赵高比胡亥还高兴。他是个精细之人，自然深知：只有建立了对满朝文武的绝对领导，才能算得上是真正的掌权者。于是，经过一番深思熟虑，他充分发挥创新精神，又策划了一场前无古人的实验。

这次实验声势浩大，参加者除赵高之外，还包括文武百官。甚至皇帝胡亥也表示高度关注，并当场将实验命名为"指鹿为马"，结果一炮走红，名扬天下。

本实验所需道具只是一头鹿，其实一点都不复杂。但这不是一头普通的鹿，因为它是进献给皇上的。当时，赵高当着所有官员的面，指着鹿说："这是一匹马。"

"丞相开玩笑吧，竟把鹿说成马！"皇帝胡亥深表不解。

赵高看看胡亥，再环顾众人，语气依然坚定："这的确是马，不信问他们。"

这下，胡亥更加困惑了。身为皇帝，在群臣面前说话应注意影响。所以，他出于谨慎起见，不再与赵高争执。再看众官员，也都在议论纷纷，有的以为是鹿，有的说是马，还有的分不清是鹿是马。上述情形被赵高尽收眼底。

实验结束，大家仍没得出一致结论。但在赵高看来，实验效果却十分理想。他已因此辨明，说鹿的是其反对派，都是该杀的对象；说马的则是其支持者，则应施以拉拢之策；胡亥根本就是弱智，应继续操纵、耍弄。

这头被认为是马的鹿，绝对是对人类历史影响最大的鹿。

实验结果一出炉，赵高将文武百官杀的杀，拉拢的拉拢，悉数搞定后，终于放心了。

但人无远虑，必有近忧。赵高一心在朝中下工夫，却不知关东局势已逐渐失控。截止到同年阴历八月，山东六国已全部复辟，秦军主力在巨鹿被摧毁，刘邦大军也已杀到武关，大秦帝国危在旦夕。

此时，赵高意识到了问题的严重性，大为惊恐。好在胡亥整天胡吃海喝，泡在女人堆里鬼混，还不知当前情况危急。但纸总归是包不住火的，等他一旦知道了，降罪下来，自己恐怕就性命不保了。

情急之下，赵高想出了一个推卸责任的良方——装病。但几天之后，他又感觉这么下去也不是办法，等义军攻进咸阳，还是死路一条。与其坐以待毙，不如先发制人，先解决了胡亥，说不定会碰上转机。

自此，赵高每日暗中观察胡亥的行踪。某天，胡亥做了一个怪梦，梦见自己的乘车之马被一只白色大虎给咬了，心中不乐，就去找人卜梦。卜梦者乱七八糟卜了一番，称这是泾水作怪，只要皇帝亲临望夷宫斋戒几天，即可消灾解祸。

赵高得知胡亥去望夷宫斋戒，赶紧找来女婿阎乐（赵高从小被阉，估计是收养的女儿）和弟弟赵成，商量道："狗皇帝胡亥不听劝，以致盗匪猖獗至此，如今要归责于我。我看子婴比他强多了，不如把他换掉吧。"

阎乐、赵成当然不敢有异议，只是不知该怎么个换法。于是赵高低首附耳，面授机宜，二人领令，依计而行。

阎乐当时官任咸阳市警备司令，手里握有一千多名警察。按当时的局势来看，凭赵高的熏天权势，加上阎乐的警备大军，换个皇帝确实易如反掌，甚至都不用事先彩排。

某日，阎乐闲来无事，正和警察们玩杂耍，突见旁边有大盗闪过。阎乐大惊，忙领一千多警察奋起直追。谁知大盗见势不妙，竟一溜烟跑向了望夷宫。阎乐大军尾随至宫门外，见守门卫令问道："大盗从这里溜进去了，你怎么不阻止？"

卫令一脸无辜："皇宫内外警备森严，盗匪不可能进去啊。"

第四章 苍茫大地，谁主沉浮

阎乐不由分说，一刀砍死卫令，然后挥军直入望夷宫，一边走一边射箭，把宫内宦官、仆役们吓得作鸟兽散。之后，胡亥突然满脸愤怒地现身，警察们一下子都被惊呆了。大盗竟然变成了皇上？

可怜的胡亥大难来临了，身边竟只留下一个小宦官。胡亥把他拉入内宫，问道："赵高心怀不轨，你怎么不早告诉我？"小宦官道："我正因没敢说，才保住了小命；若早说了，怕早成您的刀下亡魂了。"

这下，胡亥哑口无言了。事已至此，多说无益！

大凡弑君者，在动手前总要将皇帝先数落一番，好让他死得明白，也显示自己的所为是除暴安良的正义之举。阎乐当然也不例外。但胡亥实在臭名昭著，罪行罄竹难书，所以阎乐进行了言简意赅的总结："你骄横放纵，肆意诛杀，不明事理，搞得天下共叛。现在该怎么了结，你自己考虑吧！"

胡亥："朕可以再见见丞相吗？"

阎乐："不行。"

胡亥："给我一个郡，让我当王吧？"

阎乐："不行。"

胡亥："做万户侯呢？"

阎乐："不行。"

胡亥："那我跟老婆孩子做个普通百姓，总可以吧？"

阎乐："今天我奉命杀人，你多说无益，我也不会给你转告。"然后挥军向前，逼胡亥自杀身亡。几天之后，胡亥被以平民身份葬于社南宜春苑中。

史赞：

一个残忍而弱智的灵魂，在折腾三年之后，终于离开了人世。

子婴的疑惑

赵高得知秦二世的死讯，大喜过望，一面派使者去讨好刘邦，一面召集群臣，商量册立子婴之事。

子婴即在蒙恬被赐死时，曾进谏胡亥之人。我们只知道他是秦朝皇室子弟，至于其真实身份，连司马迁都搞不清楚，在《史记》中竟给出了三个版本：

第一，胡亥哥哥的儿子（《秦始皇本纪》："立二世之兄子子婴为秦王"）。

第二，胡亥的哥哥（《六国年表》："二世自杀，高立二世兄子婴"）。

第三，秦始皇的弟弟（《李斯列传》："高自知天弗与，群臣弗许，乃召始皇弟，授之玺"）。

上述三个版本中，最流行的是第一个，但这个版本又最不明确。秦始皇的儿子有二十几个，胡亥是最小的一个，其余都是他哥哥。于是，有的学者就进一步发挥,自东汉班固至于近代,很多人都认为子婴是扶苏之子。

但该版本及其发挥版,明显站不住脚。秦始皇死于公元前210年,时年49岁,三年之后是52岁。但联系后文,子婴杀赵高时,曾与两个儿子进行谋划,说明他两个儿子均已成年,子婴至少应在30岁以上。如此,52岁的秦始皇竟有30岁的孙子,明显不合常理。子婴既然不是扶苏之子,肯定更不是他兄弟们的儿子。

至于第二、三版本的真伪,就不大好判断了。但从年纪来讲,属第三个版本最靠谱。所以,我们姑且把他看作胡亥的叔叔。再有可确定的一点是:子婴在政治上属本土派,与事功派的赵高势如水火,之前只因隐忍至深,方得免祸。

当时,赵高当着众人之面发表意见:"秦本来是王国,始皇统一天下,才改称帝。现在六国都已复辟,皇帝不过一空名,还是像以前那样称王吧。"

此言一出,谁敢不听?群臣立即表示此言有理,深表赞成。

赵高立子婴为秦王,无非出于两种考虑:第一,子婴仁义,不像胡亥那么凶残无道,易于驾驭;第二,早在三年前,秦皇室子弟被屠杀殆尽,已没有几个候选人了。

以常理推断,这两种考虑都合情合理。但实际上,赵高这次却看走了眼。作为本土派最后的代表,子婴虽然表面上仁慈、软弱,却远不像胡亥那般弱智和是非不分,他早就看穿了赵高的图谋。

的确,赵高是因杀了胡亥,怕稳不住群臣,才暂时让子婴当傀儡王的,实际还由他继续把控朝政。子婴这时已经得知,赵高正图谋与匪将刘邦瓜分关中,各自为王。到那时,他这个傀儡王就没有利用价值,又将被铲除。

为防不测，子婴决计早作打算。

按照当时的制度，秦王登基是要履行一定手续的，比如斋戒、庙见、受玉玺等。子婴最终决定在这上面做文章，引赵高就范，借机将其除掉。他的帮手只有自己的两个儿子，计划也十分简单：自己在斋戒期间装病，到时不去庙见，赵高必定亲自来请示，借机杀之。

后来事态的发展果如子婴所料。赵高见他迟迟不到，先派人去请，后又自己去请，结果在斋宫被刺身亡，并被株连三族。

赵高，这个毫不利人、专门利己的奸臣贼子，道德败坏，丧尽天良，在机关算尽之后，终于落得应得下场。可叹！可悲！

子婴刚上台，就于最短时间之内，以最小成本，除掉了最狡猾、最恶毒的敌人。依照常理推断，他下一步当然是拨乱反正，重整朝纲，使半死的秦帝国起死回生。

但现实总是残酷的，上天已对秦朝失去了信心。胡亥折腾了三年，已将秦朝搞成一个无可救药的烂摊子。除非子婴能先将西进的匪军击退，否则想挽狂澜于既倒，就是一厢情愿的空想。

公元前207年阴历九月，刘邦采纳谋士张良的建议，绕道峣关，在蓝田大破秦军，之后兵至霸上。秦都咸阳门户洞开，已无兵将可御，也无险隘可守。

刘邦先派使者到秦宫劝降。秦王子婴情知帝国濒临绝境，只能仰天长叹："大秦的列祖列宗啊，不是我不努力，只是老天太吝啬，不肯给我机会。如今匪军已至，投降或许还能保住赢家一丝血脉。"事到如今，已别无他法。

面对残酷的现实，子婴先对皇室资产做了一个大盘点，把玉玺、符、节等重要资产都准备齐全，然后在自己脖子上系上丝绳，驾白车、白马去迎接刘邦"匪军"入城，此时距他登基王位仅一个半月。

至此，历时十四年的秦王朝在悄无声息中宣告终结。

秦朝灭亡了，子婴始终没有搞懂一个问题，即偌大一个秦朝，为何在自己手里说亡就亡了呢？

现在我们假设一下，他为此纠结了很久，未能得出答案，几个月后又把这问题带到了地下，与已故诸君共同探讨。

嬴政：朕统一天下，完成了前无古人的盛举；治理十年，使帝国到处洋溢着富庶、繁盛之气象。如今不到三年，你们这群孽种，就把它搞到这个地步！

胡亥：我治理国家，目标是"享尽世间之安乐，求得天下之大治"。为此，我排除万难，身体力行。可惜赵高心怀不轨，陈胜、项梁也不肯配合。无论个人还是国家，最后结局都不是我追求的结局。

赵高：没有我暗中策划，胡亥哪能登上帝位？没有我竭力辅佐，胡亥哪能统治三年？只可惜，他是烂泥巴扶不上墙，天生不是当皇帝的料，每当大难临头，就只会推卸责任。我及时除掉昏君，册立子婴为王，不也是为了保住大秦江山？

章邯：不是我军不努力，只是匪军太野蛮。我为朝廷竭心尽力，鞠躬尽瘁，换来的却是威胁与责骂，天下哪有这等道理？因此，我除了弃暗投明，别无出路。

子婴：我在位时间短，能除掉奸臣已经算不错了。再说，当时的局势，也非我一人所能扭转。我虽有雄图壮志，却无力回天。秦亡，应该错不在我。

扶苏：我不是当局参与者，所有一切与我无关。

西汉的贾谊后来对秦亡做过总结：仁义不施而攻守之势异也。

贾谊的话只说出了表象，而没有点明实质。秦朝为何不施仁义，而采用严刑峻法实施统治？多数人认为这是以法家思想治国的弊端，这其实是一大误解。

法家的主张无非两点：一是强调除国君外，法律适用的普遍性和平等性；二是强调法在治国中的权威性。这两点并不必然导致严刑峻法。殊不知，自商鞅变法至天下统一，秦国以法家思想为指导，是日渐强盛的。

那么，究竟是什么导致秦朝采用严刑峻法，最终灭亡的？答案似乎是：水德。

对此，司马迁早已洞察明见。《史记·秦始皇本纪》中如此记载："始皇推终始五德之传……以为水德之始，刚毅戾深，事皆决于法，刻削毋仁恩和义，然后合五德之数。于是急法，久者不赦。"这才是问题的症结所在。

在这里，我们要区分一下秦国和秦朝。秦国以法家思想为指导，结果是富国强兵，统一天下。秦朝却以"五德终始说"中的"水德"为治国总方针，法只是一种维护统治的工具，结果是严刑峻法、残暴寡恩，导致亡国。这种方针由秦始皇确立，到秦二世时登峰造极。

秦亡，究竟谁之过？说不清，道不明，留给大家自由想象的空间。

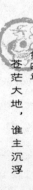

第四章 苍茫大地，谁主沉浮

第五章

辉煌之中显隐忧

咸阳众生相

公元前206年阴历十月，刘邦在诸侯"长跑竞标赛"中脱颖而出，率先攻入咸阳，夺取了"准关中王"的桂冠。而此时，他的老搭档项羽刚整编完秦朝降军，正在向西开拔。

长达三年的反秦革命大功告成，刘邦不胜欢喜。这至少已是他第二次来咸阳。第一次来时，他有幸见到秦始皇，还说出了"大丈夫当如是也"的豪言壮语。当时他还只是个农民，谁知几年过去，言犹在耳，咸阳城头却已变换了旗帜。

刘邦算是半个土匪出身，在咸阳却大发慈悲之心。有人谏言秦行暴政，荼毒生灵，秦王子婴罪大恶极，理应处死。他不但没将其处死，相反还任命他在自己手下为官。按他的解释，怀王当初派他西进，是因为他比项羽宽仁。

这种解释实在牵强附会。因为自彭城到咸阳，一路上刘邦也有两次屠城记录。但不管如何，他的目的是想给人造成一种项羽穷凶极恶，他则宽和、仁慈的印象。而且，通过不杀子婴的做法，这个目的已经达到了。

江山易改，本性难移。刘邦作为一名"匪军"头目，想改变贪财、好色的本性，门都没有。要他不杀人是可以的，但休想阻止他打劫。

刘邦此次西进咸阳，是抱有帝王之志的。只是他半农半匪出身，贪财好色成性，多年流氓习气难以蠲改。所以一见到咸阳华美的宫殿、无尽的财宝和妖艳的宫女，他便心花怒放，顿生享乐之心，而将雄图伟志抛在了脑后。

上梁不正下梁歪。刘邦禁不住糖衣炮弹的诱惑，他手下那帮兄弟就更不用提了，也都是见钱眼开的主儿。不过他们只看重财物，对不动产和人不感兴趣。对农民兄弟而言，给套房子又带不走，送个女人又养不起，还是真金白银来得实在。

于是，大家不等刘邦发布号令，就在城里一哄而散，拆墙毁柱，各取所需。整个秦皇宫顿时被搞得乌烟瘴气。

大家都在抢东西，但也有几个例外：萧何虽也在抢，但他抢的不是金银，也不是美女，而是丞相府里的各种绝密图籍，里面都是关于天下各处险要、户口虚实的资料。刘邦后来与项羽争天下，要没这些东西，大概早不知被灭了几次。

第二个例外是樊哙和张良。樊哙虽然文化水平不高，这次看事儿却很明白。他对刘邦玩物丧志的行为很是窝火，便去找他理论："你是想夺天下呢，还是想做富家翁呢？秦亡正是由于这些东西，你却拿它当宝贝。还是快回霸上吧，秦宫不宜久留。"

刘邦认为樊哙不过是一个杀猪仔，必定无甚高论，所以对他的话不很在意。

樊哙不行，张良再来："正因秦朝暴虐无道，您才能来到这里。替天下铲除暴政，应以清廉朴素为本。您现在刚入秦都，就安享其乐，这不是助纣为虐吗？忠言逆耳利于行，良药苦口利于病，您还是听听樊哙的意见吧。"

张良在外经过一年多的历练，这时的确成熟不少。这次，他的进谏技巧是：先让樊哙去劝，然后自己再出马，最后还归结于樊哙。刘邦听与不听，都是针对樊哙的意见。张良成不居功，败不得罪。

刘邦敢不理樊哙，却不敢不理张良。张良话一出，他心里虽然不情愿，但不得不封上府库，乖乖回霸上去了。

在霸上待了一阵子，刘邦清醒过来了。秦朝亡是亡了，但诸侯和楚怀王态度仍不明朗。自己想要当关中王，进而取天下，首先应取悦民心，贪图享乐是万万不该的。

刘邦醒悟得还不晚。如何取悦于民，他一眼就能看出要害：老百姓痛恨秦朝，是因为厌倦了无休止的捐税、徭役。既然如此，何不反其道而行之？

几天之后，他把各县父老、豪杰都召集过来，发布告令道："乡亲们久受秦苛法之苦！现在我以关中王的名义，与乡亲们约法三章：杀人者死，伤人及盗抵罪，其余秦朝法令全部废除。我来这里为大家除害，你们不必害怕。我把军队撤到霸上，也是想等诸侯到来，共同制定一个规则。"

随后，刘邦派人随秦官吏一同下乡，给百姓们讲解新政策，把他们感动得一塌糊涂，纷纷争着去敬献牛羊酒食，慰劳士兵。

这一番小伎俩，效果出奇的好，使刘邦心里乐滋滋的。但没过多久，就有人开始提意见了："关中富足，地理形势也好。而现在章邯投降项羽，被封为雍王，所在之地正是关中。章邯一来，你当关中王的美梦也就泡汤了。"

刘邦一听，此话说得有理："我想当关中王，该怎么办呢？"

"可以派军守住函谷关，不让诸侯军进来（拒关，无纳诸侯），然后征集关中兵卒，加强自己的抵抗力量，如此便可万无一失。"

刘邦对此深表赞同。

从以上举动来看，刘邦和项羽一样，除了一句"先入关中者王之"之外，已把楚怀王撇在一边了。兵入咸阳、收降子婴、纵兵劫掠、约法三章……他完全是自作主张，对怀王连声通报都没有。

此时，怀王熊心手无兵权，已几乎等同于傀儡，彻底失去了对项、刘二人的控制。

从刘邦在咸阳的一系列举动来看，自攻入关中的那一刻起，他已不自觉地发生了华丽的转变。这主要表现为以下两点：

第一点是"欲王关中，以子婴为相，珍宝尽有之"和"约法三章"。

由此可以看出，此时刘邦已摇身变成"准关中王"，成了秦王朝衣钵的继承者。当然，这里所谓"秦朝的衣钵"是指秦的统治地域和建国体制，而不是其严刑峻法和暴政。

第二点是"拒关，无纳诸侯"。

从这一点看，此时刘邦不仅脱离了楚国，而且已走向了义军的反面。这在他自幼对楚国没有感情的事实中，早已埋下了伏笔。联系他在秦地方政府为官的经历，我们可以推断，刘邦追随义军反秦，其实抱有很大的投机性质。现在，他一旦抢夺了反秦斗争的胜利果实，立马对义军恶脸相向的举动，也就不令人难以理解了。

诸侯上将军

种种迹象表明，项羽自从杀了宋义，就不把怀王放在眼里了。等到打败秦军、收降章邯，他睥睨诸侯，威震天下，连刘邦也不当回事了。当初的约定，早被他忘得一干二净，否则他也不会擅立章邯为雍王。

项羽在河北整编诸侯联军和秦朝降军，大约与刘邦攻入咸阳同时。随后，他便扯上"诸侯上将军"的旗号，浩浩荡荡拥兵西进。在途经新安时，他干了一件大逆不道的事——坑杀秦军降卒。后来，这成为他平生最大的污点之一。

事情的起因和经过是这样的：

义军士兵大多是下层社会出身，之前被征调服徭役或驻守边塞时，经常在关中被虐，因此对秦军痛恨之至。现在秦军投降，秦军与义军的地位正好翻了个个儿。义军官兵为解心头之恨，把降军像奴隶一般使唤。

这样一来，秦朝降军被折腾得够呛，有人就开始私下里抱怨："章邯骗我们投降义军，若能入关灭秦倒是很好，若是灭不了秦，秦廷必会杀光我们全家老小。"类似的怨言很快在二十万降军中散播开来，当然也传到了一些诸侯将领的耳朵中。

秦降军尚有二十万之多，一旦发生哗变，后果将不堪设想。对于这种潜在危险，有人已提前注意到了，并给项羽打了报告。

项羽知道问题的严重性，略微迟疑，思得了一劳永逸之法。他找来黥布和蒲将军，吩咐道："秦军官兵为数尚多，而且心里不服，到了关中一旦不听指挥，可就危险了。干脆把他们都杀了，只带章邯、司马欣、董翳入秦吧。"

项羽短短一席话，决定了二十万秦军悲惨的命运。黥、蒲二人是巨鹿之战中楚军的先锋大将，对付秦军很有一套，而且对项羽唯命是从。他们趁秦兵尚不知情，连夜偷袭，一夜之间完成任务，将二十余万降军悉数杀死或活埋。

事情至此总算结束。项羽只带四十万诸侯联军西进，且心无旁骛。但经此事件，他残虐的本性也被暴露无遗。秦朝之所以灭亡，是因为施行暴政，丧失了民心。项羽显然没从中汲取教训。在他眼里，实力决定一切，强者主宰天下。

项羽当时目空一切，尚不知刘邦兵入咸阳之事，因此加紧行军。当年阴历十一月下旬，四十万诸侯大军抵达函谷关外，却发现关门紧闭。项羽对此很是疑惑：时至今日，难道关内秦军还敢顽抗？

这位诸侯上将军不问则已，一问吃惊不小。原来刘邦已入咸阳，守关之兵竟是楚军。知道真相以后，项羽心中不由窝火：刘邦攻克咸阳，却不通报友军知晓，现在又据关自守，不让义军进入，究竟是何道理？

项羽暴怒之下，下令攻打函谷关。虎将黥布一马当先，三下五除二攻破了函谷关。

当时项羽入关，拥兵四十万，号称百万，驻扎在新丰鸿门；刘邦仍驻军霸上，兵力约十万，号称二十万。双方兵力悬殊，一旦火并起来，刘邦必败无疑。

正是有鉴于此，刘邦麾下有些人开始动摇了，曹无伤就是其中之一。

曹无伤当时任刘邦左司马，深知项羽才是真正的主宰者。识时务者为俊杰，投靠强者才有出路。为求封赏，他暗中派使者去见项羽，当面揭发刘邦的图谋："沛公欲王关中，使子婴为相，珍宝尽有之。"

曹无伤说话水平实在不高，刘邦的志向若只在"珍宝尽有之"的话，项羽反倒可以放心了。他若想激怒项羽，只一句"沛公欲王关中"足矣，其余全是废话，大可不说，说了可能还会有反效果。

项羽本就对刘邦闭关不满，现在一听他要当关中王，更加怒不可遏："明天犒劳士卒，打垮刘邦！"说到底，项羽这时根本就没把刘邦当对手。他对刘邦恼火，只是出于一时气愤，因为他孤傲自大，不允许别人触犯其威严，仅此而已。

如此看来，项羽虽为诸侯上将军，实际上没有什么政治头脑。但项羽本人没有，并不代表项氏阵营里所有人都没有。其实，早有一人把刘邦的野心看透了，此人便是力挺项氏的老牌谋略家范增。

范增已很久没出场了，即使项梁兵败身亡时，都难得见他一面。

不过，范增的确眼力独到。当时，反秦义军少说有十几路，除项梁、项羽叔侄外，他唯独看得起的就是刘邦。早在山东时，他就对刘邦的为人和品性观察已久，认为他是个胸怀大志的非凡人物，也是项氏取天下的唯一劲敌。

范增心里其实很矛盾。在理智层面，他认为刘邦更有潜力主宰天下；但在感情层面，他与项氏家族感情至深。当初，项梁对他言听计从，立熊心为楚怀王，以顺应民意、号召群雄；现在，项羽又尊称他为

"亚父"，对其敬重仅次于亲生父亲。

不幸的是，刘邦与项羽站在了互为对立的两个阵营。良禽择木而栖，良臣择主而事。在项、刘两人之间，他必须择一而从。最终，在这个七十多岁的老人心中，情感压倒了理智。范增选择了辅助项羽，这就意味着，必须要铲除刘邦。

曹无伤的使者已走，项羽怒气未消，范增又来添油加醋："沛公在山东时贪财好色，现在进了关，财物不取，美女也没亲近一个，他志气不小啊。我曾找人给他望气，他身上的气韵状如龙虎，呈五彩之色，这可是天子瑞气。所以，应趁机赶紧进攻，勿错失良机！"

细读之下，范增这番话切中要害，比曹无伤的水平要高得多。只可惜，项羽缺乏政治头脑，只恼恨刘邦冒犯自己的威严，哪懂得亚父的良苦用心。

鸿门宴玄机

秦朝被灭之后，在接下来的为时四年的楚汉之争中，两大集团的主要角色在鸿门宴中的斗智斗勇，可谓浓墨重彩的一笔。

在介绍这场著名的千古奇宴之前，我们有必要先对刘、项二人对秦朝的态度加以考察，进而推断出楚汉之争的本质。

由于成长环境和家世背景有异，刘邦和项羽对秦朝态度迥异，这是显而易见的。对于这种差异，我们从两人见秦始皇时的豪言中便可略窥一二。刘邦"大丈夫当如是也"一语，实际表明他想成为秦始皇第二或秦帝业的继承者；而项羽的"彼可取而代之"，则表明他想推翻秦朝，替代秦始皇之位。

从表面上看，刘邦的确有望成为秦朝事业的继承者，而项羽则是秦朝的坚定反对者。为时四年多的楚汉之争，实际上仍是秦与六国之争的余绪。刘邦作为"准关中王"或汉王，是秦朝事业的真正继承者，而项羽作为"诸侯上将军""西楚霸王"，则是山东诸侯政治上的代表。

不过，以上只是表象上的观察。项羽的最终目标，很可能不是恢复周朝的统治，而是以这种封建局面为起点，建立一个像秦一样的帝国。只是该帝国的政治中心不在关中，而在楚地，我们不妨称其为西楚帝业。这在后面项羽分封诸侯，逐杀义帝时，还会有所体现。

由此可以看出，中国历史发展至秦朝之后，趋势脉络已定，即走向中央集权的大一统帝国。楚汉之争无论哪方取胜，都会循着这条轨迹缓慢向前发展，而不是一蹴而就。只不过，项羽想以西楚为中心成就帝业。这项事业的艰巨性，远比刘邦以关中为中心建立帝国要大。因为从历史来看，楚国远不具备这样的条件，也就无怪乎项羽最终败于刘邦了。

在这里交代上述内容，无疑是为即将到来的楚汉之争张本。现在言归正传，继续鸿门宴上两大阵营的斗争。

在项、刘两家剑拔弩张之际，两大阵营都出现了叛徒。刘氏阵营中的曹无伤对项羽暗送秋波，在项羽的面前诋毁刘邦。而在项氏阵营，也同样出现了一个泄密者——项伯。

项伯，楚将项燕之子，项羽季父，时任楚军左尹，与张良私交甚深。他一听说项羽要打刘邦，当晚就找到张良，事先透漏了风声。他本只想救张良，但却因私废公，因个人情谊出卖了集团利益。

张良得知项羽有动武的苗头，又将消息透露给了刘邦。刘邦惊慌之余，急向张良问计。最后，两人协商一致，敲定了应对之策：借由项伯之口，传达对项羽的归附之意，以消解其怒意。

计较已定，张良随即把项伯请来。

刘邦与项伯素未谋面，这时却屈尊降贵，对其称兄道弟，嘘寒问暖，百般客套，并与他订为儿女亲家。最后，他才切入正题："我自入关以来秋毫不犯，查户口，封府库，都是为了等候上将军项羽。我之所以派兵守关，也是防备那些盗匪和其他不测。在下日夜盼望上将军早日驾到，岂敢有反叛之心。请一定转达我的意思，我绝不敢忘恩负义！"

项伯目光狭隘，为了与张良的私人友谊，竟不惜出卖项氏集团的利益。最后，他告诫刘邦："那你明天早来给项王赔不是。"

看来，这场暴风雨刘邦能否躲得过去，就全看项伯了。将项伯送出营帐后，刘邦与众人紧急谋划明日当如何应对。

项伯当夜又从霸上赶回鸿门，将刘邦之语悉数报告给项羽，然后为其辩护道："若非沛公先破关而入，你岂能入咸阳？如今人家立有大功，你非但不予厚待，反而要向其进攻，这非君子之举。"

项羽本是死要面子之人，而刘邦之语恰恰切中要害，再加上项伯的添油加醋，他顿时怒气全消，未经与范增及众将商议，便准备取消明日的进攻计划，或将其变通执行。

项羽的性格缺陷，在这里暴露无遗。得知刘邦据关自守，他当即暴跳如雷，怒不可遏；而对方一旦卑躬屈膝，他就立马软了下来。项伯为了一己之私，暗中泄露军事机密，他不仅没有一点责备之意，相反对其意见大加赞同。

如此上将军，真可谓军事上的天才，政治上的白痴。与之相反，刘邦身上虽充满流氓习气，却是天生搞政治的高手。

在一场无间道的明争暗斗之后，项、刘双方各有得失：刘邦准确把握并利用了项羽的性格弱点，使不利局势出现一丝难得的转机。项羽凭借绝对的优势兵力，仍然把握着局势的主动权，并以此赢得了刘邦的臣服。

无论如何，真正的较量才刚刚开始。

刘邦经过一夜研究，次日一早领了百余人，去给项羽赔罪。项羽按兵不动，在鸿门设宴相待。此时，范增已意识到项羽擅自变更计划，就随机应变，准备在宴席上解决刘邦，省得兴师动众，浪费刀枪。

刘邦经过事先准备，抵达鸿门之后，见了项羽就张口称臣，道："臣跟将军合力攻秦，将军战河北，臣战河南。不料臣竟能先入关，又与将军在此相会。如今，竟有小人故意说臣坏话，想让将军和臣之间产生嫌隙。"

刘邦这席话可谓高明至极。他一开始就放低姿态，竭力将自己描绘成项羽的战友，而且他位低一等；项羽想发兵打他，是因为有小人从中挑拨。这样，既给足了对方面子，又给自己个台阶下，使对方别无选择。

"这是你的左司马曹无伤说的，否则，我何以至此？"

对于这番回答，若排除项羽政治弱智的可能，只能做这样的解释：项羽为人光明磊落，且性情直率，十分鄙视曹无伤的为人，所以当场说了出来，让刘邦自行动手铲除。

短暂的寒暄过后，大家暂藏杀机，坐下来饮酒叙旧。几个人的座次安排如下：项羽、项伯坐西向东，亚父范增坐北向南，刘邦与范增对向而坐，旁有张良向西陪侍。可见，项羽虽然为人狂傲，却让亚父范增坐于尊位，仍对其充满敬重。

范增情知计划有变，但对项羽的心思尚把握不准。酒过数巡，他不停地使眼色，暗示项羽迅速动手。但项羽因身旁坐着项伯，又自得于刘邦俯首称臣，对范增的暗示视而不见，一直沉默不应。

范增见项羽默然不动，心中暗自焦急，又举所配玉玦示意，但一连几次都如石沉大海，得不到半点回应。他深知这是铲除刘邦的绝佳时机，一旦错失，必留遗恨。无奈的是，这时的项羽优柔寡断，已无半点巨鹿之战时的果敢与霸气。

妇人之仁，乃为政者之大敌，必须予以矫正。

范增情急之下离席外出，找来项羽的堂弟项庄，吩咐他去献酒祝寿，借舞剑之机行刺刘邦。项庄依计而行，献酒祝寿毕，道："君王与沛公饮酒，军中无以为乐，请允许我舞剑，以助雅兴。"

经项羽准许，项庄当场拔剑起舞，不料被项伯窥破了玄机。为了掩护刘邦，项伯也拔剑与项庄对舞。项庄顾忌他是长辈，一连行刺数次，均未能得手。席间局势一时剑拔弩张，紧张万分。

项庄舞剑，意在沛公。张良见状不妙，也外出为刘邦寻求护驾者。勇士樊哙持剑和盾，愤然入军门而去。门外有卫士阻路，被他用盾撞倒，硬闯进去。

樊哙闯入军门，对项羽怒目而视，头发倒竖，眼角尽裂。项羽素以霸气和威猛著称，见他如此光景，竟也生出三分惧意，不禁以手按剑，正襟危坐。经张良介绍，他才得知樊哙是刘邦的随身护卫。

项羽喜欢豪壮之士，于是赐给樊哙酒肉，邀其共饮。

樊哙生性鲁莽，却也粗中有细。回答了项羽几个问题之后，他顺势将话锋一转，转到刘邦身上。随后，他慷慨激昂，将昨晚刘邦的话和项伯对项羽的劝言，又和盘托出。

项羽此时豪气全无。樊哙讲完，他良久没有反应，沉默了半晌，只是让他坐下，继续喝酒。

至此，刘邦大致断定项羽不会对自己痛下狠手了。但话虽如此，此地仍不宜久留。酒过数巡，他借上厕所为名外出，趁机叫走了樊哙和张良。事后，他与樊哙、夏侯婴、靳强、纪信四人，拿剑持盾，从小道徒步逃脱。

虎口脱险，虽值得庆幸，但尚有一事未能圆满。刘邦意识到自己的不辞而别可能触怒项羽，便奉上白璧和玉斗各一双，由张良代以致歉。

鸿门距霸上约四十里。张良估计刘邦已至军中，遂持白璧和玉斗复入酒席，道："沛公不胜酒力，不能亲来告别了，只嘱咐我将这双白璧敬献大王，玉斗献给亚父。"

得知刘邦脱身离去，项羽与范增的神态、表情截然相反。

项羽接过白璧，若无其事地将其放在座位上。范增却将玉斗摔在地上，连砍几剑，无奈叹道："唉！竖子不足与谋。夺项王天下者，必沛公也，我等将来必成为俘虏！"

在鸿门宴上，刘邦利用项羽的弱点，成功化解了一场危机，使自己转危为安，保存了实力。项羽表面上赢得了刘邦的臣服，实则放虎归山，埋下了隐患。事后，项伯在项氏阵营依旧受宠，曹无伤则被刘邦立马诛杀。

在这里，项羽和他的首席谋臣范增对未来的策略已暴露出严重的分歧。范增以其敏锐的政治嗅觉，早将刘邦作为项羽集团的首要假想敌而加以防备，主张除之而后快；而项羽气魄雄伟，放眼于天下众诸侯，对刘邦以一般态度待之，未意识到其潜在危险性。

事实表明，对将来楚汉之争中的楚方而言，项、范二人的分歧将是其致命伤。

公元十三世纪，元人钱舜举有诗咏项羽与范增云：

暴羽天资本不仁，岂堪亚父作谋臣。
尊前若遂鸿门计，又一商君又一秦。

由此，鸿门宴成为楚汉之争的一个重要标志，它既是这个时段的开始，又预演了该时段的终结。

天下盟主

鸿门宴放走刘邦之后，项羽仍继续其在政治上的弱智表现。

进入咸阳后，为了表示对秦朝的痛恨，项羽用实际行动做出回答。他将城中百姓、秦王子婴、所有皇室财产，都贴上"秦朝"的象征性标签，要分别予以铲除。

刘邦曾在咸阳搞过三大运动——约法三章、收降子婴、封藏府库，结果大获人心。项羽一怕在气势上压不住刘邦，二怕不能充分发泄自己对暴秦的痛恨之情，也轰轰烈烈大搞了一番：屠城、杀子婴、火烧阿房宫。

大火烧了三个月都未熄灭，可惜秦累积数百年的财富，若用来改善百姓生活，借以争取民心，该有多好。可惜项羽思不及此，一把大火将其化为乌有。眼看着咸阳沦为一片废墟，他终于泄愤了。

刘、项二人行事风格迥异，在关中百姓心中，留下了不可磨灭的印记。无论统治者有多大能耐，百姓才是定盘的星。由此，刘、项二人的人心向背，高下立判。当然，项羽对此是意识不到的。

咸阳城中的财物，除大部分被焚毁外，还有一部分被项羽及其部下劫掠去了。项羽火烧咸阳后，带着搜刮来的珍宝和美女，准备东返彭城。在他看来，要想实现既定计划，以楚为中心重建统一帝国，就必须坚决摧毁关中的基业。

但有人针对东返彭城提出了异议。反对者为韩生，他进谏项羽道："关中阻山带河，是块风水宝地，而且土地肥沃，若立以为都，必可成就霸业！"

项羽对儒生之憎恶，较之嬴政和刘邦，是有过之而无不及的。更何况，咸阳如今已成废墟，他更不想长待此地，于是回复韩生道："人在富贵之后，若不回故乡炫耀一番，就如身穿锦绣在夜里行走，有谁会知道呢（富贵不归故乡，如衣绣夜行，谁知之者）！"

韩生的进言，本是一番真知灼见，只因项羽顽固不化，另有所图，最终归于徒劳。无奈之余，韩生私自哀叹："楚人就像戴帽子的猴子，形貌衣着像人，却不会干人事。"不料，此话竟不胫而走，传到项羽耳中，给他带来了杀身之祸。项羽于东返前夕，将其烹死。

项羽杀了韩生之后，又猛然想起还有一个楚怀王。熊心如今虽无实权，但至少在名义上还是天下共主。当着诸侯的面，项羽自感不能太过分，于是出于礼节，将入关破秦之事派人报告给熊心。

按项羽的想法，如今他已大权在握，熊心倘若知趣，必不敢横生枝节。但熊心不满其专横，竟斗胆以"按以前约定行事（如约）"回复，使项羽恼火万分。

项羽的行事逻辑是强者为王，凭实力说话。既然熊心违背了他的意愿，他便召集了十几路诸侯，名义上是共同商量，实则由他一锤定音，摆明立场："怀王本是我项家所立，为的是号召群众伐秦。然而灭秦之功，应归于我和在座诸位。熊心虽无战功，但毕竟是楚王，也该分得一些土地。"

众诸侯见风使舵，纷纷表示赞同。

于是，项羽煞费苦心，给熊心安了一个特殊的名号——义帝，然后通过引经据典"古之帝者，地方千里，必居上游"，将其驱逐到长沙彬县，实际是把他架空为傀儡。

项羽此举其实大有深意：一是肯定秦始皇首创的帝号，并保留下来；二是将楚之名号位列诸侯之上，便于将来自己统合诸侯。实际上，这两个层次若整合起来，便是项羽为之奋斗终生的目标——成就楚之帝业。

以"义帝"的空名迁居长沙，熊心万分不情愿，但苦于手中没有军队，只好含恨离开彭城，向南迁移。当时，江南的大部分地区，仍是一片未开发的荒地。熊心一人搬到那里，怎一个"惨"字了得！

赶走熊心之后，项羽成了名副其实的主宰者。但该如何治理天下呢？

他清醒地认识到：秦始皇首创帝国，功业千秋万代，但胡亥集团因暴政使其瓦解。这种混乱状态，与战国时的诸侯纷争并无二致。秦作为一个帝国早已不复存在，赵高在子婴即位前就已取消了秦的帝号，承认天下又回到战国时的混乱局面。

由秦之帝制退回到周朝的分封制，其实是开历史倒车，毕竟是行不通的。这正如赵翼所谓"人情犹狃于故见，而天意已另换新局"。在这个关键岔路口，中国究竟何去何从？项羽深知，自己作为诸侯翘楚，必须做出回应。

其实，他的目标与刘邦并无二致，也是在秦之后重建统一帝国。但他首先必须承认眼下诸侯纷争的现实，并以此为起点，来开创一片基业。[1]

关中地理条件固然优越，且自商鞅变法时起，该地历经一个半世纪的发展，已培育了相当雄厚的帝制基础。但项羽对此兴趣索然，他真正怀有感情的是自己的故国——楚。在灭秦之后，他屠戮咸阳，东返彭城，未采纳韩生的意见，其实是想根除秦在关中的根基，以减缓他在东方建立"楚帝国"的阻力。

为实现该目标，项羽的策略大致分两路走。

在"名"一路中，他的第一步是推举熊心为义帝；第二步是大封诸侯，自称"西楚霸王"[2]，凌驾于诸侯之上；第三步是唆使部下，谋害熊心。按此逻辑推理，他的第四步应该是自己称帝。这样看来，义帝这个名号无疑是他给自己预留的。

这实在是一项别出心裁的创举。在田荣、刘邦反叛，局面失控之前，项羽已如愿以偿地迈出了前三步，离成功仅一步之遥。

在"实"的一路中，项羽的第一步是自封西楚九郡，定都彭城。该地不仅地大人稠，且为天下富饶、要害之地，无疑便于他实施第二步计划，即以实力说话，吞并诸侯，一统天下。实际上，他从诸侯各自救国时就已开始实施此计划，相继吞并了韩国和衡山国。

"名""实"两路齐行并举，殊途而同归，最终成就以西楚为中心的帝业，这便是项羽的终极理想。可见，项羽在政治上并非无谋之辈，其计划无疑是大胆而富有挑战性的。

---

1 有关项羽灭秦之后一系列举措的动机，田余庆在其《说张楚——关于"亡秦必楚"问题的探讨》中也有论述。

2 按照《史记·集解》，战国时，楚国地域广大，通常又分为三部分：淮河以北，沛、陈、汝南、南郡称"西楚"；彭城以东，东海、吴、广陵等地称"东楚"；衡山、江南、九江、长沙等地称"南楚"。

十八路诸侯

项羽架空了义帝，主宰天下，但还有一大隐忧，即关中问题。

按当初约定，刘邦率先进入关中，理应为"关中王"。但这里地理条件优越，土地肥沃，一旦被刘邦占据，日后恐会养虎为患。再者，项羽在巨鹿已封章邯为雍王，辖地即在关中，总不能说反悔就反悔。

项羽与亚父范增商议后认为，巴蜀虽与关中连为一体，但道路险远，地势偏僻，没多大发展前景，于是决定封刘邦为汉王，统辖巴、蜀和汉中部分地区，定都南郑。关中则被一分为三，被章邯、司马欣、董翳三名亡秦降将瓜分了。

分封诸侯，是项羽的不得已之举。尽管帝制必将恢复，但眼下，战国各诸侯国的遗留势力已趁反秦的时机死灰复燃，尾大不掉，且灭秦也多有诸侯之力相助。他虽欲重建帝业，却不能忽视眼前诸侯复辟的现实。

故而，项羽的策略是：以分封诸侯的方式确认眼前的现实，然后以此为基点，寻机改变现状，一统天下。与此相对照，刘邦也从眼前诸侯复辟的现实出发，其策略则是：先立足为"关中王"，然后以此为基点，逐步吞并诸侯，实现统一。

刘、项两人因各自强弱之势不同，一个立足天下，一个立足自身，但终极目标却如出一辙。

包括刘邦和三秦王在内，项羽分封了十八路诸侯，具体见下表：

序号	姓名	王号	封王原因	辖地	都城
1	刘邦	汉王	西进咸阳灭秦	巴、蜀、汉中一部分	南郑
2	章邯	雍王	率秦军降楚	咸阳以西关中地	废丘
3	司马欣	塞王	私下帮助过项梁	咸阳以东、黄河以西关中地	栎阳
4	董翳	翟王	劝章邯降楚	故秦上郡	高奴
5	韩成	韩王	故韩王	韩国故地	阳翟
6	魏豹	西魏王	故魏王	河东魏国故地	平阳
7	申阳	河南王	攻克河南郡，以兵迎项羽	河南郡	洛阳
8	司马卬	殷王	平定河内，多次立功	河内	朝歌
9	赵歇	代王	故赵王	代地	代
10	张耳	常山王	素贤能，跟项羽入关	故赵地	襄国
11	黥布	九江王	项羽部将，作战勇猛	九江	六
12	吴芮	衡山王	率百越佐诸侯，跟项羽入关	衡山	邾
13	共敖	临江王	义帝柱国，攻克南郡	南郡	江陵
14	韩广	辽东王	故燕王	辽东	无终
15	臧荼	燕王	燕将，随项羽救赵、入关	故燕国一部分	蓟
16	田市	胶东王	故齐王，田儋之子	胶东	即墨
17	田都	齐王	齐将，随项羽救赵	故齐国一部分	临淄
18	田安	济北王	齐将，随项羽救赵	故齐国西北部	博阳

除了项羽、义帝和十八路诸侯，还有三股势力需要交代。

第一个是田荣。田荣与项氏不睦，却是名副其实的抗秦功臣。在临济之战中，他曾随兄长田儋救魏，之后赶跑田假，立侄子田市为王。楚军抗秦救赵时，他跟宋义关系密切而不肯援助项羽，项羽因此怀恨在心，分封诸侯时没有田荣。

第二个是彭越。彭越曾在刘邦西进途中小试牛刀，帮忙攻打昌邑，可惜没攻下来。后来他领着手下一帮穷哥们儿，又回老巢巨野继续落草去了。到项羽分封诸侯时，他的队伍已发展到了一万多人，正准备再试锋芒，却得知秦已经灭亡，全国也被瓜分完毕，竟没他立足之地了。

第三个是陈余。陈余和张耳很早就追随陈胜参加革命，是一对形影不离的知己，无奈在巨鹿之战中起了矛盾，战后关系也没弥合。张耳怀疑陈余杀了他派去求援的两员部将——张黶、陈泽，为此还责难他好几次。陈余一气之下，扔下将印，与几百个弟兄跑到湖边打鱼去了。

张耳后来跟项羽入关，被封为常山王，也就没陈余的事了。有人注意到其中蹊跷，就去给项羽提意见，认为张、陈二人同功一体，张耳既已被封为王，陈余就不该一无所有。项羽无奈，听说陈余在南皮，就给了他三个县，让他继续打鱼。

可见，项羽是站在自己的立场上分封诸侯的，而未顾及被封者和未获封者的感受。分赃不均就像预埋的定时炸弹，随时有爆炸伤人的危险。只可惜，项羽过于迷信自己的武力，或者根本就没有意识到问题的严重性。

封完十八路诸侯，项羽终于舒了口气。雄关漫道真如铁，如今暴秦既亡，革命已然成功。天下苦秦多年，百姓疲敝，是时候休养一下了。于是，项羽遣散诸侯，令其各回本国，同时自行谋划下一步计划。

盟主号令既出，诸侯没有敢不从者。从当年阴历四月开始，他们陆续离开咸阳，返还本国就任。

项羽，这个昔日乳臭未干的莽撞少年，如今已成长为一名威加海内、号令四方的大英雄。他怀着"天下承平，四海晏然"的美梦，急盼统大军返回彭城，开始其霸王之路。

新体系崩溃了

由于项羽分赃严重不均,他构建的新体系还没步入正轨,就开始解体了,起点就是被忽略的那三股势力——田荣、彭越、陈余,他们在中原构建了一个强大的反楚同盟。

首先站出来跟项羽叫板的是田荣。他一得知齐国被瓜分而自己没份儿,当即宣布起兵反抗。新齐王田都还未返回齐国,就被田荣中途挡路,无法到临淄就任。无奈之下,他只好跑到楚国诉苦,请求项羽主持公道。

田荣赶跑了田都,又想扶立侄子田市为齐王。但田市怕触犯西楚,竟按项羽的旨意偷跑到即墨就任胶东王。田荣闻讯大怒,先派兵将其杀死,然后自立为齐王。但他的号令并不能传达整个齐国,因为济北已被分离出去,由新任济北王田安占据。

田荣对此倍感不快。在他看来,天下只能有一个齐国存在,且不能残缺不全。因此,他计划出兵讨伐济北,但几经周折,自感兵力不足,只得另想办法。恰在此时，他发现了在巨野徘徊游荡的彭越。田荣认为，项羽分封诸侯时，彭越一无所得，必定心怀不满，应该可以争取过来。

经过再三权衡，田荣用一枚将军印收买了彭越，让他讨伐济北王田安。彭越由草寇头领升为齐国将军，自然非常高兴，便带手下一万多兵马去讨伐济北，作战不到一个月，就摘下了田安的首级。

田荣努力了三个月，终于使三齐之地重归统一，自己成了真正的齐王。但他的目标远未达到，因为西楚项羽才是他真正的反抗对象。于是，在其授命之下，彭越又发兵击楚。

当时，项羽刚抵达彭城不久，正处心积虑谋害义帝熊心，无暇他顾。田都跑来求救，他起初毫不在意。但后来田荣统一三齐、自立为王，他就不得不留意这块多事之地了。彭越南犯楚境，项羽没有亲自出马，而是让部将萧公角御敌，结果大败。

田荣得知彭越击楚获胜，大为振奋。这时陈余闻讯，又派部将张同、夏说前来游说。

原来陈余得知张耳被封为王，而自己只有三个县，心中大不平衡，但自己麾下只有百余人，根本没有反抗资本。于是，他派张、夏二将去田荣处借兵，称项羽主持天下不公，自己情愿与齐国一同反楚，希望先借对方兵力攻打常山，帮赵歇恢复故地，到时情愿做齐国屏障。

田荣闻言大悦，当即应允。在他看来，凡是反抗项羽的，都是齐国的盟友，都应予以支持。攻打常山有利于破坏项羽的分封体系，田荣当然愿意借兵。

事后，陈余出动自己三个县的兵力，联合齐军共攻常山，与张耳为敌。一番鏖战后，张耳抵抗不住，听说刘邦的军队已经打到关中，只好弃了常山前去投奔。陈余驱逐了张耳，把赵歇从代迁回邯郸，继续当赵王，实际自行把持朝政。

自此，以田荣为中心、彭越和陈余为两翼的军事联盟横空出世，其目标是打破项羽确立的分封格局。

项羽早已注意到田荣等人的动静，只是他格局太大，一心关注全天下的动向，且正与衡山王吴芮、临江王共敖合谋杀害义帝，所以一直未予理睬。直到萧公角被彭越打败，他才意识到问题的严重性。

公元前205年正月，项羽正式发兵城阳（今山东莒县），教训齐国。这表明在他眼里，齐国田荣比汉王刘邦更值得戒备。

在齐国大难临头之际，彭越和陈余却都没了踪影。田荣只得独自整军出发，在阳城孤军迎战。这无异于以卵击石。几个回合下来，齐军根本无力抵抗楚军的威猛攻势，纷纷落荒而逃。几天之后，从平原传来消息，称田荣已被当地百姓所杀。

田荣既已败死，齐国应如何处理？项羽思来想去，又把田假拉上台面，让他以齐王的名义收拾残局。

按理说，齐国反叛事件至此已圆满解决，本该就此了结。但项羽没有手刃田荣，难解心中怒气，又亲自导演了一场画蛇添足的闹剧。在逗留齐国期间，他将当地黎民百姓当成了假想敌，先将田荣的降卒活埋，然后召集起军队，从城阳开到北海，一路烧杀掳掠，所过之地无不残灭。

当时，田假也在楚军之中。田荣死后，他虽又被封为齐王，但只不过是一个摆设。在项羽面前，根本就没有他说话的份儿。

项羽从小学书、学剑、学兵法，但就是没明白这么一个道理：不管你实力有多强，拳头有多硬，群众是不可得罪的。谁若与人民群众为敌，最终定不会有好结果。

就在项羽拿齐国出气时，田荣之弟田横看在眼里，乐在心中。他见入侵者在本国不得人心，便暗中搜罗亡兄的散兵游勇，竟有数万之多。凭着这支人马，田横竟成了项羽的强劲对手。为了虚张声势，他还拉出田荣之子田广来当齐王。

田广和田假一样，都是有名无实的傀儡王。

项羽闻知田横反叛，恼怒万分，还没来得及发作，西边又传来了噩耗：汉王刘邦叛楚，已吞并关中，目前联结了魏、赵等五诸侯之兵，共五十六万人马，正急速东进，目标是楚都彭城。

东方一波未平，西方一波又起。项羽在惊愕之后，分身乏术，陷入了两难境地。若舍齐拒汉，那阳城一行算是白费了；若先定齐后击汉，就怕老巢彭城有失。

来不及多做考虑，项羽斩钉截铁，口出狂言：拿出巨鹿之战的勇气，先解决田横，再教训刘邦。

项羽的豪气的确能激励人心，鼓舞士气，但他在齐国已丧失了民心。数万楚军精锐与田横的乌合之众多次交锋，竟丝毫未占半点便宜。

力拔山兮气盖世，如今竟连一颗钉子都拔不出来，项羽平生第一次有了挫败之感。正当他想加大火力，一鼓作气打垮田横，拿下齐国时，不料西边又传来噩耗：汉王刘邦挟五诸侯之兵，已攻破彭城。

堂堂西楚霸王，赫赫威武之师，竟受阻于一群散兵游勇，还被人端了老巢。此时，项羽或许已体会到亚父范增在鸿门宴上的良苦用心，但悔之晚矣。

此时，项羽进退维谷，狼狈至极，处境颇似四百年后的关羽。当时，关羽从荆州北攻襄樊，兵锋甚锐，不料被东吴吕蒙抄了后方，结果无路可退，坐失荆州，落得身败名裂。

荆州不是彭城的翻版，但处于两难之中的项羽，究竟该作何选择呢？

第六章

从巴蜀到彭城

刘邦就任「汉王」

刘邦在鸿门宴上得到项羽的谅解，侥幸逃生，却未能如愿以偿当上关中王。他自信，推灭秦之功，若项羽自奉第一，他起码能位居第二，但却被封在巴蜀这个偏僻险远之地，当个汉王。

关中地势开阔，三面环山，南通巴蜀、东连中原，在地理上自成一体，进可攻，退可守，兼之其间土地肥美，物产丰饶，人口卓盛，秦朝的霸业即因此而奠定。刘邦看中此地，说明他还有更高、更远的追求。

一旦刘邦"关中王"如愿，下一步势必东向以争天下。这无疑会阻碍项羽建立楚帝国的雄图。所以，项羽要想成就霸业，就必须封锁刘邦，同时也不能使关中恢复元气。

项羽对此心知肚明，经与亚父范增商议，最后确定的应对之策是：将刘邦封锁于蜀地，同时残灭关中，将其一分为三，分别由章邯、司马欣、董翳镇守。在他看来，这样既能阻止刘邦扩张，又可防止关中再度崛起。

刘邦入蜀，心有不甘，他希望各路诸侯还记得当初的约定，站出来主持公道。但项强刘弱的局势，已注定他们唯项羽之命是从。

公元前206年阴历四月，诸侯受封已毕，都陆续返还本国。此时，刘邦心中抑郁无比。攻克咸阳时，他手中掌握的十万军队，都是他一路上辛苦收编来的。但去封地就任时，项羽只答应拨付给他三万。

刘邦闻讯，火冒三丈。他的第一反应是破罐子破摔，去和项羽拼命。周勃、灌婴、樊哙等人认为此举失之草率，赶紧劝阻。怎奈当时刘邦怒气正盛，三人哪里劝得住。于是，萧何上阵："做汉中王虽不好，总胜过找死吧！"

对于萧何的见解，刘邦素来不敢轻慢。当时他闻得此言，微微一愣，表示不解。

萧何解释道："项羽拥兵四十万入关，就凭您那点军队跟他斗，难道不是找死吗？《周书》中说'天予不取，反受其咎'，再联系'天汉'意为地之有汉，如天之有河汉，'汉中王'这个名号其实妙不可言。希望您不要拒绝，等发展壮大了，联合巴、蜀，还定三秦，再和项羽争天下不迟。"

文人的嘴皮子最有功力。刘邦听了此番言语，转怒为喜，立马遣兵入汉中。

汉中四周高山环绕，是巴、蜀联结关中的唯一通道。巴、蜀地处四川盆地，地形像一个封闭的口袋，西面被群山环抱，向南是蛮荒之地，东面只沿长江有一个狭隘的出口。刘邦想自巴、蜀为起点，与项羽争天下，唯有从北面出汉中，定三秦，折而向东。除此之外，别无他途。

明乎此，也就不难理解项羽、范增为何背约，把刘邦打发在这四塞之地，还自以为得逞了。巴、蜀地狭，只要从三秦封住汉中路口，刘邦即便有天大的本领，也休想跟楚争天下。

小不忍则乱大谋。身为一军统帅，即应以身作则，树立起忍辱负重的典范。刘邦思及此,心情反倒豁然了,于是遵照项羽之命,领了三万兵卒,自咸阳向南开拔,奔赴汉中就任。

令他意料不到的是,心情一变,好运竟接二连三地跟来了。

好运之一:项羽虽只拨给刘邦三万兵众,但刘邦在当时是一颗耀眼的政治明星,在诸侯中有无限的感召力。当他率军奔赴汉中时,诸侯军中自愿跟随效力的兵勇,竟比他的三万正规军还要超出许多。

好运之二:当汉军一行启程时,刘邦的老相识张良也前来送行。当然,其意义不在于送行本身,而在于出谋划策。张良一直将刘邦送到褒中,方辞别返韩。临别之际,他建议刘邦将沿路栈道悉数烧毁。

对刘邦而言,张良的建议非常重要。烧栈道有两点好处,一是防止汉兵被其他诸侯偷掠,二是表示刘邦准备在汉中安家,而无其他野心。当然,第二点针对的首先是项羽,其次是章邯、董翳、司马欣,目的是麻痹其思想,使其放松警惕。

对于如此好的建议,刘邦自然是乐于采纳的。不过,张良虽助刘邦有功,却把韩国给害苦了。

当初项羽分封诸侯,韩王成本是灭秦功臣,应在十八路诸侯之列的。但后来张良去给刘邦送行,使项羽大为恼火,转而迁怒于韩成,干脆将韩国废掉。可怜韩成不但没能返国,反而因张良之故,成了政治斗争的替罪羊。他先被带到楚都彭城,后逢项羽恼怒,直接丢了性命。

张良返回韩国,得知韩成受虐被废,更加坚定了助汉抗楚之决心。当时,刘邦尚未反攻关中,但齐国已经反叛。张良瞅准时机,便假意致书项羽,称刘邦烧绝栈道,是想久居汉中,不足为虑,田荣连结彭越、陈余作乱,才是心腹大患。

项羽不知张良心怀叵测,遂信以为真,置刘邦于不顾,放心大胆地北上伐齐,而给汉军留下了反攻关中的机会。

天将降大任于斯人

韩愈是中唐古文大家，其作于八世纪末的《马说》是一篇脍炙人口的佳作。他在该文中指出："世有伯乐，然后有千里马。千里马常有，而伯乐不常有。"

人跟马虽不同，道理却是一致的。韩愈的本意，是强调统治者识人、用人的重要性。统治者若不会识人、用人，便会导致人才埋没，国家也就无人可用。

此说固然不错，却忽略了一个重要方面。人才按其对外界条件的依附性大小，其实可分为两类：第一类天赋甚高，但必须要有让其发挥的环境，才能展其所长，成就功业，否则便束手无策；第二类则不同，他们做事主动，若碰不上让其发挥的条件，他们会自行创造该条件。

我们再以阿基米德的名言为例予以说明。阿基米德是古希腊的圣哲兼科学家，大约和秦始皇生活于同一时代。他有一句夸张的名言："给我一个支点，我就能撬动地球。"

假设真能撬动地球，那此人无疑属于人才。但若无此支点，他便无能为力，这明显属于第一类人才。若不给他这个支点，他为了撬动地球，能自行找寻或创造出支点，那便是第二类人才。

如此看来，韩愈只看到了第一类人才，却忽略了第二类人才。即使没有统治者的发掘，他们也会自行创造条件，展其所长。

照此标准，韩信可被视为第一类人才的典型。有了萧何的推荐和刘邦的赏识，他能叱咤风云，在中原兴起一道波浪，影响楚汉之争的结局。但舍此条件，他多半会一辈子穷困潦倒，郁郁而终。

韩信，楚国淮阴人，自幼家境贫寒。他既不能在衙门混个一官半职，又不会做生意致富，为了生计，便只能"从人寄食饮"，几乎成为乞讨者。但很快，就连这种寄人篱下的生活，他也维持不下去了，只好另求他途。幸好，后来在一次垂钓时，他又得到一位在河边洗衣的"漂母"周济，才又能勉强度日。

当时，淮阴有一群青年无赖，见韩信身材高大，平时虽带刀剑，其实懦弱无能，便常加侮辱。韩信窘迫至极，竟自其胯下匍匐爬过，大遭众人嘲讽。但在他看来，大丈夫忍人所不能忍，自己身负济世之才，终有否极泰来的一天。

不久，国内反秦运动风起云涌，震荡海内。陈胜虽已败亡，但后继者很多。在项梁率江东子弟渡过淮河时，韩信便仗剑相从，准备大展拳脚。但还没等他崭露头角，项梁就被秦将章邯打败，身死定陶。

韩信心有不甘，再投项羽麾下，官任郎中。怎奈项羽霸气太盛，刚愎自用，时常与亚父范增意见相左，哪里还容得下他建言献策。依附项氏建功立业，看来是行不通了。于是，韩信准备再谋出路。

当时，刘邦在诸侯中的声望仅次于项羽，虽被封为汉王，实则有更大的野心。韩信心思及此，便与众"汉粉"一同入蜀，随刘邦到了南

郑。韩信希望一鸣惊人，但这种可能微乎其微。他在南郑连郎中都没当上，仅得到了一个名为"连敖"的小职衔，负责接待和外联工作。

刘邦在关中时，曾与百姓"约法三章"，但此时已违背前言。韩信对连敖一职不甚重视，结果因违法而获死罪。在他之前，已有同罪者十三人相继被斩首问罪。值此危急关头，韩信却急中生智，表现出难能可贵的智慧。为引起监斩官的注意，他临刑前仰天大呼："汉王不是想得天下吗？为何要杀壮士？"

人生的抛物线一旦到谷底，之后便会转降为升，扶摇直上。韩信只因这一句话，竟因祸得福。当时的监斩官是夏侯婴，他见韩信言语奇异、相貌不俗，出于好奇之心，竟私自将其释放。随后经攀谈，夏侯婴认为韩信之才可用，便将其推荐给了刘邦。

韩信本是个死刑犯，又是被武将推荐上去的，得不到重视也在情理之中。在刘邦那里，他获得了一个"治粟都尉"的官衔，职位略高于连敖，但他仍不得志。鉴于以往主动给项羽献策不得重视的经验，他这次变换了方法，跑到萧何面前提意见。

这时，萧何已居汉国宰相之位。刘邦在人前爱摆架子，萧何则不然。他很郑重地与韩信交谈，所得的结论与夏侯婴一致，认为韩信在军略方面有长才，而且是不世出的奇才。

韩信希望萧何将自己再次举荐给刘邦。但久等之后，他迟迟得不到回复，失望之情也与日俱增。

当时，蜀中境况颇不乐观。刘邦麾下兵卒以东方人居多，半年前跟随入关，如今又辗转赴蜀，因此思乡心切。刘邦路上虽烧毁栈道，却不能阻止将士们潜逃东归之心。在抵达南郑之前，逃亡将领已达数十人。

韩信断定自己在汉不会获重用，也加入了逃兵的行列。此事未惊动刘邦，却传到了萧何耳中。萧何来不及向主上报告，便紧追而去，因此也被误认为是潜逃。刘邦闻讯后，雷霆大怒。由此，足见他对这位宰相依赖之重。

萧何追回韩信后，去谒见刘邦。刘邦面怒心喜，假意责备一番。萧何将前情如实禀报，却当真惹恼了刘邦："将领逃跑了几十个，你却单追一个韩信，是欺瞒我吧！"

萧何从容以对："诸将易得。唯有韩信，才当真是国士无双。您若想谋取天下，除了韩信，更无别人可用。"

虽萧何力荐，但刘邦对韩信的能力仍持怀疑和不屑的态度。他只答应看在萧何的份儿上，授予他将军之职。但萧何一再坚持，刘邦拗不过其意见，最后同意以隆重的礼仪拜韩信为上将军。具体程序为：择良日—斋戒—设坛场—具礼。

从后面的发展来看，萧何追拜韩信，只是让刘邦充分利用好这颗棋子，而非真心为韩信谋划。这是当时韩信没有也不可能认识到的。而刘邦授予他大将军一职，也只是出于对萧何的信任和依赖，与韩信本人无关。

以上种种，为韩信后来的悲剧埋下了伏笔。

封坛拜将

司马迁在《史记》中，将自陈胜起兵至刘邦称帝这段时期称之为"秦楚之际"。在此期间，有两篇宏论至关重要，如汉末诸葛亮"隆中对"一般，对时局产生了莫大影响。这两篇宏论，一为范增在薛向项梁所陈之策，指导了以楚为中心的诸侯联合灭秦大计；一为韩信在汉中给刘邦的献策，左右楚汉之争五年的时局。

范增与韩信，均是影响当时时局的关键人物。

刘邦在汉中为王，总计只有四个月。其麾下诸将早年随他革命，多涉冒死之险，现在风闻他要封坛拜将，尽皆大喜过望，以为非己莫属。等大将军人选一公布出来，竟被原先的死刑犯韩信摘取桂冠，全军皆惊。

这可能是刘邦首次正视韩信。两人寒暄已毕，话入正题。刘邦在位子上坐定，开始发问："丞相数言将军，将军何以教寡人计策？"

韩信没有正面回答，而是连续几次反问，诱导刘邦经慎重思考后，首先确信自己在勇（勇敢）、悍（霸气）、仁（仁爱）、疆（地盘）等方面，都不如对手项羽。然后，他向刘邦道贺，并戳穿这种表象背后的实质：

其一："项王暗恶叱咤，千人皆废，然不能任属贤将，此恃匹夫之勇耳。"

其二："项王见人，恭敬慈爱，言语呕呕，人有疾病，涕泣分食饮；至使人，有功当封爵者，印刓敝，忍不能予，此所谓妇人之仁也。"

其三："项王虽霸天下而臣诸侯，不居关中而都彭城；背义帝之约，而以亲爱王诸侯，不平；逐其故主而王其将相，又迁逐义帝置江南；所过无不残灭者，天下多怨，百姓不亲附，特劫于威强耳。"

经过以上分析，韩信对项羽评价如下："匹夫之勇""妇人之仁""劫于威强"。基于这三点，他最终得出结论："（项羽）名虽为霸，实失天下心，故其强易弱。"

春秋末期，孙武在其兵法十三篇中，曾提到一条重要的谋攻原则：知己知彼，百战不殆。看来韩信是深谙此道的。他分析完项羽一方似强实弱后，又建议刘邦："反其道，任天下武勇，何所不诛！以天下城邑封功臣，何所不服！以义兵从思东归之士，何所不散！"

以上是楚汉相争的大势，而要逐次落实下来，必须做具体分解。韩信指出，楚汉双方争夺的焦点是三秦（即关中）。刘邦想与西楚争夺天下，第一步应先从三秦入手。就关中而言，当时的形势是："三秦王为秦将，将秦子弟数岁矣，所杀亡不可胜计，又欺其众降诸侯，至新安，项王诈坑秦降卒二十余万，唯独邯、欣、翳得脱。秦父兄怨此三人，痛入骨髓。今楚强以威王此三人，秦民莫爱也。""大王之入武关，秋毫无所害，除秦苛法，与秦民约法三章耳，秦民无不欲得大王王秦者。于诸侯之约，大王当王关中，关中民咸知之。大王失职入汉中，秦民无不

第六章
从巴蜀到彭城

-167-

恨者。"

　　以上，韩信分析了三秦王与刘邦在关中的人心向背，然后一针见血地指出："今大王举而东，三秦可传檄而定也。"

　　上述内容，就是韩信给刘邦的建言。楚汉相争（尤其在第一阶段前半期），刘邦方以此为基本的战略蓝图，行之五年，终灭项羽，成就汉朝霸业。

　　韩信以上建言，使刘邦刮目相看。接下来的几个月，刘邦按其策略进行部署，调兵遣将。另外，萧何留守汉中，负责收集巴蜀的税赋、军粮和兵员征集工作，以备汉军战时所需。

　　人生如棋局，世事难料。刘邦从一个泗水亭长，凭自己的努力，仅三年时间便率军灭秦，成为颇具号召力的诸侯，五年之后击败对手，拥有天下；韩信从一个吃不饱饭的乞讨者，一跃而成为勇冠三军的军事统帅。

　　这些人物命运的起落沉浮，恰可从侧面印证了陈胜那句名言："王侯将相，宁有种乎！"可见，一个人若想取得成功，关键不是看他的起点有多高，而是取决于他的志向、机遇和努力程度。

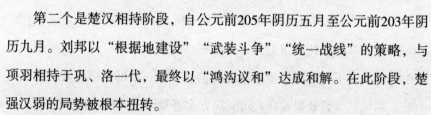

若将鸿门宴视为前奏，楚汉之争可分为三个阶段：

第一个是汉方战略扩张阶段，自公元前206年阴历八月至公元前205年阴历四月。刘邦在此阶段内发展神速，不足一年即从汉中吞并至关中，再向东攻破楚都彭城，但终因轻敌之故落败，退守至京、索一代。

第二个是楚汉相持阶段，自公元前205年阴历五月至公元前203年阴历九月。刘邦以"根据地建设""武装斗争""统一战线"的策略，与项羽相持于巩、洛一代，最终以"鸿沟议和"达成和解。在此阶段，楚强汉弱的局势被根本扭转。

第三个是汉方反攻阶段，自公元前202年阴历十月至当年阴历十二月。在此阶段，刘邦撕毁合约，汇众诸侯之兵，大破项羽于垓下，结束楚汉之争，开创汉朝基业。

楚汉之争，若抛开鸿门宴不论，名义上跨越五个年头，实际上只进行了三年零五个月。在第一阶段的开始，汉军基本就是执行韩信的既定规划。在刘邦授命之下，他们从南郑出发，按原路返回，首先夺取关中。

按照韩信的分析，汉兵多是山东人，在汉中思乡心切。刘邦恰可利用这种情绪，带领他们打回老家去，必然士气大振，所向无敌。

对此，刘邦深表赞同。但军队刚一开拔，问题就来了。当初，刘邦率军入汉中时，遵照张良的意见，为了迷惑项羽及三秦王，已把路上的栈道悉数烧毁，现在想按原路返回，看来没那么容易。

但韩信认为，张良的意见无可厚非，因为此一时彼一时也，当时与现在形势不同。栈道既已焚毁，现在再修起来就行了。当然，这也只是迷惑对手的表面功夫，与当初烧绝栈道异曲同工。

重修栈道费时费力不说，一旦被章邯发觉，在对面重兵一堵，汉军插翅都难进关中。韩信对此心知肚明，实际上早另有打算，且已安排妥当。

章邯投降项羽后被封为雍王，以废丘（今陕西省兴平市）为都，五个月前就任。他当然知道自己的责任所在。秦军杀了项梁，虽然当时各为其主，项羽对此是不可能不怨恨的，之所以以德报怨封其为雍王，只是为了利用他对关中的了解和善于用兵，防止刘邦夺取关中。

所以，章邯就任雍王数月，没有一点轻松的感觉，还必须时刻注意汉中的动向。不久，汉兵重修栈道的消息传来。章邯惊愕之余，急领兵去看，却只见少数老弱残兵，再问汉方大将是谁，得到的回答是韩信。

听到这里，章邯倒松了一口气。韩信本是项羽麾下的一个小郎中，不过一黄口竖子。刘邦竟让此人担任大将，看来言过其实，不足为虑。汉中联结关中之路只有一条，等汉兵修好栈道，雍军只要在路口一堵，他们就前功尽弃了。

想到这里，章邯对守卫关中倍增信心，认为十拿九稳。

汉军的栈道重修大业进展缓慢，雍军一直冷眼旁观。但不久传来消息，说汉军正在围攻陈仓。章邯大惊失色。栈道尚未修好，陈仓的汉兵从何而来，莫非从天而降？

其实，韩信早就知道，汉军想由栈道打入关中，可能性极小，只能另辟蹊径。经过一番考察和摸索，他最后瞄准陈仓这个突破口。陈仓位于关中平原最西边，远离政治中心，却是雍军的粮草储备库，战略地位重要，却极易被忽略。若以修栈道为幌子，正面吸引章邯的注意力，而汉军主力却暗中去取陈仓，这样既能顺利进军关中，又能夺取敌方粮草，可谓一举两得。

这就是韩信首创的"明修栈道，暗度陈仓"之计，后来成为"三十六计"之一，流传后世。

章邯毕竟是一代名将。汉兵偷袭陈仓的消息传来，他只经过短暂的惊讶，即恢复了常态。刘邦、韩信，的确不该低估。

亡羊补牢，为时未晚，章邯立马引军赶往陈仓，但他又忽略了一个问题。

当初，项羽在新乡活埋秦兵二十余万，唯独留下章邯、司马欣、董翳三人，后来又在咸阳烧杀掳掠，行径与匪盗无二。而刘邦表现恰好相反，接受子婴投降，对百姓嘘寒问暖，大得民心。关中父老喜欢刘邦，而憎恨项羽，连带鄙视章邯等三人，只是摄于项羽的兵威，不敢说出口。

项羽埋下的祸根，如今却由章邯来品尝苦果。老天有时就是这么不公，这也是没办法的事。章邯已上了一次当，此时不顾千里路途，想去夺回陈仓，岂不知汉兵已在那里以逸待劳。这又是他的疏忽之处。

结果可想而知，雍军"明知山有虎，偏向虎山行"，不仅没能夺回陈仓，还被对方打了个措手不及，丧失了大批有生力量，真是"赔了夫人又折兵"。章邯丢了陈仓，等于失去了粮草供应，再想打败汉军，简直比登天还难。

战场的主动权已被汉方掌握。汉兵得了陈仓，下一步自然是乘胜扩大战果。章邯对此心知肚明，所以赶紧调整战略部署。他将军队一路东撤，驻扎于废丘，又令其弟章平另率一军，驻于好畤（今陕西乾县东），以拱卫咸阳。

废丘位于陈仓与咸阳之间，是阻击汉军的重镇。章邯在那里补充了兵力，兼之塞、翟二国的援军也及时赶到，兵威复振。虽然出师未捷，但章邯毕竟久经战阵，如今设上两道防线，足以使汉军插翅难过。

章邯在废丘等汉军东来决战，却久等不到，正疑惑时，却闻报汉将樊哙、曹参、周勃等已击败章平，夺取了好畤。汉军如此神出鬼没，当真长了翅膀？章邯再次惊愕，顿时慌了手脚。

原来，韩信对关中形势了然于胸，早料到章邯会在废丘截击。与其在废丘恶战，不如绕过这块绊脚石，暗中遣兵去取好畤。好畤一旦得手，攻取咸阳便不在话下，章邯也就成了瓮中之鳖。

主意既定，韩信便趁章邯补充兵力之时，另遣一军轻装简从，向东绕过废丘取好畤，自己却按兵不动，以此迷惑章邯。章平奉兄长之命，在好畤驻了一支军，却不料汉军如此神速，因此仓促应战，落败而逃。

转眼间，章邯在废丘已成孤军，腹背受敌，插翅难飞。韩信亲率的汉军主力这时已抵达废丘，来寻雍军决战。章邯无奈应战，却被樊哙、曹参等偷袭了后方，再次损兵折将，只得退回废丘固守，等待项羽的支援。

章邯认为，当初范增的全国战略是以汉为假想敌的，目的是防止和堵截刘邦的势力扩张。如今刘邦进军关中，西楚不会坐视不管。只要雍军奋力抵抗，假以时日，必能等到西楚援军，到时内外夹攻，何愁汉军不退。

章邯的想法固然不错，怎奈西楚之主是项羽，而不是范增。范增将刘邦视为心腹大患，项羽却不把他放在眼里。更何况，项羽当时正费心思谋害义帝，更兼北方田荣、彭越也群起反叛，他根本无暇西顾。

章邯久等西楚援军未果，在绝望中苦撑了九个月，最后实在无力抵抗，又被汉军引渭水灌了废丘，城破后刎颈自杀。可怜一代名将，当初败周章，破陈胜，杀项梁，何等威猛，如今却连败于项羽、韩信之手，最终落得如此下场。

韩信以其诡诈，接连两次声东击西，使雍军疲于奔命。最后章平兵败，章邯被困孤城，整个雍国都沦为汉国属地。

三秦本来互为唇齿，雍国败没后，塞、翟二国顿感唇亡齿寒。更何况司马欣、董翳本是章邯部下，用兵水平更在其下，根本无力抵抗汉军的凌厉攻势。

刘邦夺得了咸阳，再遣兵将逼降司马欣、董翳，至此将三秦之地悉收囊中。这时，汉国的辖地南起巴蜀，中连汉中，北接三秦，是当时最富饶、最强盛的地方。刘邦挟此资源、财富优势，即可东出武关，与项羽争霸天下。

第六章 从巴蜀到彭城

在关中之战中，韩信以实际战果证实了自己的才能，使刘邦化疑惑为信赖。但是，韩信将刘邦想得过于简单了。经过此战，刘邦虽消除了对他才能上的疑虑，却产生了另一层担忧：韩信才能无人匹敌，一旦打败项羽，将如何驾驭？

不过，现在考虑这个问题为时尚早，目前还有更重要的事情。

刘邦自西进攻秦至今，远离家乡已近两年。他现在身为一国之主，威风八面，而亲人却仍远在沛县，面朝黄土背朝天，躬耕于田亩之中。想到这里，刘邦不禁潸然泪下。要将他们从沛县接到关中，跋涉千里，障碍重重，谈何容易？更何况，沛县如今属西楚辖地，项羽更不会轻易放人。

刘邦思虑再三，辗转无策。恰在此时，他的一位同乡出现了。

此人名叫王陵，沛县富豪出身，早年与刘邦交好。刘邦西进咸阳时，他不甘落后，也聚集了几千人马。后来秦朝被灭，项羽分封诸侯，王陵竟因无功而被忽略。他领着一帮弟兄在南阳游荡，几个月都没有着落，此时恰闻刘邦吞并了三秦，兵强马壮，便打算前去投靠。作为见面礼，他答应将刘邦家小护送到关中。

王陵的想法不错，怎奈消息泄露，先传到了项羽耳中。项羽当时虽无暇顾及刘邦，但刘邦的家眷若想从他的眼皮子底下溜掉，却也休想。因此，他派了一支军队去阻截王陵，一来阻止刘邦家小西行，二来想招揽王陵，以为己用。

项羽为达目的，不择手段，将王陵老母劫持到军中，挟持他遣使谈判。王陵的使者如约而至，不料其老母自有主张，不仅鄙视项羽的手段，更鄙视其为人，宁愿自尽也不愿儿子对他卑躬屈膝。

使者临走，王陵老母俯首低语，哭道："愿为老妾语陵，善事汉王。汉王长者，毋以老妾故持二心。妾以死送使者。"说完，竟伏剑而死。项羽得知其言，大动肝火，将其尸体烹煮方休。

招降王陵未果，项羽已隐约感到刘邦的野心和威胁。不久，他将被合并的韩国独立出来，封故吴令郑昌为韩王，以防刘邦进一步东侵。

此时，张良仍在韩地。从项羽的这一举措中，他一来看出楚军欲将矛头西指，这将不利于刘邦向东发展，二来可能感觉郑昌只是傀儡，便只身前往关中，投靠汉王刘邦。

刘邦虽未接得家眷，却迎来了张良，自然大喜过望。这时，他从南郑迁都栎阳（今陕西临潼东北八十余里），在河南、河内等地攻城略地，肆无忌惮。不到半年时间，他采取威逼、利诱、恐吓、胁迫等手段，接连招降了河南王申阳、魏王豹、常山王张耳；扶植韩王信，灭了郑昌；攻陷河内，俘虏了殷王卬。

项羽当初分封的十八路诸侯，至此近一半已灰飞烟灭。汉国辖地从原先的巴、蜀、汉中，向北囊括三秦，向东直抵洛阳，几乎占天下之半。

第六章 从巴蜀到彭城

但这仍不是刘邦的最终目标，他有更远大的理想。项羽在齐国久战未决，彭城守备空虚，这倒给汉军提供了东进的良机。刘邦瞅准这个时机，迅速纠集重兵，准备自河南东进，直扑西楚老巢。

当时，项羽已密使其党徒谋害了义帝。这个消息不胫而走，终于闹得沸沸扬扬，人无不知。刘邦行军经过洛阳，当地一个名为董公的乡官拥戴汉军，便来谏言："项羽为无道，放杀其主，天下之贼也。夫仁不以勇，义不以力，大王宜率三军之众为之素服，以告诸侯而伐之，则四海之内莫不仰德，此三王之举也。"

刘邦听此话有理，予以采纳，于是为义帝发丧，袒而大哭，哀临三日。表面文章做完以后，他又遣使遍告诸侯："天下共立义帝，北面事之。今项羽放杀义帝江南，大逆无道！寡人悉发关中兵，收三河士，南浮江、汉以下，愿从诸侯王击楚之杀义帝者！"

刘邦此番动作不小，搞得轰轰烈烈，却收效甚微。接到讣告后明确响应的，只有赵国陈余，而且有附加条件：张耳之前战败，投奔于汉，汉若想赵发兵相助，须先杀张耳。

刘邦对此颇感无奈，最后找了一个酷似张耳之人杀掉，持首级送予陈余，以争取其助汉伐楚。

于是，刘邦在半年内，即纠集五路诸侯之兵，共五十六万人，组成反楚同盟，自洛阳向东伐楚。在途经外黄（今河南杞县东）时，他的一位旧相识彭越，因与项羽不睦，也将麾下三万人马加入同盟。刘邦拜彭越为魏相，令其征略梁地。由此，盟军扩充到五十九万，一路浩浩荡荡，声势震天，杀奔彭城。

彭城大决战

公元前205年阴历四月，当刘邦纠集诸侯伐楚时，项羽仍在跟齐国死缠烂打，斗得不亦乐乎。但通过刘邦的举动，他明白了一件事——张良原来是汉国间谍。他之前说刘邦志在关中，不敢东侵，纯属睁眼说瞎话。

事到如今，怨恨张良已无济于事。齐国田横尚未平定，刘邦又来添乱，真是一波未平一波又起，搞得楚军焦头烂额，两头顾不过来：若回防国内，攻齐就功亏一篑；若不回撤，就怕刘邦趁机端了彭城。

项羽沉思半晌，最后决定先打垮田横，再回防彭城。他是这么想的：洛阳至彭城一千多里，刘邦纠集诸侯，其心不一，短期内到不了彭城。即使到了，彭城守军好歹也能抵抗一阵。那时他已击败田横，乘胜回防彭城，应该不迟。

此主意正中刘邦下怀。得知楚军主力仍在齐国，盟军将士一阵狂欢，随后便趁西楚守备空虚，加速行军，一路势如破竹，闯入西楚境

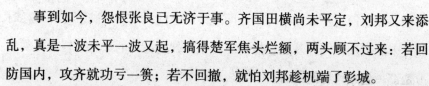

内。刘邦万万没有想到，偌大一个楚都，未经任何实质性抵抗，竟拱手投降了。

五十多万大军挂上为义帝报仇的幌子，果然威力无穷。不可一世的西楚霸王，就这样被端了老巢。胜利的到来是如此轻易，刘邦与众诸侯一时竟不知所措了。

攻克楚都彭城，是刘邦自起兵以来最重大的一次胜利，意义非同凡响。若不好好庆祝一番，简直对不起之前的辛苦。为此，刘邦琢磨着搞一场盛大的庆典。

楚都彭城的富丽堂皇，较之秦朝宫室虽略逊色，却也属人间仙境。刘邦从踏入彭城那一刻起，仿佛进入了梦境。他以唯我独尊的帝王姿态，飘飘然闯入项羽的行宫，堂而皇之地将其中的财宝、美女扫荡一空。当然，同时被扫荡的，还有之前他满口的仁义道德。

革命已经成功，刘邦却迷失了方向。项羽宫中的珍宝、美女，有一部分就来自秦朝皇宫，且多属极品。人生得此享受，夫复何求！

彭城沦陷的消息传到齐国前线，西楚将士们被惊破了胆，一个个瞠目结舌，不知所以。刘邦行军速度之快，的确出人意料。若非事实摆在眼前，项羽简直不敢相信耳中所闻。他举全国兵力攻一破败之齐，耗时数月未能成功；刘邦却能在短期之内聚集如此庞大的兵力，轻而易举攻占楚都，他究竟有何神通？

项羽在两难之中越陷越深。前线战事未了，后方老巢被端，楚军陷入如此尴尬、危急的境地，一时人心惶惶。他作为全军主帅，究竟该做何决策，才能重振士气，挽回败局？

真的猛士，敢于直面惨淡的人生。项羽素以神勇、果敢著称，且久经战阵，具有临阵不乱之本色。区区一亭长，有何惧哉？很快，他从逃兵耳中得知，刘邦被突如其来的胜利冲昏了头，志满而骄，本性大发，平日里只知坐拥美女、财宝在怀，与诸侯胡吃海喝，烂醉如泥，其余全然不顾。

听到这里，项羽心情大好。堂堂西楚霸王，岂能就此善罢甘休！这时，项羽虽丢了都城，却决定孤注一掷，再赌一把。能笑到最后者，方乃真好汉。战事未到最后，焉能定输赢？

主意既定，项羽令众将继续奋力攻齐，自己却于军中挑选三万精锐，意与刘邦夺彭城。敌军纵然懈怠，毕竟还有数量上的优势。项羽此举以寡搏众，无疑比巨鹿之战更具挑战性。眼下成败未分，他心中却早有十足的把握。

兵法云：兵贵神速。项羽率三万楚军精锐，轻装简从，从鲁地出胡陵，一路昼夜兼程，过徐州萧县时正值黎明。三万楚军似从天降，悄无声息，自彭城西侧破城而入，在诸侯军中纵横驰骋，遇人便砍，逢敌便杀，无不以一敌百。

盟军五十多万人马自梦中惊醒，个个手脚无措，惊骇莫名，面对三万楚军，毫无抵抗之力，只能任凭宰割。激战半日，至日中时分，楚军大获全胜，盟军人马损失惨重，一路大呼小叫，向东落荒而逃。

项羽不愧是一员大将，学过几年兵法。彭城之战显示，他不但对战机把握得当，而且对彭城地理了如指掌，战时更能善加运用。看来，他当初将彭城作为国都，不是没有理由的。除希望衣锦还乡外，独到的地理形势也是一大因素。

彭城东临毂水、泗水，北接微山湖，南邻灵璧群山，只有西部是一马平川，可供进退。刘邦当初攻占彭城，是从西部进入的，无论按习惯还是地势，若撤退也该向西撤。齐国位于彭城东北，项羽从东路返还彭城，无疑最为便捷，但他绕弯从西部攻入，恰是为了切断盟军退路。如此一来，盟军就像一只飞入瓶子里的苍蝇，一旦瓶口被封住，便只有等死的份儿。

盟军被断了退路之后，纷纷向东逃窜，在彭城和榖水、泗水之间挤作一团，自身的数量优势反而成了劣势。又被项羽逮住时机，率军尾随杀来。盟军自相踩踏致死和被赶入榖水、泗水中淹死的，总计有十余万人马。

刘邦未等昨夜美梦成真，一觉醒来，发现自己竟处于噩梦之中。他好不容易纠集的五十余万人马，眨眼间就灰飞烟灭，损失近半。但这才中午时分，噩梦离结束还早。

盟军被大杀一阵后，似乎意识到西有楚军截杀，东有泗水挡路，两路都不通，只有向南走才是正路。为求得一条生路，他们只好再转而向南。在山地里被追杀半天，好容易转了出去，却发现面前又是一条河（睢水，位于灵璧之东）。

当然，楚霸王是不会让他们自由选择死在哪条河里的。这里情形与之前不同的一点是，盟军经过连踩带淹，损失了十几万人马，已没有原先那么拥挤，所以自相踩踏致死的减少，而被赶入睢水中淹死的大幅增加。到最后，河中尸体堆积过多，以至于河水断流。

项羽以其实力向盟军宣示："楚霸王"绝非浪得虚名，诸侯若有不怕死者，尽可来领教。不过，对于大多数人而言，领教的机会只有一次。

三万楚军杀得眼红，盟军几十万人马片甲不留，但难免有漏网之鱼。汉王刘邦见楚军个个如狼似虎，难以招架，就自带了一小队人马，灰溜溜地逃走。

射人先射马，擒贼先擒王。逮住贼首刘邦，比杀死几十万兵马更管用。项羽自然明白这个道理。他一见刘邦想溜，便舍了盟军余部，率军一路赶上，将刘邦众人结结实实围了三圈。

背后是正在上涨的滔滔河水，对面是密密麻麻的楚军将士。刘邦身陷包围，已是插翅难飞。项羽瞧着他一副狼狈之状，亦喜亦恨，顿时怒火中烧。两人之前情同手足，结为兄弟，曾在项梁麾下并肩作战，谁知时隔两年不到，却要在战场上做了断。

刘邦自然怕死，也明白现在凶多吉少，再来一次鸿门宴上卑躬屈膝的讨饶，恐怕也无济于事。除此之外，是否还有生路可走？就在他想入非非之时，项羽一声号令下达，楚军争先恐后发起了冲锋。

死亡临近，刘邦闭紧了双眼，却难以抚平加速的心跳。但突然间，他感觉到一点异常：楚军迎面杀来，所带之风应是从对面吹来，现在为何从背后吹来。

刘邦来不及多想，睁眼看时，只见天上乌云密布，狂风大作，瞬时飞沙走石，遮天蔽日，周围树木、房屋纷纷拔地而起。巧的是，风是从背后刮来的，正好挡住了迎面杀来的楚军。

惊讶之余，刘邦意识到自己还有生路可走，于是来不及感谢苍天眷顾，便带了几十个骑兵，趁着风向之便，杀出重围，一路逃窜而去。

在古代以少胜多的战例中，彭城之战堪称经典。此役中，项羽作为楚军主帅，胆大心细，临危不乱，筹划部署万无一失，取得以三万败五十六万的佳绩。当然，战果也有一点美中不足，即天公不作美，关键时刻帮了刘邦一把，使其绝处逢生。

由此，楚汉之争第一阶段遂告结束。

第六章 从巴蜀到彭城

第七章

楚河汉界

天下新格局

彭城之战后，天下格局大变。

当时，天下诸侯众多，但质量普遍不高，多数缺乏宏图大略，没有长远规划，顶多是个随风摇摆的墙头草。他们不是真心想与项羽为敌，只是慑于刘邦的兵威，才被胁迫出兵。如今汉军被项羽打得稀巴烂，他们便又见风使舵，退出同盟，宣布重归西楚阵营。

彭城之战后，塞王司马欣、翟王董翳、魏王豹等，纷纷落井下石，脱汉自立。赵国陈余意识到张耳未死，也宣布与刘邦脱离关系。这样，天平一下子又倾斜到了西楚一方。

这时，项羽认识到他最大的敌人不是齐国，而是汉国。刘邦比田横要可怕得多。有鉴于此，他首先做了一些政策调整，宣布与齐国和解，将攻齐的楚军全部回撤。齐国相当于楚国的战略大后方，项羽想西进攻汉，首先必须稳固齐国。

对于征服不了的对手，最好的办法是和他做朋友。项羽连续数月征

第七章 楚河汉界

服不了田横，便与之握手言和，从齐国腾出手来，去对付刘邦。

当时，三齐之地合而为一，却有两个齐王：一个是田横拥立的田广，一个是项羽扶植的田假。田假和田广都是傀儡，但田假的能力和威望远不如对方。项羽撤走楚军，无疑给他来了一个釜底抽薪。彭城之战刚结束，田横便再次统一齐国，将田假驱逐出境。

田假流浪在外，无落脚之地，又到西楚寻求庇护。项羽当时正全力对付刘邦，不想和田横再起纠纷。若收留田假，反而会使田横起疑，与其如此，不如干脆把他杀死了事。处置完田假后，项羽一心扑在灭汉大业上。

刘邦自彭城侥幸逃脱后，在妻弟周吕侯卫队的掩护下，一路向西逃窜，到荥阳才停下脚来。丞相萧何身在关中，闻知他一路狼狈，赶紧抽调一帮老弱病残赶赴荥阳。不久，那些在彭城被杀散的残兵败将，听说汉王还活着，也陆续赶来相会。刘邦在荥阳收拾了残军众，蓄势待发。

项羽得知刘邦逃至荥阳，为防他得到喘息之机，赶紧再派出一支骑兵劲旅，想趁刘邦元气未复之际，趁热打铁，将汉军一网打尽。西楚铁骑从彭城向西杀来，所向披靡，很快杀到了荥阳城下。

刘邦在彭城已尝到西楚骑兵的威力，这时赶紧挑选骑兵将领，组织抵御。但汉军兵将虽多，却没几个擅长骑兵的。众人推来推去，最后一致推荐重泉人李必、骆甲。李、骆和章邯一样，原先都是秦人。

秦朝铁骑天下闻名，驰骋塞外，连彪悍的匈奴人都闻风丧胆，是众所周知之事。李必、骆甲曾在秦军中当差，训练骑兵肯定不成问题，怎奈当时秦朝灭亡不久，天下黎民对暴政记忆犹新，对与秦有瓜葛之人普遍缺乏好感。汉国当初轻而易举攻占关中，原因之一就是章邯曾任秦将，在当地不得人心。

当时，楚骑行将杀来，刘邦顾不得太多，想拉李必、骆甲组织抵御。但两人怕不孚人望，计较了一番，请求先选一名汉将任主帅，两人为副手。刘邦最后应允，任灌婴为中大夫，李必、骆甲为左右校尉，共同负责抵御楚军。

事实证明，这个妥协意见还是符合汉军军情的。在三人小组中，主帅灌婴负责组织人马，李必、骆甲负责教导行军作战方略，三人共同致力于汉之骑兵队伍建设，配合得当，在荥阳以东阻遏敌军，大破西楚铁骑，总算给刘邦挽回了一些颜面。

眼见楚军受阻于荥阳，刘邦心情大好。形势总算是安定下来了，他不用再惶惶似丧家之犬，到处逃命了。而且，经彭城惨败，他还认识到：速战速决是项羽的优势，汉军欲击败楚军，决不可冒进，只能稳扎稳打，推行持久作战计划。

现在，汉军下一步计划已经出炉，即以巴蜀、汉中、关中作为后方基地，由丞相萧何负责，继续建设稳固；同时，在荥阳附近建设一个军事基地，作为汉军日后反攻的桥头堡。

至此，汉阵营在楚汉之争第二阶段的作战规划已初具轮廓：

第一，正面战场由刘邦亲自组织，附带众文臣、武将，坚持武装斗争，着眼于持久性和防御性，力争将楚军阻遏于荥阳以东。

第二，后方基地建设由丞相萧何负责，必须紧抓不懈，为前方汉军长期作战提供充足的战略物资和兵源支持。

第三，在正面战场之外，还得开辟敌后战场，以统一战线争取诸侯之力，共同形成对西楚的合围、夹击态势。

当然，第二阶段作战规划并非成于朝夕之间，而是源自韩信的汉中献策，之后又经刘邦、张良诸人补充完善。

在楚汉之争第二阶段的汉方作战计划中，有开辟敌后战场的内容。

所谓"敌后战场"，即荥阳以东由楚阵营占据的地盘。汉军无法进入该地与楚军直接作战，只能以统一战线争取山东诸侯助汉反楚。按此规划，汉方在敌后先后争取或扶植了三大势力，分别开辟三条战线。

其中，敌后战场第一条战线，是由九江王黥布开辟的。

当初刘邦兵败彭城，一路向西逃窜，蓦然回首，可怜山东大好河山，转眼间成了明日黄花。刘邦想到这里，心有不甘，便召集群臣商量："函谷关以东的地盘，看来是守不住了，与其堂而皇之地抛弃，不如借个名义让予他人。大家看让给谁好呢？"

张良谋略深远，早已看透刘邦的心思，遂提议道："九江王黥布本是西楚骁将，现正与项羽闹矛盾；彭越曾联齐反楚，也与项羽不睦；汉将之中，唯韩信能独当一面。若将这些地盘分给这三人，何愁项羽不灭？"

由此可见，敌后战场的构想源自刘邦，而三条战线则是由张良提出，经刘邦认可而确定下来的。

当时，刘邦听了张良之语，没有立即表态，却将三人暗记在心。后来，他得到妻弟周吕侯卫队的护送，在砀郡（河南永城东北）待了一阵子。一次偶然的机会，刘邦想起黥布之骁勇，感慨自己麾下将领虽多，能抵抗楚军精锐的却寥寥无几。

"如彼等者，无足与计天下事！"

刘邦没来由随口一说，令众人大为疑惑。辩士随何感觉他意有所指，便急问何意。刘邦回复道："谁能替我游说九江王黥布，让他发兵叛楚呢？他若能拖延项羽几个月，我取天下就可万全了。"

游说诸侯正是辩士之所长。随何自感有用武之地，当即自荐。刘邦大喜，拨付了二十个跟班，随他去游说黥布叛楚。

自项梁渡淮至今，黥布一直追随楚军南征北战，战功卓著。在巨鹿之战中，正是因为他的英勇善战，项羽才取得了"诸侯上将军"的桂冠。所以，灭秦之后论功行赏，他被封为九江王，以六为都。

第七章
楚河汉界

但蛋壳再硬，终有裂缝之时。就在不久前，因为一件小事，项羽和黥布还是闹矛盾了。

当初，项羽准备讨伐田荣，一来担心自己兵力不够，二来感觉和黥布关系好，就派使者前去借兵，想拉他参与伐齐行动。但黥布明显不这么想。他认为齐国和九江远隔万里，田荣只是反叛项羽，跟他没有半点关系。况且当时他自己也已称王，不必再事事听由项羽摆布。

最终，黥布以生病为借口，婉拒了项羽的要求，只象征性地派去了几千人马，应付了事。好在此事项羽没甚在意，至少没对他产生疑心。

但事情到此还不算完。正当项羽的伐齐大业如火如荼地开展之时，半路里杀来了汉王刘邦。眼见项羽处境尴尬，黥布作为他昔日的好搭档，竟仍以患病为由，袖手旁观，坐视彭城失陷，自始至终未出一兵一卒。

好在彭城一战，项羽以其勇略与智谋，大胜诸侯联军，扭转了颓势。若说这时他对黥布仍无半点埋怨，那就有点自欺欺人了。况且，项羽也确无如此宽广的心胸。于是，黥布被楚使三番五次前来责难，很不自在，越想越害怕，干脆不作回应。

见黥布百般不肯合作，项羽怒气倍增。只因当时赵、齐诸国接连反叛，汉国也对彭城虎视眈眈，他一时顾不过来，才没有将矛头对准九江。此外，另有一层原因是黥布作为当世猛将，项羽对他很是器重，想在对付其他诸侯时得到其帮助。

此后，双方就一直这样僵持着，直到汉使随何到来，一眼窥破了玄机。

随何与众跟班抵达六后，一连三日被好吃好喝招待着，但就是见不到黥布之面。他感觉事有蹊跷，经揣测之后，请太宰向黥布传达这么一番话："你不肯见我，肯定认为楚强汉弱，这恰是我来访的原因。你见了我，若我说的对，肯定便对你有利；若我说的不对，你正好可以把我砍了，带给项羽，以表明你的忠心。"

太宰应允，如实传话，果真说动了黥布。随后，随何被安排与黥布会面。

饭桌三寸舌可抵战场十万兵，果然所言非虚。当然，这要求当事者具备高超的心理分析能力和操控技巧。随何恰是这方面的高手。他一见黥布，劈头就问："我代表汉王前来，敢问大王与项羽关系究竟如何？"

"寡人北乡（向）而臣事之！"

对于黥布的违心之语，随何当场予以揭穿："大王自称臣事于楚，必是因为西楚国富兵强，可以托国保身。但项王北上伐齐，您不身先士卒，做前锋打头阵，而只派发四千援军；诸侯联军攻陷彭城，您拥众数万，也未发一兵一卒。"

按照上述分析，黥布自称"臣事于楚，托国保身"，不过是句空话。他早以其实际的不作为，表明了自己对楚的态度。只是顾及当前楚强汉弱的形势，他才不敢明言叛楚。

随何对此洞若观火，接着又分析指出：楚之强只是表象。项羽背盟约，杀义帝，暴虐无道，只要汉方坚守住荥阳、成皋一线，他就无能为力，到时必定由强转弱，为汉所败。因此，黥布若想托国保身，就应早日助汉，发兵击楚，只要迁延时日，汉就可完全灭楚。届时，汉王仍会给他裂土封王。

随何这一番剖析，入木三分，对黥布的心理拿捏得恰到好处，不容他不就范。黥布被勾起叛楚投汉之念，但毕竟心里愧疚，故只含糊其辞，而不敢理直气壮。这被随何看在眼里，记在心中。

当断不断，反受其乱。要让黥布坚定反楚之念，还得好好做一番工作。一次机缘巧合，随何终于逮住了机会。

当时，楚、汉两军在荥阳斗得正酣。因楚方兵源吃紧，项羽再派使者到九江借兵，借以试探黥布。楚使抵达六后，见面道明来意。黥布很是尴尬，支吾半天，蹦不出一个字来。

随何得知楚使前来，也随黥布入堂，一见楚使，当面声称九江王已归汉。黥布闻言，愕然失惊。他此前还犹豫不决，这下可一点退路都没有了。

楚使见苗头不对，想中途开溜。随何趁机给黥布再下猛药，迫使他坚定反楚立场："事情我替你做了。你现在唯一的选择，就是在楚使返回前将其杀掉，然后赶紧去与汉王合兵。"

黥布迫于无奈，干脆一不做二不休，发兵攻楚。世事无常，人生难料。黥布与项羽并肩作战三年多，培养了深厚的革命友谊，至此化作乌有，成了过眼云烟。

因为黥布之前反应异常，项羽对其反叛已有心理准备。他知道，一旦黥布改旗易帜成为事实，两人之间就再无情义可言，而只能战场见分晓了。

当时，楚与汉对峙于荥阳，而下邑（安徽砀山县）还驻有一支汉军，是刘邦自彭城败逃后留下的。因此，项羽没有亲赴荥阳，而仍坐镇彭城。黥布反叛的消息传来，他立马派出两员大将项声、龙且，负责对九江汉兵的抵御和反攻，而他自己则留下来，去对付下邑的汉军。

刘邦曾说过，若黥布在敌后拖延项羽几个月，他取天下就可万全了，随何也以此忽悠黥布，使其叛楚归汉。但这只不过是空头支票。事实上，黥布即使拖住了楚军，刘邦当时还未恢复元气，要反攻项羽，简直就是空口说白话。

当时，天下总的格局依然是楚、汉对峙，楚强而汉弱。彭城之战后，虽然九江王黥布脱楚入汉，但在此之前，汉阵营各路诸侯见识了楚军兵锋，早就纷纷随风而倒，转投项羽怀抱。可以说，楚、汉双方各有得失。

刘邦逃回荥阳，跟随他的诸侯只剩下一个西魏王豹。刘邦怕他见风使舵，所以紧盯不放。魏豹眼见汉不敌楚，早就萌生了异心，只是当时身在汉营，未得其便。

不久，他终于想到了一条妙计——以老母病重为由，请假探亲回国。

当时，刘邦正忙于后方建设，无暇多想，就准了他的请求。这下，魏王豹计谋得逞，如挣脱牢笼的飞鸟，再不用受被监视之苦了。他一返还国内，立马截断了通汉的河道，宣布脱汉入楚。

刘邦得知魏豹反叛，气得一蹦三尺高。但气归气，问题总要设法解决。经过一番仔细考虑，刘邦认为魏豹有必要再争取一把，决定先礼后兵，先让高阳酒徒郦食其出马。

郦食其自幼饱读诗书，钻研纵横术，很有一番功力。若论口舌功夫，他肯定不在随何之下。怎奈魏豹吃了秤砣铁了心，任凭他巧舌如簧，口若悬河，说的唾沫星子乱飞，就是不为所动。

魏豹见郦食其技穷，反倒数落起刘邦的不是："汉王待人傲慢无礼，谩骂诸侯、群臣像骂奴才一样，你能受得了，我是受不了。"

郦食其见魏豹不动心，只得作罢，回汉复命。不过，他这次也没白来。虽然游说魏豹不成，他起码留心了魏国的军事部署，好歹回去也有点成果可说。刘邦日后再想动武，也能少费点工夫。

刘邦认为，魏豹既然不听劝，就没必要再跟他客气。文的不行，干脆以武力解决。于是，他派出了杀手锏——韩信。

在攻克三秦之后，因受刘邦猜疑，韩信已放弃兵权退居幕后了。但刘邦经彭城大败后，痛加反思，认为解除其兵权为时尚早。况且，现在正值用人之际，将一个军事天才留而不用，岂是明智之举？

《兵法》云：知己知彼，百战不殆。按照郦食其的报告，魏军一方大将、骑兵统帅、步兵统帅，分别由柏直、冯敬和项它担任。

刘邦为确保克敌制胜，出师前经过了周密规划。在他看来，柏直不过一黄口孺子，肯定不敌韩信；冯敬为秦将冯无择之子，也非灌婴敌手；项它泛泛之辈，一个曹参足以应对。于是，他封韩信为左丞相，与灌、曹二人兵分三路，向魏国进发。

韩信对出兵伐魏，开始颇有所忌。他的担忧来自魏将周叔，此人平时虽不显山露水，但心中颇有韬略。若魏军由此人担任大将，的确堪称劲敌。好在这次，魏豹没有让周叔带兵。

韩信被封官晋爵，又得兵权，自鸣得意了一阵，便率军进发，直至在黄河西岸被挡住了去路。河的对岸是魏国地界，那里有蒲坂（今山西永济市）和临晋两处要塞。魏豹料知汉兵必经此路，早在那里陈兵以待。

蒲坂—临晋防线自南向北，被魏兵塞得密密麻麻、水泄不通，汉军看来是插翅都难过黄河。韩信沿河盘桓，心中盘算破敌之计。

上次击败章邯，汉军用的是"明修栈道，暗度陈仓"之计，这次若依样画葫芦，再来个"明度临晋，暗取安邑"，料魏豹一竖子，也识不破。

魏兵沿蒲坂—临晋一线防守严密，汉军即便渡过，也必然损失重大。而该防线以北的夏阳（今陕西韩城市南）却地处偏远，地形复杂，无人防卫。但问题是，汉兵从此渡河，要绕很大一个弯子。

韩信思虑再三，认为从夏阳渡河，虽然路途险远，却能轻易绕到敌军后方，若由此进攻魏国重镇安邑（今山西夏县西北），说不定会有出其不意的效果。

主意已定，韩信令一小股部队在临晋佯作渡河之状，以疑兵吸引魏军注意，自己却把大队人马抽调北上，乘木罂从夏阳偷渡黄河。在魏军觉察之前，他指挥部队渡河成功，又一路杀奔安邑。安邑守将王襄猝不及防，开城迎敌，被曹参一战生擒。

魏军集结在黄河东岸，见汉军欲渡黄河，却迟迟未行动，渐失戒备之心。不久，夏阳、安邑失守的消息传来，他们才知中计，都惊讶莫名。

趁魏兵仓促改变军事部署之际，汉军已从安邑出发，马不停蹄地杀向魏都平阳（今山西临汾县西南）。魏豹发现安邑不可光复，只好迅速回防平阳。但情急之下，他带的人马过少，还未等到柏直部队来援，就在离都城不远的曲阳遭遇了汉军。

当初魏豹从秦朝攻下二十余座城池，可见他也非庸才，怎奈这次的对手是军事奇才韩信。一番激战下来，魏军大败，落荒而逃。魏豹情急之下，躲进一个叫东垣（今河北省正定县）的小城，被曹参的大军团团围住，欲战不能，欲逃不得。

为防敌首狗急跳墙，韩信令曹参对东垣围而不攻。长此以往，魏兵坚持不住，冒险开城出逃，结果被汉军逮了个正着。魏豹本人也被曹参活捉。主帅一投降，麾下群龙无首，纷纷不战而降。随后，汉军不费吹灰之力，又夺了平阳。

前事不忘，后事之师。魏豹被擒，离章邯败亡不足一年。两次战斗，汉军主将同为一人，作战技法也如出一辙，可惜魏豹从章邯身上竟没有汲取一点点教训。

魏豹自叛汉附楚，到兵败遭擒，为时仅四个月。汉军将他押到荥阳，请汉王发落。刘邦认为杀他无益，继续把他留在军中。于是，西魏被并入汉国版图，自此在历史上消失。刘邦在该地设立河东、太原、上党三郡，下辖五十二县。

韩信灭魏，实际上为汉开辟了敌后战场上的第二条战线。事实证明，在张良设计的这三条战线之中，无疑韩信一路是成绩最突出的，而灭魏仅是其开端。

政治高手，军事白痴

俗话说：伴君如伴虎。将领领军在外，有时比在君王眼皮底下逍遥自在得多。在灭魏一战中，韩信就深切尝到了"将在外，君命有所不受"的甜头，而且意犹未尽。于是，在将魏豹及其降兵送至荥阳请功时，他便请使者给刘邦捎话："我恳求多带三万兵，帮您拿下赵、燕、齐诸国，断绝西楚粮道，最后与汉军主力会师于荥阳。"

对于这种好事，刘邦当然不会拒绝。让韩信在敌后开辟第二战线，本就在他与张良的计划之中。何况以能力而论，韩信也绝对堪此重任，而且是不二人选。现在由他自行提出来，自然是再好不过。

刘邦毫不迟疑，批准了韩信的请求，还怕他对燕、赵不够熟悉，再增派一名助手张耳。韩信大喜过望，立马与张耳商讨进兵伐赵事宜。

这次，他们的对手是张耳的老相识——陈余。

秦楚之际，陈余是一个不倒翁式的人物。自陈胜时起，他就活跃于张楚舞台，后经陈胜败亡、项梁战死，直到秦亡、楚汉纷争，他都游刃

-197-

有余，屹立不倒。巨鹿之战，他一封信劝降章邯；后嫌项羽不公，他更以三个县百十号人的实力，跟西楚较劲，赶跑常山王张耳不说，事后更架空了赵歇，成为赵、代二国的实际主宰者。

以上事迹表明，陈余搞政治是很有两把刷子的。或许，这也可以解释何以在刘邦邀请他伐楚时，他胆敢提条件，事后发现张耳没死时，他又与汉绝交。

但政治和军事是两码事。搞政治要擅长作秀，行军打仗却需实打真干。陈余搞政治是把好手，但凭此便以为自己政治通而百事通，将作秀的把戏用在行军打仗上，就有点像春秋时期的宋襄公，明显迂腐过头了。

韩信攻代不是此战的重头戏。因为当时陈余身在赵国，守代者是其副手夏说。此君明显非韩信敌手，还没开打就兵败遭擒了，手下喽啰一哄而散，其余悉数投降。他们的待遇和魏兵一样，被送到荥阳战场，供刘邦抵御楚军的攻击。

代国失守，陈余并未介意。他认为自己战胜韩信，轻而易举。因为韩信仅有几万军队，而自己手握二十万重兵，两者根本就不在一个档次上。况且，他还掌握了汉军的进兵路线。

闻知汉军抵达井陉，陈余不慌不忙，大手一挥，举全国之兵迎敌，一路浩浩荡荡，杀气腾腾，在井陉口驻扎下来。

这时，谋士广武君李左车前来献计，先述汉军之盛，后陈破敌之策，认为汉军虽然强盛，锐不可当，然而千里奔袭，犯兵家大忌。井陉地势险狭，汉军从此过，队伍必定窄长，粮车和战马都会尾随在后。

有鉴于此，李左车主动请缨，愿领三万骑兵，去中途断汉军粮草辎重。同时，陈余却深沟高垒，坚守不战。这样，汉军求战不得，求退不能，不过十天，便可不攻自破。

按理说，若采纳上述计策，陈余即便破不了汉军，至少能使其无功而返。但他迂腐过头，坚持认为义兵不用诈谋。按照他的逻辑，汉军虽号称数万，实际则少得多，况且不远千里而来，定已疲惫。赵军若避而不战，必遭诸侯耻笑。

战场瞬息万变，战机往往只有一次，而且稍纵即逝。因为陈余的呆板和迂腐，本已煮熟的鸭子，硬是从盘里飞走了。死搬教条，果真害人不浅！

韩信打探到李左车给陈余献计，很是紧张了一阵，后得知陈余未予采纳，又欢欣鼓舞。随后，他在离井陉口三十里处安营扎寨，与赵军隔蔓水（今山西井陉西）对峙。汉军据西岸，赵军据东岸。

夜幕降临，韩信先选出轻骑兵两千，令每人带红旗一把，抄小路埋伏于赵军营寨周围。临行之际，他小声吩咐一阵，然后传令全军造饭，宣言当日必破赵军。众人以为他空口说大话，皆未深信。

饭后，韩信又选出一万人马，令其出井陉口，渡蔓水沿河列阵，以试探敌情。陈余欲寻汉军主力决战，将其一战全歼，故见汉军零散渡河，不以为意。赵军见汉军背水列阵，大笑失声，认为他们后无退路，一旦正面遭受攻击，只能被挤进河里喂鱼。

韩信情知赵军中计，也不声张，继续执行自己的计划。

次日黎明，他见陈余已被假象所迷，便与张耳率大军出井陉口，一路扛着大旗，鼓噪前进。陈余见汉军主力出动，即率大军迎敌。双方激战多时，最后汉军不支。韩信与张耳见势不妙，便带头开溜了。

赵军见敌将弃鼓丢旗，落荒而逃，便一窝蜂倾巢出动，先抢了敌方旗、鼓，后一路呐喊去追杀韩信、张耳，一直追到蔓水岸边。后有赵军杀到，前有蔓水阻路，汉军似已走投无路。

此时，陈余心里底气十足，定要全歼汉军，活捉韩信，让他不可战胜的神话就此破灭。

若结局真如陈余所料，那韩信就得改名换姓了。眼见先头部队抵达蔓水河岸，他瞬时刹住战马，号令全军回身再战。刹那间，汉兵似被项羽附体，一个个如凶神恶煞，杀入赵军阵内，所向披靡。

陈余见汉军神勇难挡，被吓傻了眼。赵军虽占数量优势，但一番激战下来，竟占不到半点便宜。眼见己方损耗严重，敌军却越战越勇，他不禁开始狐疑。赵以众敌寡，浪费兵力不说，若败于韩信之手，岂非颜面扫地。

权衡再三，陈余决定先回营稍作休整，再择机与汉决战，于是一声号令，全军尽撤。一路上，有一件事他一直搞不明白：汉军兵力如此单薄，第一次交战就败阵，后面怎么突然骁勇起来了？

陈余一路走一路想，百思不得其解。等赵军悉数返回，却见营门紧闭，内有两千多面红旗迎风招展。陈余定睛一看，吓得面如土色。莫非赵营已被汉军占领了？

原来，针对陈余狂妄自大、喜欢作秀的特点，韩信跟他玩了一个小把戏。

最初扛旗打鼓挑战汉军，后又兵败逃走，都是他特意安排的。如其所料，一旦赵军惑于假象，倾巢出动，昨晚派出的两千骑兵就可乘虚而入，轻易夺取赵军营寨，在里面遍插红旗。赵军返还之后，见此情景，必定军心大乱。

战局的发展，果如韩信所料。当时，赵军一见营里红旗飘扬，当即大乱溃散。陈余情知中计，为稳定军心，当场斩杀几名逃兵，却没有作用。

至此，双方胜败已不言自明。韩信趁赵军溃败之机挥师掩杀，与赵营里两千骑兵内外夹攻，大破敌军。最终，陈余为自己的迂腐付出了代价，在泜水河畔丢了脑袋，赵王歇则成了汉军俘虏。

韩信攻赵之战，至此圆满结束。

战后，众将对一个问题大惑不解：兵法上讲，作战要后依山陵，前邻水泽，才能克敌制胜。而此役中，汉军背水一战，也获胜了，是何道理？

韩信为众将答疑道："这也是兵法，只是诸位未领会！兵法上说'陷之死地而后生，置之亡地而后存'，我军一旦被置于死地，当然会奋不顾身，各自为战。"

众将听此一番解释，尽皆拜伏在地。只是他们不知道，照韩信恃才傲物的个性，他话里或许还有一层言外之意：像你们这帮酒囊饭袋、庸碌无谋之辈，根本不配读兵法，更不配谈兵法。

第七章 楚河汉界

辩士和谋士斗嘴

当韩信在河北一路过关斩将，使敌后战场迅速扩大之时，汉军在正面战场却是另一番状况。刘邦在荥阳，虽勉强挡住了西楚骑兵的疯狂进攻，但日子过得相当窘迫。

项羽自从彭城之战后，一直想收拾刘邦，暂时还未抽出时间。一来黥布在后方捣乱，二来还要对付留在下邑的汉军，他已忙得焦头烂额。

但功夫不负有心人。凭楚霸王的韧劲和威猛，攻克下邑是迟早之事。龙且、项声都是西楚大将，对付九江兵也绰绰有余。公元前204年初，楚军终于捷报频传，相继拿下了下邑和六。如此一来，西楚的后顾之忧已被解除，项羽就可以腾出手来，再和刘邦一较高下了。

随着楚霸王一声令下，西楚倾全国之力杀奔荥阳。

荥阳地处中原咽喉，北依黄河，南连嵩山，东经鸿沟接淮、泗，西过洛阳通长安，地势险要，交通便利，历来是兵家必争之地。秦王嬴政在统一中国时，为了控制中原，在荥阳东北的广武山麓，建立了一个粮食储备基地——敖仓，并派重兵驻守。

因荥阳地处险要，且有大批粮草补给，"张楚"政权挂牌成立后，假王吴广就曾亲自领兵攻打，不料出师未捷，自己也一命呜呼。

彭城之战后，荥阳因其重要的战略地位，又被汉选为遏止楚军西进的前沿，自然成了楚、汉的天然界线。由此，刘邦驻兵荥阳城，再沿黄河筑甬道，就可以直接从敖仓取用粮草，而不必再去关中和巴蜀了。

自从彭城战败后，刘邦半年没有主动出击。除开辟敌后战场之外，他把全部精力都放在荥阳防线的建设上了，兼之李必、骆甲也几次击退进犯的楚军，时隔半年，汉军的防线已牢不可破。

项羽清楚，突破荥阳防线只能凭智取，不可力敌。若像巨鹿之战、彭城之战那样重兵强攻，即便最终拿下荥阳，也必然伤亡惨重。但问题在于，荥阳城内有重兵把守，城外粮草充足，要想智取，谈何容易？

项羽跨坐在战马上，遥望滔滔河水奔腾而去，突然灵光乍现，有了破敌之计。

但凡行军作战，粮草是军队的生命线。若控制了荥阳通敖仓的甬道，切断汉军的粮草补给，就如掐住了对方的脖子。任凭刘邦再有能耐，也徒叹奈何。

项羽这招"釜底抽薪"之计，的确在刘邦意料之外。他面对来势汹汹的楚军，本来底气十足，但一听说甬道被截断，惊慌之下，顿时乱了分寸。

刘邦知道汉军的处境，一旦断粮，就会乱成一团。这种局面不能久拖，定要设法夺回粮道控制权。但眼前情势危急，根本不容他多做考虑。事到如今，只能硬着头皮跟楚兵硬碰了。尽管这不是汉军的优势，也只好勉力一行。

刘邦点兵跟楚夺甬道，有好几次差点成功，但最后都落空了。

破坏毕竟比建设要容易得多。每当汉军夺回甬道，修缮完备，楚军总是出其不意出来破坏。于是，汉军白费一番工夫，又只好重修。所以，汉军虽占数量优势，但几个回合下来，胜少败多，大半做了无用功。

汉军一天运粮数次，却不够当天伙食。辩士郦食其见刘邦焦躁，便趁机献策道："以前商汤灭夏，武王伐纣，都封其后代为诸侯。秦灭诸侯而罢分封，故不能长久。大王若复立六国之后，其君臣、百姓定怀感激，也就甘愿为您效命，何愁不灭项羽？"

这一番高谈阔论，引经据典，使刘邦大为震撼。对方讲完，刘邦当场拍案叫好，就令他去赶制诸侯印玺。

但经验显示，辩士擅长的是辞令，一个出色的辩士，往往也是一名优秀的外交官，但在出谋划策方面，除苏秦、张仪等少数全才外，极少再有出众者。郦食其是辩士中的佼佼者，但想获得谋策方面的话语权，的确尚欠火候。

应允郦食其之后，刘邦唯恐此计尚有疏漏，于是再向来访的张良求教。

作为汉方老牌谋士，张良素来低调，但往往关键时刻语出惊人，而且运筹帷幄，谋划周密而得当。因此，他是博得刘邦敬重的少数人之一。

等刘邦和盘托出郦食其之计，张良一锤定音："谁为陛下画此计者？陛下事去矣！"

当时正值刘邦用膳，张良借箸比划，像连珠炮一般，一连指出该计八处疏漏。

"昔汤、武封桀、纣之后者，度能制其死生之命也；今陛下能制项籍之死命乎？其不可一也。

"武王入殷，表商容之闾，释箕子之囚，封比干之墓，今陛下能乎？其不可二也。

"发巨桥之粟，散鹿台之钱，以赐贫穷，今陛下能乎？其不可三也。

"殷事已毕，偃革为轩，倒载干戈，示天下不复用兵，今陛下能乎？其不可四也。

"休马华山之阳，示以无为，今陛下能乎？其不可五也。

"放牛桃林之阴，以示不复输积，今陛下能乎？其不可六也。

"天下游士，离其亲戚，弃坟墓，去故旧，从陛下游者，徒欲日夜望咫尺之地；今复立六国之后，天下游士各归事其主，从其亲戚，反其故旧、坟墓，陛下与谁取天下乎？其不可七也。

"且夫楚唯无强，六国立者复桡而从之，陛下焉得而臣之？其不可八也。"

看来张良是早有准备。这一番辩驳，的确说理透彻，切中要害。最后，他又再次强调："诚用客之谋，陛下事去矣！"

刘邦听完这番言辞，被惊得目瞪口呆，未及细想，将口中饭食全吐出来，指着郦食其大骂："老匹夫，差点坏我大事！（竖儒几败而公事！）"

这场口舌之争，张良明显占了上风。他以指桑骂槐的技法，使郦食其颜面扫地，同时给刘邦指明了抗楚的正确策略。但这种分析全事关长远规划，无法解决汉军的燃眉之急。

眼见断粮危机迫在眉睫，刘邦深陷忧虑之中。他自然清楚，临机应变确非张良之所长，若想打破眼前的尴尬局面，看来还需另请高明，从长计议。

这时，一个熟面孔突然映入刘邦的眼帘。此人是西楚降将，曾在项羽麾下供职，颇知对方底细，想必会有高见。刘邦一边琢磨着，一边又将其细细打量一番，最终确信：能打破眼前局势者，非陈平莫属！

陈平，魏国阳武（今河南原阳县）人，幼时家中只有祖田三十亩，几乎和刘邦家一样穷。

陈平有个哥哥叫陈伯。哥俩虽是一个娘所生，但秉性各异。陈伯心地善良，自幼守着祖传的家田，长大成了地道农家汉。陈平不喜欢种地，把田都让给陈伯，平日里游手好闲，只靠哥哥养活。对此，陈伯从不介意。

陈平因为家穷，就招来很多闲话。为此，陈伯休掉了自己的妻子，因为她的怨言可能有损兄弟的感情。妻子休了可再娶，兄弟却只有一个，这就是陈伯的家庭哲学。

陈平是个美男子，身材伟岸，平素又爱读书，只因家穷，自己也不从事生产，故在婚姻问题上高不成低不就，迟迟未找到合适的对象。

当时，乡里有个富户叫张负，孙女出嫁五次都死了丈夫，一时再找不到婆家。陈平听说此事，很想碰碰运气。终于，因一次偶然机会，他与张负相识了。张负将其打量一番，认为他相貌奇伟，前途不可限量，就将孙女嫁与他为妻。

陈平因得张负资助，交游范围日渐广泛，后来在乡里做了"宰"，因分肉均平，得到邻人好评。借此，他抒发宏图远志道："我若宰天下，也能如割肉一般。（嗟乎，使平得宰天下，亦如此肉矣！）"

此后，诸侯反秦，六国复辟，魏咎被立为魏王。陈平自感时机已到，便辞别兄长前去投奔，得到一个太仆的职位。但因屡次进谏未遂，又遭他人谗害，他自感在魏已无前途可言，便转投项羽麾下。

陈平在西楚，起初只得到一个主管礼仪的官职。后刘邦定三秦，威震关中，殷王司马卬望风主动投降，陈平这才得到一次施展才能的机会。他被封为信武君，奉项羽之命，去平定殷国。

陈平抓住时机，搜罗往日魏国旧部，很快组成一支军队，前去讨伐殷国。他任务完成得相当出色，殷国又重归西楚阵营。项羽闻讯大喜，将他提拔为都尉，外加赏赐黄金二十镒。

第七章
楚河汉界

但天有不测风云，陈平毕竟兵微将寡，被封官还未到任，殷国就又被刘邦攻陷，司马卬也沦为了汉军俘虏。项羽闻讯，又雷霆震怒，认为陈平敷衍其事，欲追究其责任。

陈平自感在楚已失去信任，回去罢官事小，搞不好脑袋都保不住。经再三权衡，他竟放弃都尉一职和二十镒黄金的赏赐，不辞而别。

天下虽大，如今何处能容身呢？陈平几经考虑，决定效法战国辩士苏秦。当年，苏秦原本想搞"连横"，助秦一统天下，怎奈不受重用，便愤然离去，转而帮诸侯"合纵"抗秦，最终身戴六国相印，威震天下，权倾一时。

现在，陈平意识到自己的处境和苏秦当年如出一辙。当今天下诸侯虽多，但能成事者非楚即汉。既然在楚获罪，那就干脆投靠其对手汉，与楚竞争。陈平一路几经磨难，终于经汉将魏无知引荐，投靠了刘邦。

陈平和韩信都是归汉楚将，最初境遇也颇为相似，都不得重用。但陈平比韩信不幸的一点是，韩信当时有夏侯婴、萧何等人举荐，而他在汉国却无亲无故，只能靠自己的打拼和努力。

捷径一定会有的，关键要找对路。

与最高领导直接对话，可能比在基层混十年八年效果要好得多。基于这种逻辑，陈平努力寻机接近刘邦。终于，经由刘邦身边一个宦官的引荐，他如愿以偿了。而且更幸运的是，经过一番攀谈，他给刘邦留下了不错的印象，被认为是可造之才。

既是可造之才，必有可用之处。因陈平在西楚官至都尉，刘邦也依样画葫芦，授予他都尉一职。在西楚丢掉的，竟能在汉捡回来，且初来乍到，未建尺寸之功。对陈平而言，这确能震撼其心灵。

在机关里混，钩心斗角是常有的事。陈平本是西楚降将，道德和能力都未得到实践检验，刚来即被封为都尉，就有人心中不平了。很快，针对他的质疑开始满天飞，有的甚至抱怨刘邦处事不公。

军中谣言四起，刘邦只当作耳旁风，假装不知。他坚持认为陈平是个人才，终有一日会有大用。所以，从东伐彭城到西逃荥阳，他都让其跟在身边，片刻不离左右。

刘邦心思缜密，之所以一意孤行，不顾众人抱怨，为的是给人造成一种印象：他比项羽要慷慨得多。项羽为人吝啬，对部下有功不赏；他则慷慨大度，甚至对部下无功也赏。尤其对从敌方阵营弃暗投明的，他更要加倍突显这种对比。

乱世之中，良禽择木而栖，良臣择主而事。

刘邦认为，只有通过对比的方式，自己才能赢得人心，成功挖项羽的墙脚，一来壮大自身，二来削弱对手，三来知己知彼。既然好处多多，何乐而不为呢？只是他这番良苦用心，不是手下那帮庸人轻易就能理解的。

陈平无功封官招来的嫉恨，还在持续发酵。甚至周勃、灌婴等人也大感不快，口出怨言，认为陈平只是相貌姣好，实际不堪重用，还将他之前与嫂子关系暧昧、相继投奔魏国和楚国、为官时贪污受贿等事和盘托出。

事已至此，刘邦若再刻意忽略，就说不过去了。于是，他找来魏无知，假意责备他举荐陈平时未交代其履历。魏无知却自有一番见解："我推荐陈平，是因为他的才能可用，大王却跟我谈其品行。如今楚汉相争，您需要的是才能之士，这跟陈平是否与嫂子关系暧昧，八竿子打不着。"

刘邦再以诚信问题责问陈平，得到的回答是："我离开魏咎和项羽，是因为不受信任，后听说大王善于用人，才跑来投奔。我如今身无分文，不受贿无以为资。我的计策才是真正对您有价值的，您若认为不值得采用，我情愿交出所受之贿，辞职离开。"

刘邦因这番实在话，先前的疑虑被一扫而空，从此对陈平更加信任，任凭诸将众口铄金，百般闲言碎语，一概置之不理。

有时金子不发光，只是因为时机未到，一旦时机到来，它发的光比任何人都亮。刘邦所料不差，投奔汉营一年之后，陈平这块金子，终于要发出大光亮了。

陈平的诡计

公元前204年春，西楚霸王项羽自率虎狼之师，切断了荥阳连接敖仓的甬道，致使汉军断绝粮草供应。汉王刘邦心如火烧，焦急万分，接连向郦食其、张良求计不成，便将注意力转向了陈平。

为将之道，泰山崩于前而色不改。大难临头之际，陈平沉着镇定，一丝不乱。刘邦见状，也竭力按捺住急迫的心情，故作姿态地问："天下纷纷，何时定乎？"

明明身陷图圄，还说要定天下，因为刘邦深知君主在臣子面前要从容不迫。这是他作为一代君王的高明之处。

陈平对此洞若观火，也就不再拐弯抹角，直截了当答道："项羽麾下众将，顶事的不过亚父、钟离眜、龙且、周殷几人。请大王捐出几万斤黄金，我去使离间计。项羽多疑信谗，猜忌心重，一旦中计，肯定会搞窝里斗。到时汉军趁火打劫，何愁不能破楚！"

陈平一番见解，正合刘邦心意。于是，他慷慨地拨出四万黄金做反间经费，承诺任凭陈平如何花销，他本人一概不予过问。所谓"疑人不用，用人不疑"，刘邦这点做得很到位。

荥阳汉军已经绝粮，项羽仍不甘休，又一鼓作气包围了荥阳城。汉军见楚军来势凶猛，只好龟缩在城内，哪里还敢出战？

眼下刘邦坐困孤城，荥阳缺粮，本是唾手可得，但楚军此时却举棋不定了。

项羽发现，近来军中传出流言，说钟离眜、周殷等为楚将，自感劳苦功高，却不能裂地封王，故心怀不满，转而想跟刘邦合作，消灭西楚，共分其地。

坚固的城堡，最容易从内部攻破。这谣言纯属无中生有，正是陈平施的离间计。最初，项羽对此不甚在意，但后来发现全军都在传播，心情便有些沉重了，几天下来，竟辗转难眠。他的担心在于，诸将若真倒戈相向，之前一切努力就付诸东流了。

项羽对军中传言的态度是：宁可信其有，不可信其无。经再三权衡，他决定放缓对荥阳的围攻，转而加强对部将的防范。钟离眜、周殷诸将得到号令，丈二和尚摸不着头脑，也不敢随口乱说。

刘邦发现楚军将荥阳围而不攻，心知陈平的离间计已奏效，大为欢喜。但荥阳毕竟还没有解围，汉军也仍然粮草不继。为使楚军解围而退，他需再思一条妙计。

项羽对如何处置荥阳，仍犹疑不定。进攻不敢，撤退又不甘。正在进退两难之际，忽有汉使前来。项羽接待了来使，问明来意，方知汉方有意讲和，承诺荥阳以西属汉，以东归楚，日后双方和平共处，互不侵犯。

刘邦此举，倒是让项羽始料未及。他因军中谣言四起，早有撤军之意，只苦于无合适理由说服众将。现在汉方主动求和，正是楚军退兵的

第七章
楚河汉界

良机。所以，他未及细想，即准备答应其请求。

其实，项羽被多疑和猜忌蒙蔽了双眼，他的这种心态源自其发迹历程。从会稽起兵至自封霸王，项羽通过三个里程碑式的步骤，达到了人生巅峰。但这几个步骤，都是通过以下犯上的杀戮完成的，所杀之人分别是殷通、宋义、熊心。

正因这个缘故作祟，项羽怕部下以彼道还施己身，所以百般戒备、提防。这时，就连年迈而忠心的亚父范增，都未能超脱其外。[1]

当时，范增爵封历阳侯，是西楚阵营硕果仅存的智者。他把刘邦摸得很透，自项梁在世时，他就认定这个泼皮无赖，将来必是西楚大患，一直想置他于死地。这次楚军围攻荥阳，已胜券在握。刘邦想议和，不过是缓兵之计，想骗项羽撤军。

"汉易与耳，今释弗取，后必悔之。"此语一针见血，切中要害，足见刘邦的诡计在范增眼中已无从遁形。

范增慧眼如炬，认为眼下正是千载难逢的良机，项羽应打消议和之念，一鼓作气拿下荥阳，灭掉刘邦。这样方可确保江山稳固，一劳永逸。

项羽听罢亚父之言，心中犹疑。按理说，范增在楚军中，是最不可能有二心的。但前几天军中传言里，竟也有他的名字，又作何解释？他对西楚固然有大功，但谁又能保证他能一直忠心？

项羽琢磨一阵子，仍难辨范增真心，最后只凭着心中的感觉，相信了他的忠心。于是，他再次大发神威，自提一支大军，与范增急攻荥阳

---

1 王夫之《读通鉴论》卷二"高帝"条中有关于项羽用人之失的描述："羽，以诈兴者也；事怀王而弑之，属宋义而戕之，汉高入关而抑之，田荣之众来附而斩艾掠夺之。积忮害者，以己度人而疑人之忮己。轻残杀者，大怨在侧而怨不可狎。左顾右盼，亦唯是兄弟姻党之足恃为援。则使轻予人以权，己且为怀王，己且为宋义。惴惴慄慄，戈戟交于梦寐，抑恶能不厚疑天下哉？"

城。当然，作为礼尚往来，他也派一名使者回复汉方。

刘邦得知诡计被范增识破，心中大恨。项羽若强攻荥阳，汉军乏粮，真就危在旦夕了。有范增在，汉军焉能胜楚？临危无策的刘邦，只得再求计于陈平。

原来，陈平从楚使身上瞧出了眉目。他上次设离间计，本是想对付谋士范增的，却不料大计小用，只搞掉几个虾兵蟹将。范增虽然智计绝伦，但并非无懈可击。这次，他准备将离间进行到底。

陈平凭自己对项羽的了解，料定经上次反间，他和亚父之间的感情未必如以前那般牢固，而这恰可能成为汉军的机会。若想解此燃眉之急，汉军只能从项羽身上着手。眼下楚使到访，就是一个绝佳的突破口。

计较已定，陈平对刘邦附耳低语，称若依计而行，项羽必会中计，到时汉方便可趁机打开局面，扭转颓势。刘邦听罢，欣然接受。

大军师退场

汉初谋士多如牛毛，张良和陈平并称"良、平"，最受瞩目。两人术业有专攻，一个擅长长远谋划，一个擅长临时应变。张良曾在下邳受高人指点，算是兵法专业的高材生，陈平则完全自学成才，学无专属。

陈平的优势，其实就是暗中耍阴谋，搞一些挑拨离间的勾当，这点连他本人都供认不讳。用儒家的标准衡量，这种手段是为人所不齿的，但汉集团却从中得益，从而化险为夷，屡试不爽。

按史书记载，陈平曾给刘邦"六出奇计"。上次离间项羽君臣，不过是第一回合的较量。他的确抓住了敌方要害，只是网撒得太大，打的鱼虽多，却不够分量。

一番明争暗斗之后，陈平认识到：能真正威胁刘邦的，其实并非是对手的兵多将广，而是历阳侯范增。此人机谋深不可测，且声望很高，虽然老迈，却是对楚军有实质性影响的人物。

与范增斗智，的确胜算太小。在这方面，陈平还是能掂出自己的斤两的。但智谋不如范增，并不意味着除不掉他。这次，陈平决定剑走偏锋，重点撒网，仍针对项羽做文章，目标就是除掉心腹之患范增。

真正影响一个人命运的，往往是身边的小细节，而非惊天动地的大举动。上次挥金如土没能做到的，陈平这次要在举手投足间弥补回来。为了保证效果，他事前做了简约而精心的安排。

道具只是一张桌子和几盘饭菜，演员除西楚使者（不知自己身在戏中）外，还有一个汉方侍者。一切准备就绪，好戏开演。

楚使坐在桌前，略显焦躁。久等之后，汉侍者姗姗来迟，手里端着珍馐佳肴，起初热情洋溢，但一见到楚使，当即神色大变，嘟囔道："还以为是亚父的使者，原来是项羽派来的。"

汉侍者一边说着，扭头出去了，等片刻后再行入内时，已不似起初状貌。这次，他一副骄横无礼的神色，盘中美味也换成了残羹冷炙。

楚使见状心惊。汉对亚父使者和项羽使者，待遇竟差如此之大！难道范增真在和刘邦搞一些见不得人的猫腻？楚使不敢多想，赶紧辞别而去，一路马不停蹄，赶回军营打了报告，把项羽气得一蹦九尺高。

使者的报告已验证亚父的背叛，这使项羽万分懊恼。这时，他认为范增劝其急攻荥阳，其中必定有诈。说不准到时荥阳没攻下，他自己却被拿下了。

以项羽的本领，解决一个年过七旬的老头，难度不大。但他还有另一层忧虑：范增在军中人气太高，广受尊敬，若将其通敌之事公布于众，势必影响军心。几经踌躇，他最后敲定的方案是：先设法解除范增的兵权，等撤军之后，再择机行事。

以"破敌事小，自保事大"的原则为出发点，荥阳之战的基调就此奠定。

项羽的夺权行动是暗中进行的，范增自然不得而知。至于陈平的小

第七章
楚河汉界

动作，他或许已有耳闻，却不屑一顾。当时，他关注的是如何尽快拿下荥阳，解决刘邦。只要这个目标实现，他就可以"了却君王天下事，赢得生前身后名"，完成平生所愿了。

眼下，至少从表面来看，楚军的形势仍是一片大好。刘邦君臣坐困荥阳，已成瓮中之鳖，只要楚军再多加把劲，便可手到擒来。

但范增慢慢注意到，军中已在发生一些微妙的变化。不管他如何鼓动、催促，士兵们攻城不如以前卖力了，甚至指东打西，阳奉阴违，敷衍了事。眼前情形的确堪忧，也令范增大感疑惑。

经明察暗访，他终于得知是后院起火，项羽误中陈平诡计，因使者的空口虚词对自己起疑，正暗中削夺自己的兵权。

我本将心向明月，奈何明月照沟渠。范增身为楚人，熟知屈原的悲剧。自己耄耋之年出山，只想助项氏定天下，以遂自己平生之志，不料竟落得个"忠而见疑，信而被谤"的下场。

千年之后，宋代词人苏东坡在名篇《范增论》中，一语中的：物必先腐也，而虫生之。

范增深知，项羽对自己怀疑已久，肯定不只是因听使者报告而临时起意。陈平之计虽然歹毒，不过是压倒骆驼的最后一根稻草。西楚君臣若平素没有隔阂，即使有十个陈平搞离间，也将无济于事。

从项羽的角度来说，与其说他因敌方离间而起疑，倒不如说是其多疑之心和刚愎自用的性格作祟。多疑善嫉与其发迹的经历有关，已如前述。至于后者，项羽作为西楚霸王，一国之主，也不容许旁人盖过自己的声威。所以，范增因处事决断高他一筹，而犯其所忌。这点在鸿门宴上已有明显预兆。

其实，这次西楚君臣不和，项羽不敢光明正大将事捅开，分明是自己心里有鬼，怀疑亚父的忠诚倒属其次。否则，范增的结局应该是被砍头，而不是被批准告老还乡。他若真去投靠刘邦，岂不对楚威胁更大？

总之，范增经此挫折之后，无论对西楚还是对自己，都已心灰意冷。项羽既已视自己为外人，那么解释再多也是徒劳。如此一想，他倒真是万念俱灰了。从前种种譬如昨日死，明日种种与自己又有何关系呢？

事已至此，项、范二人仍在僵持，谁都没有先表达和解的意愿。项羽甚至自以为在军中恢复了权威，还在自鸣得意。范增也坚持一贯的自负和倔强，不肯做出半步退让。

几天后，范增主动找到项羽，以满怀悲愤和失望的心情，最后控诉道："天下事大定矣，君王自为之。愿赐骸骨归卒伍。"

或许直到此时，范增都没搞明白在这场战争中，自己究竟输在何处；或者他对此问题比谁都心知肚明，只是不愿承认现实罢了。古语云：良臣择主而事。在择主和处理与主子的关系上，他的确是感情超越了理智。

项羽心胸广大，却不能容物。看着昔日的亚父慷慨激昂，悲愤中略带几分无奈，他竟没有丝毫触动，迫不及待地批准了其请求。

范增未曾料到，自己的告别仪式竟是这样冷清。他恋恋不舍地跨出营帐，郁郁寡欢地踏上了归程。从此，天下沉浮与己无关。他这样想着，身上的包袱卸下了，心中的包袱却难落地。

时值盛夏，漫漫长途，范增踽踽独行。路的终点不是居巢，而是彭城。但他的身体因为年迈，又抵不过天气酷热和内心悲愤，终于扛不住了。最后，他没能挨到彭城，因背生毒疮，行至半途即一命呜呼。

出师未捷身先死，长使英雄泪满襟。

史赞：

耄耋出山，佐项兴楚；灭秦拒汉，号尊亚父；败非离间，未逢良主；千载奇论，物蚀先腐。

第八章

鹿死谁手未可知

范增身死的消息传至荥阳，刘邦既惊又喜，和麾下众将欢欣鼓舞，弹冠相庆。多数汉兵因此而陷于一种错觉之中，以为主战的范增一死，项羽必然接受和解，等楚军撤退，他们就有饭吃了。

刘邦也认同上述意见，但仔细推敲，又觉得这种逻辑根本站不住脚。

当时，荥阳举城欢腾，陈平几乎是唯一的例外。他自幼爱读书，是为数不多的头脑清醒之人，所以很清楚项羽气走范增，虽是自取其败，但凭此就以为汉军高枕无忧，简直是天方夜谭。

亚父范增已死，项羽一旦得知是汉施了离间计，心中恶气终归要向荥阳发泄。如此看来，汉军非但没有转危为安，反倒大难临头了。

刘邦一经陈平释明，不胜欷歔。项羽盛怒之下，会是什么样子？他只见过一次，那是在彭城之战时，五十六万人马被杀得人仰马翻，剩下了不到一半。除此之外，大概章邯在巨鹿还领教过一次，不过他已在九泉之下了。

刘邦想到这里，没有了继续往下想的勇气。良久，等士兵们的欢呼声退去，他惊奇地发现，荥阳城内已鸦雀无声，站向城头往外瞧，只见黑压压一片，全是楚军旗帜。如此豪华的阵容，真是闻所未闻，见所未见。

果如陈平所料，项羽已从迷误中觉醒了。刘邦害他没了亚父，这次他要不惜一切代价，让对方血债血偿。为表示对死者的哀悼，他这次完全遵照亚父生前的方略行事，将目标锁定为刘邦一人。

荥阳城外锣鼓喧天，军旗招展。等军队集结完毕，主帅项羽大手一挥，下令进攻。

这时，刘邦认识到，原来没了范增，项羽也一样可怕。好在他醒悟的比项羽要稍早一点。项羽再找不到第二个亚父了，而他身边却还有一帮忠实追随者，对自己死心塌地、忠心耿耿。在此危急之时，若没有这群人辅佐，刘邦无论如何是抵抗不下去的。

但问题是，面对城外强敌，这群追随者也都已六神无主，乱成了一团。不是我军不努力，只怪敌军太强悍。

为将者，要临危而不乱。刘邦环视一周，发现只有陈平能做到这点，凭此料定他早有退敌之策，于是再临危授命。

果不出其所料，陈平确已规划妥当。这次他既不要黄金，也不要饭食，而要两千女子和一个男子。对此，刘邦与众人均表示不解，但在知晓真相之前，只确定他如此要求必有道理。

偌大一个荥阳城，出两千个女子当然不难，但要一个什么样的男子呢？答曰：该男子必须是真勇士。

对于众汉将而言，他们均身经百战，出生入死，有哪个不算勇士？众人知道陈平话中有话，但都不敢一问究竟。

原来，陈平这次打算用连蒙带哄的连环计。楚军既然来自东方，其主力必集中于荥阳东门。若将其余楚军也吸引过去，而使西门空虚，刘邦就能绝处逢生了。

基于以上逻辑，他事先定下了两条计策：第一，调虎离山；第二，金蝉脱壳。

诸将不识此计，都面面相觑，这使陈平陷入了两难。既然众人不识此计，项羽自然也识不破。但如果没有一个将领领命，此计就没法实施了。陈平相信，汉将中必有识此计者，只是不肯牺牲自我。既然大家都不愿牺牲，那就只能牺牲大家。

在一片沉默过后，终究还是有人发话了："现在情况紧急，我以诈术拖住项羽，大王就可以趁机逃脱了。"

发言者名叫纪信，经刘邦首肯后，他领了两千女子扬长而去。陈平和刘邦等人自去西门，准备金蝉脱壳。至于其余广大士兵，当然被蒙在鼓里。

纪信受陈平嘱托，等月黑风高之时，令两千名女子身披战甲，出东门打头阵。城外楚军见汉兵出列，随即一哄而上，乱杀一阵，却听得女子尖叫，大感意外。

楚兵的疑惑没有持续太久。这时，尾随众女之后，一辆黄盖车缓缓驶出城门。车的顶部用黄色绢布包裹，左侧插有一面牦牛尾巴图样的旗帜，正是天子的指定座车。

原来，纪信感觉众女尖叫已将敌方的注意吸引走了，便假扮成刘邦，坐上他平时所乘之车，缓缓出城门，同时令旁边侍者大喊："汉王粮草已尽，情愿降楚。"

这话传到楚军将士耳中，引起一阵阵如雷的欢呼声。刘邦本是好色之徒，现在身为汉王，身边自然少不了女人。这么看来，他这次当真是要投降了。

围攻荥阳的西楚将士们，先前听得女人的尖叫，后来又听说刘邦归降，纷纷被吸引到东门，以热切的心情目睹这历史性的一刻。刘邦投降，从此天下归楚，和平时代就要来临了。

一想到这里，众人自然会想到，这肯定应归功于楚霸王项羽。于是，他们无不欢呼雀跃："项王万岁！"

这时，战争的胜利者项羽，以霸者的姿态来至黄盖车前，想将车中之人验明正身。等门帘被慢慢掀起，真相终于大白于天下——车中之人并非刘邦。

堂堂西楚霸王，竟被如此下流的把戏蒙骗，是可忍孰不可忍！震怒之下，项羽不甘被耍，执意要搞清自己是如何被耍的。

汉将纪信以其大无畏精神，满足了他的要求："由我假冒汉王调虎离山，将楚军吸引至东门，真汉王却趁机从西门金蝉脱壳。"

项羽顿感被一无名之辈折辱，心里窝火，很不快意。接下来，为杜绝类似情况再发生，他纵火将纪信烧死了。

至此，荥阳之战第一阶段宣告结束。项羽以最初的绝对优势，接二连三被刘邦玩弄于股掌之上，不仅丧失了大谋士范增，还让刘邦蒙混过关，逃之夭夭，最后竹篮打水一场空，一切又重归原点。

东征西讨

公元前204年，楚汉之争进行到第三个年头，刘、项双方仍打得难解难分。这年五月，汉军精心布置的荥阳防线被攻破，刘邦以牺牲纪信为代价逃离了荥阳，又捡回一条性命。

刘邦这次死里逃生，因情况紧急，身边只带着几十骑人马。人少不要紧，关键是他们是久经考验的精英骨干。只要这股力量还在，日后反攻就都不在话下。

除随行人员之外，因为城内兵多，想带又带不走，故刘邦特意安排周苛、枞公、魏豹三将守城，希望他们通力合作，抵抗楚军，为自己逃命争取时间。

当时，项羽烧死了假汉王后，经四处打探，得知刘邦躲在成皋（今河南荥阳市汜水镇）避难。于是，他干脆将荥阳撇在一边，快马加鞭，又向西一路追杀过来。[1]

刘邦惊闻项羽杀到，大感意外。按他所料，周苛、枞公、魏豹三人非等闲之辈，兼之荥阳城内守兵尚多，应能和敌军周旋一阵才对，项羽岂能这么快追上来呢？

没等他搞明白，项羽大军已兵临城下，准备发起新一轮进攻。

每当陷入绝境，刘邦的绝招只有一个，就是逃跑。他料知成皋守不住，当即召集几十骑人马，再次逃之夭夭。留得青山在，不怕没柴烧。

这次逃跑，刘邦更加奋勇，一口气跑过了虎牢关。荥阳、成皋防线虽破，虎牢关以西却是正宗的汉国地盘，任凭项羽再勇猛善战，也休想闯入。入关后，他长舒一口气，再通知萧何增援人马。

刘邦领导汉兵与项羽对阵，几乎没打过一场胜仗。但他始终坚信，只要星星之火不灭，终有燎原之日，他要做的只是坚持。

不久，萧何领汉兵到来，使刘邦心中又有了底气。未及多想，他又准备带兵出关与项羽一决雌雄。远大而坚定的理想，赋予他百折不回的毅力，使其屡败屡战，愈挫愈勇。

刘邦的勇气固然可嘉，但屡败屡战对汉方而言，并非明智之举。一个姓袁的谋士，为劝阻刘邦，列出以下两点原因：

第一，荥阳、成皋一带久经战火，惨遭蹂躏，眼下一片荒芜，亟须休整，不宜再当战场，否则当地百姓定会生怨。

第二，荥阳之战已证明，刘邦用兵打仗的本领明显在项羽之下，汉军若一味与对方正面硬拼，得不偿失。

针对以上第一点，袁生建议刘邦引军南走，将项羽吸引到宛（今河

---

1 按《史记·项羽本纪》记载，当时楚军先攻破荥阳，杀周苛、枞公，之后才去攻打成皋的。而《史记·高祖本纪》《资治通鉴》《汉书》均记载为，项羽在攻克成皋后东击彭越，败走彭越后才又攻克荥阳，杀周苛、枞公。

南南阳）、叶（今河南叶县南）一带，为荥阳、成皋赢得休整的时机。

针对第二点，袁生建议刘邦到宛、叶一带后，与黥布联合，对项羽只防不攻，保存有生力量。这样拖住项羽，也利于韩信在北方拓展敌后战线。等韩信攻克赵、燕、齐等国，对楚军后方造成压力后，正面战场的汉军再伺机反攻，就可一举打败项羽。

刘邦听罢此言，认为很有道理，于是军旗一挥，令全军出武关，转而向南。怕楚军得不到消息，他一面行军，一面还沿路放口风。这样，汉兵转战宛、叶的消息，很快传到了项羽耳中。

项羽在成皋扑了空，心中愤恨。但没过几天，刘邦踪影再次出现，他立马恢复了活力，重新抖擞精神，准备再行投入战斗。成皋是兵不血刃得来的，丢掉可惜。所以，他派部将终公把守，只自带一军杀向宛、叶。

当时，刘邦的部队已先行抵达，与黥布会师。他们在当地深挖沟、高筑墙，加强防御力量，将营垒修筑得跟铁桶一样。这样一来，即使楚军杀到，他们只需坚守不出，便足以确保万全。

项羽费尽周折找到了刘邦，却不得一战，心中烦恼。正当他进退两难之际，东方却传来了噩耗：彭越引兵渡睢水，进逼彭城。楚将项声、薛公迎战，大败于下邳，薛公阵亡。

原来，彭越自从与项羽为敌后，先是联合齐、赵，后又对汉投怀送抱，将梁地十几座城池拱手相送。只是刘邦无福消受，经彭城一战，将荥阳以东的地盘悉数丢弃。彭越无奈之余，也只好重归故地打游击。后来，他陆续召集散兵游勇，在敌方夹缝中求存，现在竟然死灰复燃。

屋漏偏逢连夜雨，船迟又遇打头风。楚军在西边求战不得，在东边又被彭越捅了娄子，搞得项羽很是尴尬。

经权衡再三，他认为当务之急还是得先铲除彭越。刘邦固然可恨，毕竟已被赶回荥阳以西；彭越势力虽小，却威胁西楚政治心脏，万不可掉以轻心，否则养虎遗患，悔之晚矣。于是，项羽连夜撤兵，连招呼也不打一声。

刘邦和黥布紧闭营垒，龟缩了多日，探得项羽已撤兵，起初不明所以，后来得知是彭越在他后方捣乱，大为振奋。如今，成皋只有终公一人把守，汉兵不趁机夺回来，更待何时？

可怜终公守成皋，不知项羽撤兵，突然被汉来个饿虎捕食，无力招架，只好弃城而逃。于是，成皋再入汉军之手。

项羽从宛、叶撤兵后，刘邦获得了一丝难得的喘息之机。不过，他心里清楚，彭越终非项羽之敌，楚军必然西返。因此，汉兵的下一步计划就是，在项羽返回前重新修补、巩固荥阳、成皋防线，拒敌于荥阳以东。

刘邦的想法是正确的，只是动作慢了些。项羽早在他实施计划之前，就已教训完了彭越，又向西杀回来了。不过，他这次仍未能斩草除根，彭越只是被暂时挫败，但实力仍在。

楚军此番西征，刘邦已不似之前那般狼狈。项羽"擒贼先擒王"的策略，这时也难轻易奏效。由此，刘邦决定改变战法，稳扎稳打，逐步推进，首先拿荥阳下手。

当时，汉方仍由魏豹、周苛和枞公三将驻守荥阳，外加城外韩王信一支援军。到目前为止，这支援军从名义上讲只能算是汉方友军，而不归刘邦直辖。所以，它编的应该是韩军番号，而非汉军番号。

刘邦素以知人善任著称。该组合是他逃离荥阳前预先安排的，却让人大跌眼镜，堪称一大败笔。魏豹、周苛、枞公三将即使精诚合作，能否挡住楚军强势进攻，都是很成问题的。再者，韩王信兵微将寡，作用也相当有限。但刘邦当时思不及此，只想让其延缓楚军进兵，为自己出逃赢取时间。

周苛、枞公受命于临危之际，不是考虑如何巩固城防，抵御楚军进攻，而是打起了魏豹的主意。鉴于他之前曾弃刘投项，周、枞二人认为他立场不坚定，进而鄙视其为人，拒绝与他合作。

拒绝的方式多种多样，他们选择了最直接的一种，即当场杀人。"反国之王，难与守城"，这是两人在动手前先行商定的理由。

周、枞二人自以为人品优于魏豹，但在战场上，人品既不能做粮草，也不能当杀人武器。事实证明，他们根本不是楚军对手，更无力抵挡其强大的攻势。几个回合下来，荥阳失守不说，两人连同韩王信一起沦为了敌方的阶下囚。

战后，项羽驻兵于荥阳城，召周苛、枞公二人训话。实际上，他被两人的忠诚给打动了。为招降二人，他开出的条件也算优厚："为我将，我以公为上将军，封三万户。"

条件虽诱人，周、枞二人却丝毫不为所动，周苛更是破口大骂："若不趣降汉，汉今虏若，若非汉敌也。"这话使项羽怒不可遏，当即将他烹煮至死，连带处死枞公。

韩王信得知周苛被煮、枞公被杀，大为恐惧，立马投降，好歹保住了性命。

第八章 鹿死谁手未可知

开辟敌后
第三战线

在荥阳之战第二阶段，周苛被烹，枞公被杀，韩王信投降，楚军可谓战果辉煌。但项羽仍然心有不满，因为敌首刘邦仍窃据成皋。他这么一想，又准备整军出发了。

《兵法》云：兵贵神速。项羽幼年跟叔叔习兵法，深谙此道。他行军速度之快，时常让对手瞠目结舌。刘邦尽管之前吃过不少亏，这次还是不长记性，又被慢半拍的速度拖了后腿。他屯在成皋的部队，因楚军合围之前未能及时撤出，又成了瓮中之鳖。

大难临头，保命第一；关键时刻，领导先行。刘邦也深谙兵法，不过平时用到火候的仍是那四字真诀——走为上计。这次，他再次发挥身先士卒的优良作风，与贴身保镖夏侯婴乘小车率先出逃，而将大部队丢在成皋，继续坚守。

事实证明，逃命也有技巧。首要一点是要注意保密，否则容易走漏风声，也影响士气；其次要选对路线和时机，否则一旦被敌方发现，就是死路一条。

刘邦作为老手，两方面都很有经验。这次，他趁夜黑风高之际出逃，为掩人耳目，也未通知除夏侯婴外的任何人。唯一的缺憾是，这次因为事发突然，他逃得匆忙，事先没来得及选定路线。

刘邦与保镖夏侯婴，冒着九死一生的危险，从成皋玉门出发，摸黑前行，一路行至黄河岸边，才意识到是在向北走。过了黄河，便是赵国修武，现由韩信、张耳把持，已属汉方地盘。

行将获救之际，刘邦却忧心忡忡起来，认为自己身为一国之主，却如此狼狈，几乎是孤身逃难，在张耳、韩信和众将士眼中，定会威仪尽失，体面无存。为思得一计，使自己在落魄中体现威严，他费尽了心机。

当夜，刘邦与夏侯婴不动声色，在修武传舍住了一宿。次日黎明，二人来到赵国军营，假借汉使之名，轻易骗过了守卫军士，堂而皇之进入营内。

当时，韩信已收降了谋士李左车，并依其计策，和平解放了燕国。[1]自此，河北再无大的战事。当刘邦、夏侯婴突然造访时，韩信、张耳二人仍在营中酣睡，其调遣兵将的印符被随身带着。

君王只身在外，有军队才有安全感，说话也才有底气。刘邦见二人戒备松散，便直奔主题，暗中取了印符，先造成既定事实。韩、张二人一觉醒来，发觉军队已然易主，惊骇莫名，却悔之不及。由此，二人也对刘邦平地生出几分敬服。

无论何时何地，都有支持者甘愿为自己效劳，这是刘邦最大的本钱。

1　公元前206年，项羽分封诸侯时，将故燕地一分为二：以臧荼为燕王、韩广为辽东王。但韩广拒绝至辽东就任，当年年底，臧荼击杀韩广，并有其地，仍称燕国。

成皋战事吃紧，刘邦无心多留，想立马奔赴前线。临行前，他给韩、张二人分配了新任务：张耳留守本地，负责赵国的治安；韩信搜集散卒，准备拿齐国开刀。

刘邦带兵从修武出发，途中又陆续会合从成皋逃出的兵将，军势复振。根据逃兵带来的消息，成皋已陷于敌手，楚军想继续往西进攻，但在巩地遇到激烈的抵抗，目前尚未有所进展。

坚决不能让项羽攻入汉地。刘邦一夜之间由光杆司令再度成为手握重兵的统帅，说话自然也有了底气。

但他话音刚落，就有人表示反对，认为这并非万全之策。

发言者名叫郑忠，当时官任郎中。他从楚、汉几次正面交锋中确认，项羽的确战无不胜，不可力敌。但不久前的宛、叶之战，倒提供了一条对付楚军的极佳策略，大致内容如下：

汉方正面战场应消极避战，而致力于开辟敌后新战线，以骚扰楚军后方，使其首尾不能兼顾，往来疲于奔命。此任务的最佳人选，自然非彭越莫属。但他刚败于项羽，实力不足，故刘邦的当务之急，应该是发兵支援彭越，使他尽快独当一面。

刘邦听完，精神为之一振。按照既定规划，敌后战场本就该三线并举，当初还商定由韩信、彭越、黥布三人负责，只是后来刘邦与项羽作战接连失利，整天忙于逃命，竟忘了此事。

郑忠此时提出这个意见，正合刘邦心意。这样一来，正面战场压力会减轻不少。等敌后战场成长起来，正面战场再发动反攻，到时双方会师于荥阳，项羽就插翅难飞了。这的确是条妙计，但该派谁去支援彭越呢？

刘邦身边高质量的谋士不少，但能独当一面的将领却没几个。最终，刘邦选定了刘贾和卢绾。刘贾是刘邦的堂兄，久经战阵，肯定是战场上的主力。卢绾和刘邦同时同地出生，且自幼交情深厚，作为老乡兼亲信，他无疑是跟去挂职锻炼的。

刘贾和卢绾带了两万步兵和数百骑兵，辞别刘邦，从白马津渡过黄河，闯入西楚境内，一路大搞破坏。彭越之前被项羽打得不敢露面，这时听说援兵到来，赶紧出来接应。汉方敌后战场第三战线，就这样开辟成功了。

刘贾很清楚，自己的目标是断绝楚军的粮草供应。所以，他一见到该类物资，不是夺就是烧。若遇到楚兵前来，他则避而不战，与彭越互为犄角，等敌军一撤，再出来继续搞破坏。

当时，彭越不归刘邦直辖，只能算作汉方的友军，所以胆子比刘贾更大。他一直想拥有自己的地盘，当初执意反对项羽，就是因为此愿望没能得到满足。所以，在刘贾、卢绾大搞破坏之时，他却忙着到处攻城略地，相继攻下了陈留、睢阳、外黄等十七座城池。

彭越和刘贾这样肆意胡为，项羽肯定相当被动。当时，正面战场战事未了，他自己分身乏术，还腾不出手来。

彭越这时再度出现，确实相当棘手。若花大力气根除，势必使刘邦恢复元气，趁机做大，楚军之前的战果就会前功尽弃；若集中兵力对刘邦穷追猛打，彭越、刘贾又在他后方捣乱，威胁楚军粮草。很明显，无论哪种选择，都非万全之策。

鱼与熊掌不可兼得，究竟该作何取舍？项羽必须尽快拿定主意。

最后，他选择了折中方案，将成皋的楚兵一分为二，留一部分守住前线，另一部分由他本人率领，东撤对付彭越。大方向既定，但调兵遣将方面仍有问题。他自己对付彭越自信十足，带少许兵卒即已足够。但留下大部分楚兵守成皋，谁堪为将呢？

项羽麾下诸将，其实能征惯战者不少。问题是他疑心重重，对别人缺乏信任，不敢大胆放权。思来想去，他最后择定的人选是大司马曹咎。

曹咎在楚身居要职，所凭的既非能力出众，也非擅长搞关系，而是因为他曾救济项梁。正是因为这段早年经历，他得到了项羽的信赖，并被封为海春侯，成为大司马。这也足以显示项羽用人的一些特点，与刘邦确有不同。

刘邦非善与之辈。项羽让曹咎担此重任，无疑冒着极大风险。但只要看看曹咎的任务，我们便发现这纯属杞人忧天，完全没必要担心。他只需坚守成皋十五天，期间不迎战汉兵，就算圆满完成任务。

对于彭越的威胁，若能根除固然是好，但项羽上次认为无此必要，结果斩草不除根，留下后患。这次，他终于决心诛杀彭越，收复失地，永久解除后顾之忧。

"守住成皋，勿轻易出战，防止汉军东进。我十五天内定灭彭越，等平定了梁地，再来与大家会合。"项羽对曹咎耳提面命，好言相嘱一番之后，提兵东去。

曹咎拥大军，守成皋十五天，易如儿戏。项羽十五天解决彭越，则殊非易事。现实的发展并不一定符合多数人的预想，但无论如何，项羽此番决策的确充满了变数。

楚军的自信和实力，却非浪得虚名。在项羽看来，彭越、刘贾之辈犹如草芥，根本不值一战。陈留轻而易举就被收复了，外黄负隅顽抗数日，也投降了。但项羽迁怒于外黄胆敢抵挡他的大军，准备活埋城中十五岁以上的男子，以示惩戒。

军令既下，外黄令和他的一大批舍人，全都束手无策。其中有一舍人之子，年方十三岁，自信可使项羽收回成命，挽救无辜众生。当时，外黄令别无良策，只得应允。

舍人之子拜见了项羽，称："外黄人因受彭越胁迫，才被迫投降，其实一直期盼大王前来解救。大王如今来了，却如此对待我们，外黄以东还有十几座城池，城中百姓对您还会有归附之心吗？"

项羽也许见小儿启发善念，也许被其言语所打动，果真撤回成命，将该活埋者全部赦免。这样做的后果，也真如舍人之子所言，西楚大军所到之处，百姓们都争先恐后抢着归附。于是，十几座城池全部光复。

尽管如此，项羽的目标仍未全部实现，因为彭越事先探得了风声，早又躲起来不敢露面了。

项羽想寻彭越一战而不得，进退维谷。

正无奈之际，成皋前线突然传来消息，称大司马曹咎守成皋，不堪忍受汉兵辱骂，出军迎战，渡汜水时遭到偷袭，致使全军覆没，辎重、财宝等被一抢而空。事后，曹咎与副将司马欣、董翳等，均以自杀谢罪。

一支军队无论多精悍，若由一个无能的将军率领，注定不会有好下场，曹咎就是典型的例子。当然，这也缘于项羽用人不当。

项羽闻讯，惊慌失措，于是又扔下彭越，率军西返。但这次他没能到达成皋，因为汉军打败曹咎之后，已乘胜将战线推到了荥阳以东。也就是说，成皋已经成为汉国的大后方了。

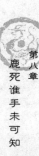

第八章 鹿死谁手未可知

妙计迭出

公元前204年九月，刘邦击败楚将曹咎，第三次夺回成皋，将战线再次推向荥阳以东。该成果的取得，得益于辩士郦食其的建言。

当时，刘邦被郎中郑忠力劝避免与项羽正面交锋后，思想走向了另一个极端——既然正面敌不过项羽，干脆就将成皋一线放弃，将汉军退到巩、洛一线拒敌。

当然，为了慎重起见，刘邦在做此决定之前，还须先与众谋士商量。

长期以来，楚、汉双方反复较量，刘邦败多胜少。郦食其也被害得东躲西藏，四处奔波。但他经多方观察，认识到双方无休止地死缠烂斗，其实质是粮草之争。成大事者必以民为本，而民以食为天。荥阳东北的敖仓正是天下粮仓，理应是双方争夺的焦点。简言之，得敖仓者得天下。

现在，项羽突破了荥阳、成皋防线，却未认识到敖仓的重要性，反而东撤去对付彭越，这正是汉军复兴的良机。刘邦应抓住时机，向东进兵，收复成皋、荥阳，依敖仓就食，与项羽再决雌雄。

这次，郦食其的建言得到了刘邦首肯，立即被付诸实施。但问题是，西楚大司马曹咎依项羽之命，拥重兵据守成皋，任凭汉军如何叫战，就是不肯出战迎敌。汉军如何能在十五天内打破局面呢？

问题其实简单得很。曹咎一介匹夫，脾气却比项羽还要暴躁，若能设法使其动怒，何愁大计不成！

于是，刘邦令士兵每日在城外叫骂。起初，曹咎谨记项羽之言，坚守不出。但长此以往，他满耳都是汉兵的秽言污语，项羽的嘱托遂被抛至九霄云外。终于，忍无可忍的曹咎决定提兵出城，与汉军一战。

当时，刘邦仍率部驻在小修武，与成皋仅隔有一条汜水。曹咎想出战，就必须渡过汜水。在汉兵百般辱骂中，曹咎怒火中烧，遂令全军渡河一战。

没有项羽的楚军，简直就是一群废物。跟诸如曹咎之辈作战，真是有辱智商。

刘邦第一次有了这种感觉。眼下，他见楚军个个奋勇，渡汜水而来。等敌军渡河到一半时，只将手一挥，四周汉兵倾巢而出，半路截杀过来。楚军进退不得，只能任凭宰杀，瞬时化作乌有。

楚将曹咎情知中计，难抑心中悲愤、悔恨之情，当场自杀谢罪。这样一来，楚军余部群龙无首，除少数被钟离昧带走外，都成了汉军刀下鬼，其余随军辎重、军械、财物等，也被收缴一空。

紧接着，刘邦堂而皇之地将部队开进成皋，后又从成皋出发，向东夺取荥阳、敖仓，最后在广武山（今河南河阴县）驻扎下来。

汉军的这一系列胜利，无疑是拜郦食其的妙计所赐。这位老辩士见一计得手，欲罢不能，再去邀功献策。上次针对正面战场，这次更要涉足敌后。当然，这是经他长久观察揣摩后得出的结论，他认定十拿九稳。

敌后战场上，韩信虽接连攻克了魏、赵、燕诸国，其实已成强弩之末。齐国人口阜盛，依山傍海，且与西楚腹地相接，与燕、赵等国不可同日而语。对郦食其而言，凭三寸舌说齐归汉自是大功一件，况且不战而屈人之兵，功劳更在韩信、张耳之上。

郦食其首提说齐附汉之策，经刘邦批准后，自去执行。按刘邦的心思，齐国若肯归附，自然最好不过；即便不肯归附，于汉也无害。

当时，名义上的齐王仍是田荣之子田广，但国政实由相国田横决断。自与西楚和解以来，齐国已近两年未逢战事。任凭楚、汉斗得你死我活，齐国总能置身事外。这是自战国晚期以来，齐国一贯的外交政策。

但就在前不久，有消息称韩信奉汉王之命，已在招兵买马，准备一举拿下齐国。田横闻讯，神经立马紧绷起来，赶紧派出大将华无伤和田解，陈重兵于历下（今山东济南市西），巩固边防，以防不测。

田横、田广叔侄等了许久，未见韩信大军攻来，却等来了辩士郦食其。于是，双方进行了如下一番对话。

郦："王知天下之所归乎？"

广："不知也。天下何所归？"

郦："归汉。"

广："先生何以言之？"

郦食其发挥自身所长，先以该话题引起田广的兴趣，然后洋洋洒洒发表了一番高谈阔论。

首先，他从民意和用人两方面比较分析了刘、项二人的优劣。

在民意方面，项羽违约不让刘邦当关中王，后来又谋杀义帝，极不得民心；刘邦起兵收三秦，为义帝发丧，册立诸侯之后，正是民望所归。在用人方面，项羽对部将有功不赏，有罪不忘，只重用亲朋故旧，令部将大失所望；刘邦任贤重能，有功即赏，不念旧恶，部下都乐为之用。

由此，郦食其得出的结论是："天下之事归于汉王，可坐而策也！"

但按此逻辑下来，不必然推出齐必须附汉的结论。为此，他继续陈述：汉王从巴蜀出发，定三秦，破西魏，灭赵收燕，进展神速，所凭借的定非人力，而是因为得天之佑。所以，汉才是真正的天命所归，齐国抢先归附方能保全，否则就会大难临头。

齐国田氏与楚项氏素来不睦，其实老早就在犹疑观望。只因当时项羽宰割天下，齐国紧挨楚国，受其监视，不能投靠汉国。田荣性情执拗，曾联合陈余、彭越与项羽为敌，却搭上了性命。有鉴于此，田横只得忍气吞声，闭境自保。现在汉派辩士来游说，齐国若趁此机会附汉，说不定消灭项羽之后，还能分一杯羹。

田广思虑良久，又咨询了叔叔田横的意见，最后答应与汉合作。为了表示诚意，他采取了两项措施：一是派使者给刘邦传达归附之意，二是撤回华无伤、田解在历下的驻军。

不久，使者带回了刘邦的回复，宣布齐、汉合作开始。田横、田广叔侄为表谢意，将郦食其留在临淄，予以盛情款待。郦食其以一人之力成此大功，自觉飘飘然，整天胡吃海喝，烂醉如泥。

随着齐国的归附，年近古稀的郦食其攀上了人生顶峰。不过，高处不胜寒。凭一身老骨头，他能否在顶峰上站得住，还是个问题。不久，范阳辩士蒯通会将这个问号改为句号，予以最终解答。

韩信对战龙且

刘邦在修武逃难时，临行曾令韩信举兵攻齐。但现在，郦食其捷足先登，抢先说降了齐王。刘邦在批准郦食其行动之前，未撤销对韩信的进军令，这就给后面的悲剧预埋了伏笔。

自从接到攻齐的任务，韩信不敢怠慢，积极扩军备战，很快就纠集了一支军队，准备从平原（今山东平原县西南）进攻。但这时传来消息，称齐王田广经郦食其游说，已答应脱楚附汉，并和刘邦有使节往来。

郦食其不废一兵一卒，仅凭口舌就使齐国拱手归降，较之举兵讨伐，无疑对汉更为有利。韩信由此认为，降齐任务已由辩士郦食其完成，自己不必再动干戈了。无论武将或辩士，反正都是为汉效力，每个人努力的结果，最终也都归于刘邦名下。所以，他打算撤军而返。

当时，韩信军中广有智谋之士相辅。除定策降燕的李左车外，著名的范阳（今河北定兴县西南）辩士蒯通[1]也成为其座上宾。当韩信欲进攻

1　蒯通本名彻，后来为避汉武帝刘彻的讳，被改名为蒯通，其传记见于《汉书》卷45。

齐国时，蒯通即在其军中。郦食其无论如何也不会料到，他自己和齐国的命运，只因这位同行的一席话而徒增变数。

蒯通，不仅是一名出色的辩士，也堪称当时的顶级谋士之一，其智谋水平足以与亚父范增比肩。只因活动的舞台小，仅限于燕、赵之地，声名没有范增大。

当时韩信虽为汉将，但在蒯通眼中，实有脱汉独立的潜力，若能得齐国之众，更足以与楚、汉鼎足而立，三分天下。不过就目前来看，他似乎还没有这方面的觉悟。有鉴于此，蒯通从谋士的角度出发，为韩信设计了一条独特的晋级之路，并竭力把他往此路上引导。

"将军攻齐，当初曾得汉王之令。他并未下令停止进攻，所以你现在撤军，就是违反王令。再者，郦食其仅凭口舌之能，即降服齐国七十余城，而你作为汉之大将，领兵数万，一年多才攻下赵五十余城。以此论功，你甘心落后于他吗？"

蒯通似一只老谋深算的狐狸，早为韩信设下了钓饵，不容他不心动。

韩信本有撤军之念，一听蒯通之言，竟犹豫起来。他从未怀疑过自己对汉王的忠心，只是担心劳师远征数年之功，被郦食其轻易压过。撤军违反王令之说，只是蒯通劝他攻齐的托词，他对此心知肚明。

田广已撤去历下之兵，若攻齐此时倒是个良机。韩信几经犹豫，终于采纳了蒯通之计，以迅雷不及掩耳之势渡黄河，闯入齐境，在历下大胜齐军，活捉大将华无伤，然后直逼齐都临淄，将其团团围住。

直到此时，田横叔侄还在和郦食其置酒庆祝。噩耗传来，两人惊慌失措，被吓破了胆。原来，郦食其阴险、狡诈至极，竟只身入齐行骗，使齐国撤销守备，好让韩信趁机进兵。

事实摆在眼前，铁证如山。郦食其有口莫辩，只能任凭处置。

田横、田广为解心头之恨，不顾郦食其年老体迈，先下令将他扔到油锅里，炸得外焦里嫩，然后分头逃跑，将临淄拱出。为分散汉兵注意，田广跑到了高密（今山东高密市），田横逃到了博，另有几个部属，则分别逃到城阳、胶东等地。

韩信占领了临淄，为斩草除根，又一路马不停蹄，直奔高密而来。齐王田广清楚，单凭齐国之力难与之抗衡，只好厚着脸皮，再遣使求救于楚。

当时，项羽刚驱逐了彭越，因曹咎兵败而西返，在广武与刘邦对峙。

齐国之前曾想联汉攻楚，现在迫于无奈，又向楚求救。项羽自然不高兴，但他深知韩信灭齐之后，下一步将南下攻楚，若能保住齐国，至少可以延缓汉兵南下，于楚也有利而无害。

最终，项羽极不情愿地答应出兵援齐。此战非同小可，极可能左右楚、汉最终胜败，故择将必须慎之又慎。当时，项羽本人正与刘邦对峙，分身乏术。鉴于曹咎的教训，对于其他部将他也深表疑虑。

亲信虽然忠诚度高，但能力缺陷无以弥补，关于这点，曹咎已提供了血的教训。但环顾诸将，谁堪当此大任呢？项羽几经盘算，最后斩钉截铁定了领军之人——龙且。

龙且与项氏渊源颇深。项梁在世时，他曾助楚大破章邯所部于东阿，之后举身转赴项羽麾下。当时，黥布的骁勇闻名遐迩。当其叛楚时，龙且与项声合作，几个月就彻底击溃了九江军。

在龙且看来，他之前曾与韩信共事，深知对方底细，凭直觉判断，此人不难对付。

因战事吃紧，项羽赶紧任其为主师，给他拨了一支军队援齐。龙且一旦重兵在手，为在声势上压倒对手，对外诈称大军二十万，一路浩浩荡荡，赶赴高密前线。当时，齐王田广仍在避难，得知楚军来援，赶紧与龙且合军一处，共议破敌之策。

齐楚联军兵强马壮，也不乏智谋之士。战前，一位不知名的谋士，向龙且分析敌我之优劣势：

"韩信引兵深入敌境，由于断了退路，定会殊死作战；齐楚之兵恰相反，在自己地盘作战，多贪生怕死。因此，楚军不如避而不战，而让田广站出来。齐人虽已降汉，一旦得知齐王健在，又有楚军来援，必定再举本国旗帜。如此一来，汉军离国万里，在齐国又得不到接济，就可不战而降。"

上述分析的确切中要害，与李左车为陈余所献之计，有异曲同工之妙。

但龙且凭多年作战经验，对自己的所察所感深信不疑。联系韩信早年乞食漂母、胯下之辱等经历，认定他只是个懦夫，丝毫不在意。而且，按照项羽的规划，楚军此行是为了救齐，但龙且也意不在此，他还有更大的野心。在他眼里，救齐还有另一层意义，即为自己裂土封王捞取政治资本。所以，此战必须经实战取胜，方能显示自己的威势。

很明显，龙且被自大和狂妄蒙蔽了双眼。他一意孤行，自行其是，最终只能自食恶果。

公元前203年阴历十一月，齐楚联军与韩信部汉军遭遇。双方隔潍水对峙，大战一触即发。

《兵法》云：知己知彼，百战不殆。龙且自以为知彼，但其实他对韩信的了解，远不如对方对他的了解。根据韩信的观察，由于龙且自大、轻敌，汉军其实大有可为。而两军之间的潍水，正是极好的道具。

楚、汉汜水之战，汉兵待曹咎半渡而击之，结果使楚军倾覆。韩信认为龙且久经沙场，必熟知此战法，不会轻易上当。所以，他这次反其道而行之，战前先令手下赶制一万个沙囊，到交战前一夜，又将沙囊装满沙子，垒在潍水上游，截住水流。

对于汉军此番举动，楚军当然一无所知。当两军对阵之时，龙且和田广见到的只是自己兵强马壮，汉军则比想象中少得多。兵力如此悬殊，楚军早已十拿九稳，韩信真是自不量力。

遥望潍水对岸，只听得号角响，战鼓擂，汉军首先发起冲锋。对岸楚军严阵以待，冷眼旁观汉军渡河。结果，汉军还没渡过一半，刚一交兵，就开始撤退。

汉军败退，龙且以为是摄于楚军兵威，心中窃喜。按以往经验，眼下楚军锐气正盛，正是奋勇杀敌之时。龙且遂号令全军，追亡逐北，痛歼敌军。军令既下，潍水东岸齐楚联军倾巢而出，争先恐后，抢渡潍水。

见楚军蜂拥渡河，韩信心中暗自嗟叹：龙且愚不可及，项羽用此等人为将，怎有取胜之理？接着示意潍水上游的汉兵将河中沙囊一一掘开，使上游被堵之水一泻汪洋。龙且大军在潍水下游，渡河未到一半，躲逃不及，瞬时灰飞烟灭，成了水中鱼鳖。

龙且和田广仍在潍水东岸，这时终于明白，之前汉兵渡河败退，原来是诱敌之计。

这次失败太突然，以至于龙、田二人想逃时，已是慌不择路。结果，汉将灌婴率兵一路围堵，龙且当场被杀，田广则逃到城阳后被俘。

至此，潍水之战结束。韩信大获全胜，齐楚联军全军覆没。

战后，韩信令灌婴乘胜进兵，陆续消灭分散于齐境的虾兵蟹将。齐相田横本来在博避难，听说田广遇难后，又自立为齐王，负隅顽抗，被灌婴一路穷追猛打，最后投奔了彭越。至此，齐国被完全平定。

龙且因狂妄自大，项羽因用人不慎，都付出了惨重代价。潍水之战后，战争的天平已向汉方倾斜了。

楚汉之争进入第四个年头，仍迟迟不见分晓。

当韩信在齐国大逞威风时，项羽已回到楚、汉对峙前线。他本想守住成皋一线，却晚了一步，战线已被汉军推到了荥阳以东的广武山。项羽行军到该地时，恰逢钟离眜残部被汉军围困。于是，他奋神威将汉兵驱逐，解救了这支败军。

广武地势险峻，中有山谷深达千仞。在很长一段时期内，楚、汉双方只隔着此谷对峙，而不能直接作战。项羽清楚，长此以往必定于己不利。为了打开局面，他开始尝试各种方法。首先，他想到以刘邦之父相要挟。

刘邦自从当上汉王，无时不思念远居丰县的亲人。占领三秦后，他想借乡人王陵的兵力，护送家人到关中团聚，无奈被楚军所阻。彭城之战后，他又回丰县接应家人，却得知父亲和妻子已被楚军劫持，只得悻悻而返。

从那以后，刘公和儿媳妇吕雉一直以人质身份被拘留在楚军中。项羽认为，他们终有一日会有大用的。显然，对于刘邦的秉性，他的了解还相当浅薄。

项羽天真地以为，利用刘公可以逼刘邦就范，于是找来一个高腿案板，将他搁在上面，故意暴露在汉军面前，然后冲刘邦下最后通牒："你若不早降，我把你爹煮了！"

刘邦的变通和圆滑是超乎想象的。项羽以刘公相要挟，他也不含糊："当初我与你同在怀王麾下，约为兄弟，故我父即你父。你若煮了我们的父亲，也分我一点尝尝。"

这话其实包含两层意思：第一，项羽想以刘公相要挟，迫使汉军投降，纯属妄想；第二，即便刘公真被煮了，刘邦也不会在意，仍会战斗到底，到时由项羽背负骂名，所以煮与不煮，他要慎重考虑。

项羽听罢此话，被气得哭笑不得。他这几年辗转天下，可谓阅人无数，但像刘邦这样厚脸皮之人，还真是头一回见。

此计不成，项羽与汉军继续对峙。这段时期，楚、汉双方是比较艰苦的，用史书中一句话形容，叫做"丁壮苦军旅，老弱罢转漕"。几个月之后，项羽或许因按捺不住，或许不忍生灵涂炭，又思得一计，想打破现状。

"天下大乱多年，百姓疲敝，一切因我俩而起。为使百姓免于兵戈之苦，不如我俩单打独斗，一决雌雄。"

在项羽看来，该方案简单易行，又能发挥自己的特长，无疑是最佳选择。

"吾宁斗智，不能斗力。"

刘邦很清楚该提议不利于己，故嗤之以鼻。

项羽见两番用计不成，心中恼怒，改令壮士前去挑战。刘邦再令军中一楼烦籍神箭手应战，楚兵一连三次挑战，都被射死。轮到第四个，神箭手又想拈弓搭箭，却被对方瞋目怒斥一番，吓得眼不敢正视，手不敢射箭，跑回军营再不敢出来。

刘邦令人窥探，竟是项羽披甲持戟，亲自上阵。

论单打独斗，项羽的确无人能敌；但论斗心计或耍赖，其水平绝对在刘邦之下。刘邦瞅准了这点，认为必须扬长避短，才能压制项羽的嚣张气焰。于是，他草拟了一篇腹稿，也亲自上阵，再与项羽隔谷对话。

仇人见面，分外眼红。项羽见了刘邦，咬牙切齿，急欲一战。但刘邦不以为意，酝酿一番之后，罗列了项羽十大罪状。

罪一：负怀王之约，将先入关中的刘邦封为汉王；

罪二：擅杀宋义，自立为上将军；

罪三：救赵败秦后，不先禀报怀王，而与诸侯西进关中；

罪四：暴虐无度，烧秦宫室，掘始皇墓，私占其财物；

罪五：秦王子婴降楚，仍无故枉杀；

罪六：活埋二十万秦降兵，私立三秦王；

罪七：将好地盘封给诸将，徙逐怀王；

罪八：放逐义帝，霸占彭城，兼并梁、韩地盘；

罪九：谋害义帝，以下犯上；

罪十：以臣弑主，滥杀降兵，为政不平，大逆无道。

罗列完这十宗罪，刘邦再加上一句："我以义兵诛残贼，只以刑徐之罪人，就能把你灭掉，何苦我本人与你挑战！"

项羽被气得七窍冒烟，一声令下，万箭齐发，向对面乱射过来。刘邦不料项羽会用这招，一时躲闪不及，胸口中了一箭。为防敌方发觉，他急中生智，强忍胸口疼痛，以手捂脚，朝项羽大喊："射中我脚趾了！"

随即，刘邦被众人拥扶着撤回军营，想卧床疗养，却被张良及时制止。

张良认为，刘邦身为汉方统帅，一人之身关乎全局，若被人得知胸口中箭，定会影响士气，扰乱军心，甚至给敌人以可乘之机。故刘邦即便伤情严重，不但不可疗养，相反应到军中巡视，使众将士知他身体无恙，以免心生疑虑。

可怜的刘邦，清楚张良的良苦用心，无奈只得照办，拖着病体去军中巡视。但巡行一阵之后，他实在扛不住了，便顺势驰入成皋。广武前线军务暂由众将代理，刘邦自去养伤，等痊愈之后，又继续向西巡行，直至汉都栎阳。

在栎阳，刘邦心情大好，于是与父老置酒欢饮，足足四日方休。

刘邦这次重返栎阳，其实怀有两层目的：一是暗查萧何的举动，二是征关中之兵增援前线。当这两大目的如愿后，他便带着新征的兵员，重返广武前线。

第九章

尘

埃落定

关键性少数

在两大阵营势均力敌时，两大阵营之外的少数派就凸显了其重要性。他们势力单薄，单凭一己之力，不能与两大阵营抗衡，但与其中一方合作，却可使胜利的天平向某一方倾斜。

上述势力被称为"关键性少数"，若运用得当，能收到以小搏大之效；若运用不当，则会坐失良机，遗恨无穷。

楚汉之争后期，在刘、项两大阵营之外，也出现了这种"关键性少数"，这便是由韩信领导的齐国。

楚、汉广武对峙，从公元前203年年初一直持续到年末。汉军从关中不断补充兵员，楚军却一次次被彭越截断粮道。韩信在打败齐、楚联军后，更是直接威胁楚之后方，加剧了楚军处境的恶化。

龙且兵败身死后，消息传到广武前线，使项羽大为震骇。韩信在楚只为郎中，投汉却攻城略地，横扫半壁江山，引起轩然大波，项羽不得不为之动容。未使韩信之才为楚所用，而让他流落汉国，真是极大的失策。

当时，韩信已自立为齐王，与汉东西呼应，形成对楚的夹击之势。项羽自然清楚，若再不采取措施，西楚将大难临头。但防止韩信下一步攻楚，与其以武力相对，不如鼓动他脱汉自立。

项羽思之再三，决定遣盱台人武涉去游说韩信，争取其中立，以缓解楚的压力。

武涉临危受命，马不停蹄地赶赴临淄，一见到韩信，当即开门见山，指出刘邦两大罪状：一是暴秦刚灭，人心厌战，而他却穷兵黩武，欲壑难填，妄想霸占天下；二是他数次从项羽处获生，但每每恩将仇报，不讲信义，人品极差。

当然，只说刘邦的坏处，是远不足以说服韩信的。接下来，武涉又进一步指出：当前，楚汉之争陷入胶着状态，任何一方想击败对手，都须借助齐国之力。因此，韩信的态度就至关重要，"右投则汉王胜，左投则项王胜"。韩信处于如此关键的地位，若仍甘心为汉效力，确非明智之举。实际上，齐与楚互为唇齿。一旦项羽被灭，刘邦立马就会剑指齐国。因此，韩信最好抓住时机，脱汉连楚，造成楚、汉、齐"三分天下"的格局。这样，齐国才会进一步提高其地位。

不管武涉动机如何，叛汉从未成为韩信的候选项之一。当初，他衣食无着，寄人篱下，投奔项羽麾下，只得一执戟郎中之位，故而叛楚归汉。汉王使其衣食无忧，还提供施展才能的机会，才使他有了如今的成就。

由此，韩信从道德角度出发，表明其绝不叛汉的立场。武涉见他如此坚决，多说无益，只好返楚复命。

平心而论，武涉的意见对韩信而言，确不失为最优方案。只可惜人各有志，各为其主。武涉是代表项羽当说客的，即使意见再好，效果也会大打折扣。对此，辩士蒯通也是深知的。

蒯通认同武涉的说法，他觉得自己是韩信的谋士，换一番言辞，或许能说服韩信，使其回心转意。

经过深思，蒯通首先改进了进谏技巧。见到韩信，他没有直奔主题，而是自称曾学相面之术："相君之面，不过封侯，又危而不安；相君之背，贵而不可言。"

这话其实一语双关，意指韩信若执意助汉灭楚，照此下去，只不过得封侯之赏，且风险极高；但若叛汉自立，则会有更大的发展空间。

韩信起初并未听出话中玄机，进一步问是何意。接下来，蒯通便将武涉之语添油加醋，重述一遍，让他早拿主意，不要犹豫。韩信之前曾批判项羽的妇人之仁，但这时他也将这种品格表现得淋漓尽致，认为叛汉属于见利忘义，非君子所为。

对此，蒯通以张耳与陈余、勾践与文种为例，予以说明："张耳和陈余是刎颈之交，却因小事反目，势如水火；文种辅佐勾践救亡图存，灭吴称霸，却落得功成身死。这说明人心难测，关系的亲疏由利益决定。你对于刘邦，交情之深不如张耳之于陈余，忠诚不如文种之于勾践，况且身为人臣，却功高震主，无论归附楚、汉哪一方，都不能使其心安，故叛汉自立才是正道。"

韩信听罢此言，仍疑而不决，表示要再行考虑。

蒯通一连等了数日，未得答复，忍不住心中焦急，再去规劝韩信："机不可失，时不再来。优柔寡断，知而不行，是取祸之端。事到如今，您还犹豫什么呢！"

尽管武涉、蒯通一再相劝，韩信仍是坚持己见，认为自己对汉忠心耿耿，且立有大功，肯定不会被亏待。最终，蒯通的努力也归于徒劳。

当断不断，反受其乱。韩信，这个军事上的巨人、政治上的矮子，一旦失此良机，他将付出惨痛的代价。

蒯通料韩信无可救药，无奈只得离开，到外面装疯卖傻度日。

又一次虚假和谈

公元前203年夏，齐王韩信否决了叛汉自立、三分天下的建议，令部将灌婴挥军南下，闯入西楚境内，一路势如破竹，相继攻克薛郡、下相、淮北等地。

这时，楚将项声、薛公、郯公，奉项羽之命抵挡汉军，收复失地。但三人很明显不是灌婴的对手，被齐军大败于下邳，薛公当场阵亡。接着是一连串的败讯，楚都彭城失陷，柱国项佗被俘……

消息传到广武前线，楚、汉两军皆惊。不用说，刘邦想到项羽的惊愕神情，心里由衷地兴奋。功夫不负有心人，两年前洒下的星星之火，终于成燎原之势了。

末路穷途的项羽，应该不会太顽固吧？

刘邦这样想着，于是派辩士陆贾出使楚营，想讨回失散多年的父母妻子[1]。但他这次失算了。因当时项羽正在气头上，陆贾这次出师不利，没能完成任务，悻悻而返。但刘邦对家人思念至深，不肯轻易罢休，再派辩士侯公出马。

侯公抵达楚营，正值楚军祸不单行之时。当时，韩信向南攻陷了彭城，彭越收留田横后，也在后方捣乱，数次截断楚军粮道。项羽驻兵于广武，兵少粮尽，进退失据。

侯公至楚，道明了来意。项羽情知刘邦讨爹情切，于是趁机向汉提条件：楚可以释放刘公归汉，但汉该应允自即日起，楚、汉双方以鸿沟为界，和解休兵，中分天下，鸿沟以东属楚，以西归汉。

按照项羽的想法，楚军要与汉军持久对抗，应先击败韩信、彭越之辈，解除后方兵、粮不足之忧；而要去后方对付韩信、彭越，则应先打破当前于己不利的局面，摆脱广武汉军的纠缠。

侯公将项羽的条件带回汉营，经刘邦批准后，再去楚营签约。最终，双方合约于当年阴历九月达成，项羽释放刘邦所有亲眷，由侯公带回汉营。之后，如释重负的楚军如实履行合约，罢战东返。

至此，楚汉之争第二阶段结束。

事实上，即使后来汉不违约，项羽想与其中分天下，也只能是空想。因为当时鸿沟以东，韩信、彭越、臧荼、张耳分别占据齐、梁、燕、赵等国，他们不可能仅凭一纸约定，就从这些地盘撤出，拱手让与西楚。

不管怎么说，刘邦时隔五年与父母、妻子重逢，内心之喜悦难以言表，竟至于昏乱了头脑，丢下项羽不管，立马想与家人收兵西撤。

但刘邦麾下，张良、陈平等人仍清醒得很，识破了项羽的缓兵之

1　至于彭城之战后，楚军是俘获了刘邦之父、妻，还是父、母、妻、子，赵翼的论述较为得当，见《二十二史札记》卷一"汉王父母妻子"条。

计，知道他想回国调集兵、粮，重整旗鼓，再与汉王决战。至于"鸿沟议和"，良、平二人认为汉军恰可将计就计，趁楚军东归之时，从背后袭击。

于是，他们来找刘邦商量："汉已占天下大半，且得诸侯相助；而楚军兵疲粮尽，正欲撤军东返。趁此机会，我们正好可将其一举消灭。否则放虎归山，遗祸无穷。"

刘邦认为二人之话有理，于是收回成命，令汉兵越鸿沟袭楚军。此举标志着楚汉之争第三阶段已经来临。

当时，汉兵奉命一路追楚军至阳夏之南，方才止步。鉴于汉军素来难敌楚军，且当时项羽兵力尚有十余万，刘邦不敢贸然出击。出于谨慎起见，他先派遣使者到齐、梁二国，去通知韩信和彭越，相约三方会兵于固陵（今河南太康南），联合破楚。

韩、彭二人闻讯，欣然同意出兵。

得到齐、梁二国回信，刘邦心里踏实了许多，于是继续紧追楚军，等与韩、彭二人会师。但到固陵之后，他连等数日，就是不见齐、梁之军。而此时，项羽已发觉了尾追的汉军。

楚军履约撤军，汉却从后追袭。如此奸诈小人，完全不能以信义相待。项羽与刘邦打了八年交道，到现在才认清其真面目。好在他发现，以刘邦手中现有兵力，楚军若奋力反戈相击，仍有十足胜算。

项羽将军队驻扎下来，开始磨刀霍霍。刘邦心中焦急，等齐、梁二国之师不到，只好独自迎敌。

百足之虫，死而不僵。楚军虽然兵疲粮尽，但战斗力仍远在汉军之上。几个回合下来，汉军被打得屁滚尿流，毫无招架之力。刘邦见状不妙，赶紧收兵，然后深沟高垒，坚守不出。

其实，彭越、韩信不肯发兵助汉，是有充足理由的。他们心里都自有小算盘。

当时，韩信虽已霸占齐国，但其王号是刘邦事后追认而非主动册封的，所以韩信心里没有底气。彭越一直忙于攻城略地，为自己拓展地盘。趁着项羽疲于两面作战，再加上田横帮忙，他一口气攻下了二十多座城池。助汉击楚所得的利益，若与此相比，显然微不足道。

韩信、彭越不甘为刘邦白打工，都想裂地称王。但另一方面，他们又都隶属于汉阵营，对盟主刘邦的要求，不好明确拒绝，所以只好阳奉阴违，敷衍了事。韩信没出一兵一卒，彭越只输送了一些粮草，事后还找了个冠冕堂皇的理由："我费大力气夺下这点地盘，现在还不稳固，不敢轻易与楚决战。"

刘邦是靠坑蒙拐骗起家的，不料这次却被韩信、彭越坑骗了。他越发感觉情况不对劲，于是去找张良问计："韩信、彭越二人不守约定，如何是好？"

张良对此观察已久，早看出了其中蹊跷。经刘邦一问，他一语道破天机："现在西楚将破，你却不裂土分封，他们肯定不肯卖命。这样，楚汉之争就仍有变数。"

这话的言外意义是，刘邦只有对二人裂土封王，满足其要求，他们才会继续效命。

不听张良解释，刘邦不知情况之复杂。韩信、彭越竟如此嚣张，敢以此相要挟。刘邦心中虽然窝火，但大敌当前，也不得不忍气吞声。而且，为拉拢二人联合灭楚，他还得强赔笑脸送赏赐，答应破楚之后，将自陈向东至海之地封给韩信，将睢阳往北到谷城之地封给彭越。

张良之计果然奏效。汉使刚去几天，就带回了韩、彭二人的回复："今请进兵。"

对此，刘邦心中喜忧参半，喜的是得二人之力，项羽可灭；忧的是二人飞扬跋扈，竟敢与主上谈条件。但现在还不是翻脸的时候，好歹等灭了项羽，再将其各个击破。随着楚汉之争已近尾声，刘邦必须着眼于更长远的计划了。

最后一战

　　项羽从广武东返后，一直想从韩信、彭越手中收复失地。但当时，楚军经过连年征战，已是强弩之末。楚霸王的末日也已临近，固陵之战是他最后一次疯狂。项羽本人，连公元前202年的春节都没等到。

　　当年年初，刘邦早先投下的几颗定时炸弹，终于全面开花。在他的号召下，四支军队遥相呼应，从四面八方齐聚垓下，与汉军会师，准备对项羽发起最后一战，它们分别是：齐王韩信亲率一军，自齐国进发；西楚大司马周殷之前坐镇九江，这时禁不住汉军诱惑，叛楚归汉，紧接着迎黥布入六，在城中搞了一次大屠杀；汉将刘贾从寿春出发，在城父也搞了一次大屠杀；梁相国彭越自昌邑南下。

　　就当时的形势来看，项羽收复失地的计划，已无任何可能性。实际上，他只有最后一条路可走，即设法返回当初举兵的根据地吴，重新整军备战，以图东山再起。

　　项羽为避免遭诸侯围歼的厄运，挥师向东南疾驰。但固陵离吴实在太远，当他行军至垓下（今安徽灵璧县南沱河北岸）时，恰遇韩信、彭越、黥布三军阻路，由刘邦亲率的汉军也一路赶来。项羽欲进无路，只好应战。

小小垓下，即将爆发一场大决斗。

垓下之战，是五年楚汉之争的最后一战。当时，项羽的兵力在十万上下，刘邦的兵力不得而知，只能推断出大概的数字。固陵之战中，刘邦既然敢孤军追击项羽，表明汉军肯定不在十万之下。韩信与项羽正式交战时，亲自指挥的兵力有三十余万。彭越、刘贾、黥布、周殷等人兵力之和，应不低于十万。由此，汉方参战兵力至少在五十万以上。

汉以如此优势兵力对战项羽十万疲惫之师，显然绰绰有余。刘邦为提高胜算，将军权全权委托给韩信，统一指挥对楚作战。这一点充分显示出刘邦器量之大，而欣然接受的韩信，当然也会格外用心。

韩信当然清楚，像项羽这样的对手，无论何时何地，力敌都不是最佳的选择。幸好他学过兵法，讲究"先胜而后求战"，以这样的路数对付项羽，才比较有胜算。

为突出韩氏风格，韩信对此战格外重视，精心打造了一个独特阵势：汉军主力三十多万由他本人亲自统帅，麾下两员大将孔熙、陈贺分居左右，刘邦紧跟韩信之后，再往后则是大将周勃、柴武的部队。

如此盛大的阵容，项羽见过不少。巨鹿和彭城两场大战，比现在有过之而无不及。那时，他视数十万大军如草芥，驰骋于敌阵，谈笑间就能破敌。但眼下，他却力不从心了。至于原因何在，他似乎从未想过。

即便胜算无多，项羽也是宁死不屈的。在他的大脑里，"败"字从未存在过。刘邦的军事水准，他已领教过多次了。至于韩信是否真如传说中那般厉害，这次正是领教的机会。

双方布阵完毕，正式开打。汉阵营由韩信出马打头阵，楚军倾全力迎战。对项羽而言，这将是一场惨烈度极高的恶战。在巨鹿和彭城，他能取得以少胜多的骄人成绩，一来是楚军斗志和勇气高昂，二来是利用了敌方的麻痹轻敌。但现在，刘邦和韩信对他的战法都十分了解，而楚军经过数年征战，早已精疲力竭。

从以上分析来看，项羽几乎无胜算可言。但出人意料的是，汉军看起来兵强马壮，声势震天，却没有与之相匹配的战斗力。双方交锋，韩信以绝对优势的兵力，只做了一些象征性的攻击，便行撤退。

面对此般情景，项羽很困惑。此前，韩信被传得神乎其神，但现在以三敌一，竟如此不堪一击，那他是如何以少胜多打败龙且的呢？要知道，龙且在楚军中算是一流战将。

按当时的形势，项羽无暇解开这些疑惑。眼前的机会稍纵即逝，不可轻易错过。他的首要任务是乘胜追击，痛打汉军，即使不能将其打垮，至少使其不敢小觑楚军，以确保自己顺利退军至吴。这是以战求和的策略。

项羽把韩信想简单了，三十万汉军不会平白无故撤退。韩信之所以退军，实际有另一层考虑——诱敌深入，将项羽引入其包围圈。

项羽不知韩信的诡计，一心纵军追敌，等发现误中敌人圈套时，已来不及撤军。汉军左、右两翼由孔熙和陈贺统领，早将楚军趁势合围，后方韩信回军再战，三面齐攻，大败楚军。

士别三日，当刮目相看。原先的小郎中，已成为左右天下局势的战将。项羽惊叹之余，不得不承认自己以前看走眼了。若不是一连串识人、用人错误，西楚断不会落到今天的地步。但对于这一点，他至死也不愿承认。

这是自江东举兵以来，项羽第一次战败，对他的打击之大，毋庸赘言。

英雄末路，想寻得转机，只能孤注一掷。项羽在垓下筑起壁垒，准备残兵据守。这一方面是迫于兵败的现实，另一方面，项羽认识到当前汉军势大，楚军力敌难胜，但足以自守。汉军一时奈何不得，等时机一到，他再率军杀出重围，逃反江东。

韩信见楚军筑壁据守，率兵紧追过来，将其围得水泄不通，插翅难飞。鉴于楚军尚多，他只是将其重重包围，而没有发动强攻。双方就这样相持着。

韩信久经战阵，熟谙兵法，深知眼下若强攻，楚军定会抵死奋战，汉兵损伤巨大不说，也未必能将其全歼。与其如此，汉兵不如围而不攻，以此消磨楚军斗志，等其自行瓦解，自然手到擒来。

不出韩信所料，面对眼前兵力少、粮草短缺、诸侯围困的问题，项羽都无力解决。楚军士气日渐低落，逃兵与日俱增。更有甚者，许多楚兵还自动倒戈，转投汉军。对此，项羽忧心忡忡，但一时也想不出解决之法。

而且，一个更为严重的问题这时也出现了。到晚间，汉军中传来阵阵楚歌声，哀怨凄婉。这使项羽大为吃惊。按他多年行军作战的经验，汉兵是不可能这么多的，那么唯一合理的解释就是有更多的楚兵已经降汉，唱楚歌是因为他们思乡心切。

自感大势已去的项羽，在营帐中喝起了闷酒，旁有美人虞姬相伴，诸将侍立。

项羽环视诸将，抚摸乌骓战马，睹物伤怀。良久，美人虞姬起舞，他一面自饮，一面悲歌：

力拔山兮气盖世，时不利兮骓不逝。

骓不逝兮可奈何，虞兮虞兮奈若何！

项羽自编诗作，连唱数阕，竟至于呜咽涕泣。旁边侍立诸将，也均俯首哽咽，潸然泪下。美人虞姬一面拔剑作舞，一面唱和道：

汉军已略地，四面楚歌声。

大王意气尽，贱妾何聊生！

作歌已毕，虞姬不忍拖累项羽突围，遂横刀自刎，香断玉殒。[1]美人魂断，乌骓哀鸣。勇武如楚霸王，已山穷水尽。

将近黎明时分，十万楚军已一夜散尽，只剩八百余人。项羽掩埋了虞姬的玉体，跨上乌骓战马，八百壮士相随，趁黎明前的夜色突出重围，一路向南杀去。

---

1 虞姬的归宿，《史记》并未提及。《楚汉春秋》暗示她为不拖累项羽突围，最后拔剑自尽。《太平寰宇记》则记载"项羽败，杀虞姬"。时至今日，虞姬之死的真相已被尘封，却流传出各种各样的传说。其中流传最广、影响最深的当然是《楚汉春秋》的版本。与其说是真相如此，不如说人们在感情上宁愿接受这样的结局。

从史料记载来看，"四面楚歌"并非汉军刻意策划。虽楚兵受此影响军心涣散，乃至于叛楚归汉，然而主力犹在。但项羽判断失误，以为楚兵都已降汉，便自带八百壮士突围，等于不战自败。

当夜，汉军见楚兵斗志全无，便开始围攻。汉将灌婴受韩信指派，全面负责这次围剿行动。这时，楚军之众尚八万有余，但因半夜里摸黑，群龙无首，只能各自为战，待天明之时，几乎被灭了个干净。

灌婴狂杀一夜，四下寻不见项羽，知他已突围而出，便自率五千骑兵，前去追击。

项羽的目标仍是吴，所以他冲出汉军围堵之后一路向南狂奔。他身后随行的壮士不断牺牲，等渡过淮河时，只剩一百余人。而这时，灌婴的人马也已追杀过来。

刘邦为擒杀项羽，向士卒许下美妙的承诺：得项羽首级者，赏千金，封万户侯。当然，在优厚回报的背后，风险自然极大。灌婴麾下五千骑兵，注定有一部分要成为牺牲品，最终受赏者寥寥无几。

事实证明，逃跑是一门技术含量极高的活动。楚汉相争之初，刘邦在正面战场上十战九败，逃跑便成了家常便饭。长此以往，他从中摸索出一些经验，所以历次出逃，都未被敌军俘获。

与刘邦相比，项羽从未打过败仗，显然是个逃跑的门外汉。眼见背后敌兵追来，他快马加鞭，一路狂奔，结果在阴陵（今安徽泗县）迷了路。一个心怀恶意的田父前来指路，项羽毫无防范之心，结果被骗左转，陷入一片沼泽之中，迟迟无法脱身。

楚军被延误的时间，恰被汉军利用。他们边走边战，等抵达东城时，楚军只剩二十九人。项羽清楚，以此对付尾追的汉军，明显寡不敌众。事到如今，他只能哀叹天不助己。

项羽停下马来，对二十八骑道："我自会稽举兵，迄今已有八年，身经七十余战，击败所有敌手，君临天下，如今却陷于如此惨境。这是天不我予，而非作战不力。"

为证明自己所言非虚，项羽以其非凡的毅力和高超的武略，做了最后一次惊人的表演：突破敌军包围，斩杀敌将，砍倒对方军旗。当这三个项目圆满完成，他所下的结论也已得到印证。众人大骇，对他更是敬服不已。

第九章 尘埃落定

自东城再往东，下一个地点是乌江，位于今安徽、江苏两省的交界处。只要渡过乌江，便是项羽的故乡了。

乌江之畔，项羽隔岸对望，正有人摇船而至。来者正是乌江亭长，西楚的坚定支持者。他早以其先见之明，将渡江船只安排妥善，然后鼓励项羽道："江东虽小，地方千里，众数十万人，也足以称王。现在只我有船，望大王赶紧渡江，否则被汉军追上，就没机会了。"

绝处逢生的机会仅有一次，被项羽有幸碰到了，但他却突然大笑：

"天欲亡我，我渡江何用！当初，江东子弟随我渡江者八千人，如今无一生还，即便江东父老哀怜于我，仍奉我为王，我有何面目见之呢？纵然他们口中不说，我难道就无愧于心吗？"

在真情流露之后，项羽不忘亭长的盛情，又道："亭长是位长者，我无以为报。这匹乌骓马跟我五年，日行千里，我不忍加害，就赐予您吧！"

说完，项羽令二十八壮士皆下马，与尾随而来的汉军徒步短兵相搏，仅他一人所杀汉兵多达数百。

楚、汉相争五年，楚营人士转投汉军者为数不少。除韩信、陈平外，吕马童也是其中之一。当时，他身为汉骑兵司马，也在追楚汉军之列。项羽在酣战之中认出故人，不胜伤感，遂对吕马童道："听闻汉出千金之赏、万户之邑，想取我首级。你我既是故人，就为你做嫁衣吧！"言毕，横刀自刎而死。

至此，西楚历史终结，"霸王"名号也成为过眼云烟。项羽退出了历史舞台，与其同时泯灭的，还有他的"楚帝国"的梦想和宏愿。

项羽的自杀，并不代表楚汉之争的结束。西楚被灭之后，鲁地和临江国拒不降汉，仍在负隅顽抗。

鲁是项羽早年受封公爵时的采邑，也是周朝礼仪最完整、最纯正的保留地。受这种古老文化影响，当项羽死讯传来之时，鲁人准备为主死节，抵抗到底。即便有百万汉军压境，他们也毫无惧色。

临江国位于今湖北省内，都城为江陵。开国之主共敖曾任楚怀王柱国，后因反秦有功，被封为十八路诸侯之一。他死于楚汉之争的第三年，后由儿子共尉继任。父子两人均是西楚支持者，即便在项羽死后，也不肯降汉。

刘贾和卢绾奉命征讨江陵，首先击败临江军，活捉了共尉。

刘邦对临江不甚在意，唯独迁怒于鲁。为惩戒鲁人的桀骜不驯，他亲自挂帅，从垓下引兵北上，想乘战胜之余威，将鲁夷为平地。但真到大军压境时，他见鲁城中人仍在讲习礼乐，弦歌之音不绝，竟回心转意了。

人心才是真正的力量源泉，鲁人心念故主，大义凛然，断非武力所能征服。五十万人马是一支摧枯拉朽的军事力量，却无法征服人心。

于是，汉军示以项羽首级，表示他确已兵败身死，鲁人这才肯开城投降。之后，刘邦下令将项羽以鲁公之礼葬于谷城（今山东平阴西南东阿镇），自己亲为发哀，大哭而去。

至此，与汉匹敌的势力全被肃清，天下复归统一。自陈胜起兵至今，前后长达八年的动乱，至此宣告结束。对于项羽在乌江河畔的壮举，历来褒贬不一。后人有三首经典诗作，分别代表三种不同观点。

第一首是《题乌江亭》，由唐人杜牧作于九世纪中叶：

胜败兵家事不期，包羞忍耻是男儿。

江东子弟多才俊，卷土重来未可知！

由此可以看出，杜牧对项羽充满惋惜之情，认为胜败乃兵家常事，项羽若能包羞忍耻，完全可依仗江东才俊之力卷土重来，再与刘邦一决雌雄。

第二首是《叠题乌江亭》，由宋人王安石作于十一世纪中叶：

百战疲劳壮士哀，中原一败势难回。

江东子弟今虽在，肯与君王卷土来？

王安石之作，恰为反驳杜牧之论。在他看来，项羽之败乃势所必然，江东子弟"百战疲劳"，已毫无战心，项羽妄想东山再起，只能徒劳无功。

第三首名《夏日绝句》，由宋代女词人李清照作于十二世纪初：

生当作人杰，死亦为鬼雄。

至今思项羽，不肯过江东。

李清照看问题的角度与杜、王有异。她不是分析项羽的败因和他能否东山再起，而大力赞颂面对死亡时项羽表现出的豪壮精神和英雄气概。

史赞：

夫秦失其政，陈胜首难，豪杰蜂起，相与并争，不可胜数。然羽非有尺寸，乘势起陇亩之中，三年，遂将五诸侯灭秦，分裂天下而封王侯，政由羽出，号为"霸王"，位虽不终，近古以来，未尝有也。[1]

---

1 此段论述是司马迁对项羽的评价，出自《史记·项羽本纪》。

胜败有凭

楚汉之争这部大戏，历时三年半，于公元前202年十二月落下帷幕。

中国历史传统一贯讲究"盖棺定论"。一个事件结束，若不来个定性总结，似乎就不算完。而这项工作往往由胜利的一方完成，故多数定性也就成了"胜者为王败者贼"。例外情形虽然有，但为数不多。

刘邦和项羽这对冤家，胜负既然已见了分晓，就该由刘邦作为战胜一方的代表做个盖棺定论。刘邦虽经常行事不循常理，但在这件事情上，他不想搞例外，更不想敷衍了事。

经过近半年的酝酿，楚汉之争的总结报告会于公元前202年阴历五月在洛阳举行。汉方领袖刘邦对此极为重视，从会前布置到会议主持，都由他本人负责。为保证会议质量，且营造轻松、舒畅的气氛，他还特意置办了酒席。

酒筵刚开始刘邦就直奔主题，向众人发问："我之所以得天下，项羽之所以失天下，各自原因何在？"

问此话时，刘邦特意告诫众臣，要直言其实，不要保留或隐瞒。

既然如此，众人也就七嘴八舌议论开了。最终的意见由大臣高起和王陵公开发表。高、王二人不是什么大人物，也没有张良、萧何等人的卓著功勋，所以无所顾忌，敢实话实说。

二人对比了刘、项二人的不同作风后指出：刘邦待人轻慢，时常污言秽语，但战时与将士同甘共苦，能得人心；项羽对部下恭敬、和善，骨子里却多疑、吝啬成性，一心想夺他人功劳，归为己有。这就是刘胜项败的原因。

关于这个问题，刘邦心里其实早有定论。对高起和王陵的分析，他认为只点出了问题的一方面，还不够充分，所以又亲自补充道："运筹帷幄之中，决胜千里之外，我不如张良；镇国家，抚百姓，给馈饷，不绝粮道，我不如萧何；连百万之众，战必胜，攻必取，我不如韩信。这三人皆当世豪杰，而能为我所用，故我能夺得天下。项羽有一范增而不能用，这是他失败的原因。"

刘邦这一番总结，言简文约，却含义丰富。他明确指出：楚、汉相争一胜一败，其原因除双方领导人作风不同之外，还有一点很关键，即哪个团队人才更多，哪个首领更知人善任。

对于刘邦的总结，众臣无论出于真心或假意，都纷纷拜服。

其实，刘邦的话语不仅指出了人才的任用问题，还包含了一种战略规划。现予以解读如下：

第一，运筹帷幄之中，决胜千里之外，即正面战场的武装斗争。刘邦虽亲自挂帅，但多靠张良、陈平等人辅佐，才能主导正面战场对楚作战，阻滞楚军西进。

第二，镇国家，抚百姓，给馈饷，不绝粮道，即后方根据地建设。楚汉相争中，刘邦的根据地无疑是巴、蜀、汉中和关中，由萧何负责，他最主要的工作有三项，即收赋税、征兵、定法律。

第三，连百万之众，战必胜，攻必取，即以统一战线联合诸侯，开辟敌后战场。由韩信、彭越、黥布等在敌后开辟三条战线，扰乱楚军后方，配合正面战场作战。

以上三点，包含了战略与用人两方面的内容。由此，刘邦胜利的经验也就是：知人善任、战略正确。

至于项羽的败亡，从反面印证了刘邦的正确：一是毫无战略可言，丢关中、杀义帝、孤军深入；二是疑忌人才，不使其充分发挥才能，范增、韩生、韩信、陈平、薛公[1]，都是不可多得的才智之士。但看其最终结果，范增因遭嫉病死，韩信、陈平弃楚投汉，韩生因进谏被烹，薛公于西楚败亡后投汉。

---

1 当时，西楚至少有三个薛公，按其在《史记》中的出场顺序，第一个于公元前204年被彭越所杀，第二个于公元前202年被灌婴所杀，第三个曾任西楚令尹，于项羽败亡后降汉，曾为刘邦献计破黥布。这里的薛公是指第三个。

第十章

雄关漫道

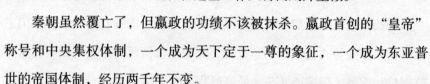

大业草创

项羽败亡后，天下大定。

自陈胜起兵以来，诸侯兵连祸结，纷扰八年之久。嬴政苦心缔造的帝国，几乎被摧毁殆尽。现在，这些工作又得由刘邦重做。

秦朝虽然覆亡了，但嬴政的功绩不该被抹杀。嬴政首创的"皇帝"称号和中央集权体制，一个成为天下定于一尊的象征，一个成为东亚普世的帝国体制，经历两千年不变。

刘邦继承了这两项创举，又因时加以修正。嬴政创立了"皇帝"称号，废除谥法，刘邦及其后诸帝又予以恢复。嬴政在国内普遍推行中央集权制，刘邦则将多数地盘先封予诸侯王，以后再慢慢收回。以上种种举措，无不是刘邦的明智之举。

刘邦的即位大典于公元前202年二月在汜水之南举行。

按当时的观念，皇帝应该是德高望重者受推举，拗不过民意才被迫即位。所以，当群臣恭请刘邦即皇帝大位时，他也规规矩矩按程序办事，先假意推辞三次，之后才接受帝号。从此，汉国一举而升为汉朝。

在古代中国，"国"的规格比"朝"或"代"要低一等。只有"朝"或"代"的领袖才有资格称为"皇帝"，国的领袖最高只能称"王"。秦最初只是周朝的诸侯之一，在消灭了其余的诸国后才升为秦朝。汉国的情况也是一样的。

刘邦成为汉朝的首任皇帝后，便开始着手收拾旧山河，修复八年战争留下的创伤。这项工作任重道远，风险极大。为确保国祚长久，他必须从秦统治者身上汲取经验，设法避免暴政的出现。

在称帝前后，刘邦从以下几个方面开展自己的工作：

第一，从韩信手中夺回兵权。

垓下之战，汉方投入了五十万以上的兵力。刘邦全权委托韩信指挥，这只是无奈之举。他很清楚，一旦韩信萌生异心，天下可能就不姓刘了。所以，战争一结束，刘邦做的第一件事就是夺回兵权。他在由鲁地返回定陶途中，突然闯入韩信兵营，出其不意夺回了兵权。

第二，安顿项氏族人及六国王室后裔。

秦始皇消灭六国后，有一项举措失之草率，即没有妥善安置六国王室后裔。这股势力是反秦的急先锋，失势后流落民间，暗中积聚力量，待时机一成熟，即遍地开花，最终埋葬了秦王朝。

有鉴于此，刘邦为消除隐患，战后未将项氏族人斩尽杀绝，相反却将包括项伯、项佗在内的四名项氏族人封为列侯，并赐姓刘氏。将这些人委以高官厚禄奉养起来，也就在无形中消弭了项羽遗留下的反抗力量。

与此同时，楚国几个大家族，如昭氏、屈氏、景氏、怀氏，连带齐国田氏，都被命令迁往关中，封以良田豪宅。

之前投奔彭越的田横，是该势力最后一个代表。这时，他因不甘屈居刘邦之下，带领五百壮士跑到海上，后被勒令返还。为表抗议，他和五百壮士先后自杀。

第三，颁诏令，安民心，收民望。

当时天下残破，千疮百孔，百业待兴。刘邦出身于农民家庭，对百姓水深火热的生活感同身受。所以，天下方定，他就于半年内连下两道诏令：

第一道是针对罪徒的大赦令："兵不得休八年，万民与苦甚。今天下事毕，其赦天下殊死以下。"第二道是针对逃亡人口、官吏和贵族的："民前或相聚保山泽，不书名数。今天下已定，令各归其县，复故爵、田宅；吏以文法教训辨告，勿笞辱军吏卒；爵及七大夫以上，皆令食邑，非七大夫已下，皆复其身及户，勿事。"

这些诏令的颁布，对新政权安定民心、收取民望，无疑是大有好处的。

第四，调整诸侯序列，兼行郡县制和分封制。

秦统一六国后，以中央集权和郡县制代替分封制。这本是历史发展的大势所趋，但秦朝推行得过猛、过急，兼之六国封建势力复苏，结果留下了后患。

刘邦发现，汉吞并三秦之后，地盘包括巴、蜀、汉中、关中等，和秦朝统一前大致吻合。郡县制在这些地方根基较深，但山东仍不具备实施条件，强制推行只能适得其反。所以，他从权宜之计出发，继续承认部分诸侯的合法性，并做了一些调整：

楚义帝熊心无子嗣，改立齐王韩信为楚王，定都彭城；

魏王豹已死，封魏相彭越为梁王，定都定陶；

衡山王吴芮相从灭秦有功，改立为长沙王，定都临湘；

韩王信曾投降项羽，后叛楚归汉，仍封为韩王，定都阳翟；

常山王张耳已死，由其子张敖继任，定都襄国；

黥布于垓下之战前被封为淮南王，定都于六；

燕王臧荼仍为燕王，定都于蓟。

以上七大诸侯，辖地都在山东，在汉朝享有极大的自治权。

由于南越和闽粤当时已经独立，所以汉朝版图与秦朝相比大为缩减。另外，汉朝在山东实行分封制，在直辖地区实行郡县制，但直辖地区不足汉朝版图的一半。故汉朝初年，政府的力量是十分有限的。诸侯王的问题，是刘邦晚年需要花大力气解决的重点。

第五，国都的选择。

汉初以新郑为都，刘邦在那里待了不足五个月。攻克三秦后，刘邦将政治中心北移关中，因咸阳已残破，暂时定都于栎阳，直至项羽败亡。等汉朝建立之后，栎阳作为旧都已渐渐跟不上形势的发展。

新都城的选择，应兼顾时代和地理形势。在这方面，项羽是个反面典型。他灭秦之后，为建"楚帝国"而都彭城，不思占关中之利，结果给汉以可乘之机。刘邦认为，新王朝应避免这种错误，故而称帝后，他将新都定在洛阳。按照他的想法，洛阳作为东周五百余年的都城，已获得长足发展，是有资格成为新王朝首善之区的。

但截至此时，定都问题尚未有个定论。

不久，一个名叫娄敬的齐民，因到陇西一带服役，途经洛阳。他一眼就瞧出刘邦定都洛阳，是想跟周朝比繁盛。这种想法固然是不错，但刘邦更该看到，汉朝建立的方式与周朝截然不同，不可相提并论。

娄敬认为，关中才是新都的首选。从地理形势上看，关中四周高山环绕，地势开阔，土地肥美，堪称天府之地；从全国形势上看，关中自成一个单元，进可攻以制衡中原，退可守以独自立国。汉朝若建都于此，就如同扼住了全国的咽喉。

刘邦听了娄敬的报告，一时拿不定主意，于是丢给大臣们讨论。结果，他的部下因以山东人居多，都极力支持定都洛阳，唯有张良与娄敬意见一致，主张定都关中。而刘邦最终所采纳的，正是张良和娄敬的意见。

方案既定，新都又被改迁关中咸阳附近，竣工后定名长安。在新都筹建期间，刘邦君臣仍暂驻栎阳办公，直至两年后长安建成，才入驻进去。

经过以上努力，新兴的汉王朝虽然还略显粗糙，但终究能正常运作了。为使王朝根基永固，刘邦还有更多的工作需要完成。

第十章
雄关漫道

兔死狗烹

　　人的一生，总在不断寻求并战胜新的敌人。每一次这样的挑战，都会让人加速成长，从而走向成功。

　　刘邦的一生就是这样的。在摆脱压迫前，他挑战的首要敌人是暴秦统治者；在打天下期间，他的第一大敌人是楚霸王项羽；而坐了江山之后，昔日的功臣们便成了他的潜在敌人。其中，首当其冲的便是楚王韩信。

　　韩信功勋卓著，刘邦的半壁江山都是他带兵打下的。但也正是这些功劳，使他有了功高震主之嫌。早在攻克三秦后，他就被刘邦列入了黑名单，成为日后必须铲除的对象。当时，只是因为项羽未灭，他的军事才能尚有利用价值，才没有被立即宣判死刑。但刘邦狡诈成性，早就做好了计划。

　　对刘邦而言，韩信的存在有两个前提，一是可被利用，二是可被控制。关于第一点，西楚的存在加重了他的砝码，而项羽一死，他便再无利用价值；关于第二点，刘邦在世之日虽能驾驭他，但韩信年岁明显小于刘邦，一旦刘邦驾崩，他终会成为汉朝大患。

基于这两点，刘邦决定趁早对韩信下手。

韩信的政治嗅觉远不如军事嗅觉灵敏，对刘邦的想法一无所知。他想问题的角度，还停留在楚汉之争时期。兵权被夺，他不以为意；改封楚王，他反认为可以衣锦还乡。在他的心目中，刘邦取天下、坐江山，大半是他的功劳，应该对他感恩戴德才对。

韩信的这种错觉，使他丧失了警惕。

就任楚王后，他真正有了威风八面的感觉。先前折辱过他、使他蒙受胯下之辱的青年，在河边周济他饭食的漂母，都被一一封赏。项羽的旧将钟离昧，因与他有旧交，也成为其座上宾。即便刘邦下达逮捕令，他都置之不理。这无疑是在挑战刘邦的权威。

公元前201年初，一封关于韩信谋反的告密书不胫而走，一直传到关中，闹得沸沸扬扬。

汉朝的朝廷之中多势利之辈，惯于察言观色、见风使舵。他们心知韩信遭皇帝嫉恨，便趁机去添油加醋，夸大其事。刘邦受到鼓动，在查办韩信之前，先去征询众将的意见，得到的回复是："赶紧发兵，消灭掉这小子！"

听到这里，刘邦顿时心灰意冷，半天未作声。他心里清楚，这些人不过是一群空口说大话、献媚取宠之徒。以韩信的军事才能，若真到战场上，整个汉朝可能没一个能与之匹敌的。

对付韩信，应以智取胜，不战而屈之，兵戎相见是大忌。刘邦怀揣此原则，再去征求陈平的意见。陈平经考虑之后，给出的意见是：朝廷可以效法古礼，去南方的云梦驯狩。因云梦临近楚地，韩信按理该来拜会天子。等他一旦前来，便可就地擒拿，而不必妄动干戈。

于是，刘邦发文遍告诸侯，说要南游云梦，与诸侯会于陈。

楚王韩信得到消息，心中不安起来。皇帝游云梦，莫非是针对楚国？若果真如此，他前去拜见，岂不是自投罗网？与其被铲除，他还不如趁早造反。但转念再想，他又自以为无罪，皇帝该不会痛下杀手。

这时有人自作聪明，认为楚国拒不逮捕钟离眛，公然违背皇命，才是招致皇帝问罪的根源。所以，他建议韩信干脆杀掉钟离眛，将首级献于刘邦。这样，皇帝便会尽释前嫌，楚国也就安然无忧了。

韩信认为此计恰能对症下药，使刘邦消除疑虑，便予以采纳。钟离眛得知内情后，前来规劝，反被勒令自杀。然后，韩信便持其首级到陈，恭候刘邦大驾。

韩信此举，简直毫无水准可言。刘邦此次南游，分明就是奔他来的，会诸侯或逮捕钟离眛，都不过是幌子。他连这点都看不破，莽听莽信，结果一到陈地，便被逮了个正着。皇帝的解释很简单："有人说你谋反！"

针对这"莫须有"的罪名，韩信最终放弃了辩解，只发出"狡兔死，良狗烹；飞鸟尽，良弓藏；敌国破，谋臣亡。天下已定，我固当烹"的哀叹。堂堂开国元勋，一方之主，就这样被擒。

达到目的后，刘邦一行起驾回都，韩信被以囚徒身份带到洛阳，听候发落。刘邦虽然心嫉其才，但一来仍感念他的旧功，二来怕将其处决会造成不良影响，故仅把他由楚王降格为淮阴侯，而未将其问斩。

韩信这次算幸运，还得到了一条活路，但其地位和权力已大受限制。

同时，刘邦为杜绝隐患，又将楚国一分为二：其堂兄刘贾受封于淮东五十三县，称荆王；其弟刘交受封于薛郡、东海、彭城等三十六县，仍称楚王。新楚国与韩信时代相比，完全不可同日而语。

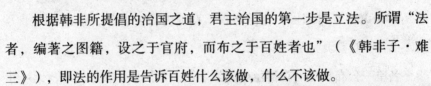

封赏的学问

韩非是战国法家的集大成者。他将"法""势""术"三派系统地进行总结，提出了一套完善而周密的治国理论。其中，赏、罚被称为治国之"二柄"，发挥着无可替代的作用。

根据韩非所提倡的治国之道，君主治国的第一步是立法。所谓"法者，编著之图籍，设之于官府，而布之于百姓者也"（《韩非子·难三》），即法的作用是告诉百姓什么该做，什么不该做。

接下来，法一旦公之于众，君主就要明察百姓的行为。对于这项工作，君主无需亲力亲为，他只要通过术，让百官替他效劳即可，以达到"无为而无不为"。术被韩非解释为"循名而责实"（《韩非子·定法》），即君主将某法定职务授予某人，同时自己掌握"二柄"（赏、罚大权），通过任务的完成情况，来评判这些大臣之"名"是否符合其"实"，这样不断地进行优胜劣汰，即可实现其统治。

由此看来，赏、罚的确是君主治国最有效的工具。二柄之所以有效，是由于人性趋利而避害。正如韩非所说："凡治天下，必因人情。人情者，有好恶，故赏罚可用。赏罚可用，则禁令可立而治道具矣。"（《韩非子·八经》）

以上理论是从人性本恶的角度出发来思考问题的。在认识层面上，我们即便将其抛开不谈，也无法否认赏、罚的作用。但在实践层面上，陈胜、项羽的失败，一定程度上正是由赏、罚不当造成的；而刘邦却能汲取教训，化危机为转机。

陈胜穷困时，曾有过"苟富贵，勿相忘"的豪语，但终究没兑现。至于项羽，韩信明确指出："人有功当封爵者，印刓敝，忍不能予，此所谓妇人之仁也。"最终，二人都失败了。

随着韩信遭擒、楚国被肢解，新王朝大患已除。刘邦自思前路无忧，于是大发慷慨，开始捉摸封赏功臣之事。

汉朝建立之初，大规模的封赏活动有两次。

第一次是在韩信被擒遭贬后进行的，主要针对二十几位开国元勋。刘邦自陈返都后，经过审慎评估，先公布了第一批受赏者名单。排第一的是丞相萧何，封酂侯，食邑居首。在他之后，曹参、张良、陈平等人，也各获封赏。

名单一公布，立马在群臣中间炸了锅。萧何从不参加战斗，无尺寸之功，何以功居第一？众将披坚执锐，身经百战，出生入死，哪里不如他？众臣百思不解，纷纷抱怨，认为皇帝处事不公。

对此，刘邦自有一番道理。为说服众人，他专以打猎为例，予以解释：狩猎时，猎狗负责的是追捕猎物，而指明猎物所在、指挥猎狗捕捉，却是猎人的责任。如今，众将的功劳有如猎狗，而居幕后策划、给诸将提供兵粮补给和立功之便的却是猎人萧何。究竟猎人和猎狗，谁的功劳更大呢？

经刘邦一解释，众臣被驳得哑口无言，对萧何功劳居首再无异议。

其实，刘邦起兵之初，肯舍命相随的人并不少。而这其中，唯独萧何能取得如此成就，其原因有二：

第一，善于废物利用，让秦朝遗产继续发挥功效。

具体而言，该遗产是指秦朝丞相府和御史府里的律令图书。当刘邦攻入咸阳，宣告暴秦灭亡时，众将士无不贪恋富丽堂皇的宫室、珍宝和美妇，只有萧何独具慧眼，专门搜集这些律令图书。因为他知道，这套治国宝典才是秦朝真正的财富。

日后，萧何就以此为蓝本，斟酌损益制定了汉律令，以代替"约法三章"。同时，他通过悉心研究秦朝图书，为刘邦指点江山，分析各地形势之强弱，并为前线提供兵员和粮草补充。汉国因此能屡败屡战，最终战胜项羽。

第二，善于揣摩刘邦的心思，并加以利用。

楚汉之争五年，异常惨烈。刘邦身为汉王，经常东躲西藏，有时还亲自披挂上阵，与楚军周旋，性命朝不保夕。与他相比，萧何居幕后，遥相指挥，反倒悠闲得多。刘邦对此不平衡，就时常给萧何挑刺，搞得他不得安宁。

萧何的一个幕僚鲍生，看出了其中蹊跷，就去献策："长期以来，汉王亲临前线，与楚军对敌，鞍马劳顿，风险极高。他嫉妒你在幕后比他洒脱，对你有猜忌之心，所以屡屡给你挑刺。有鉴于此，你不如将宗族子弟全派去支援前线，汉王若知道你挂念前线战事，定会另眼相待。"

听了鲍生的分析，萧何茅塞顿开，立马照办。刘邦果然不再挑他的刺儿，相反还时不时地褒奖。所有这些，当然源自萧河对刘邦心理的准确拿捏。

第一批功臣被封赏完毕后，迟迟没有下文。在此期间，刘邦住于南宫，经常见复道中有一些大臣窃窃私语。他心中纳闷，又不便于明问，就暗中去请教谋士张良，得到的回复是："这些人都是辅佐陛下打天下的人。现在您贵为天子，论功行赏，论过处罚。但在他们看来，功臣众多而封赏有限，无论功劳大小都得到奖赏是不现实的，而处罚却不受此限制。所以，他们一来怕得不到封赏，二来怕因过受罚，都在聚众商议谋反之事。"

刘邦恍然大悟，这竟是做蛋糕与分蛋糕的问题。经过八年沙场征战，蛋糕是做出来了，但如何公正、合理分配，还是一门大学问。对此，刘邦细想了一番，没有头绪，只得再向张良求教。谅这等问题，肯定是难不住他的。

张良能看透问题，当然也有解决之法：找一个为众人所知的、刘邦平素最厌恶的人，先给他封赏，以作表率。这就会给众人造成一种错觉，连皇帝最厌恶的人都受赏了，其他人肯定也有份。如此一来，问题就容易解决了。

刘邦感觉此计可行，于是赶紧盘点心中厌恶之人，最后确定为雍齿，极不情愿地给了他一个侯爵。雍齿一受封，众臣立马转忧为喜，潜在的抱怨瞬时消弭于无形。然后，刘邦暗令萧何制订封赏计划，予以推广实施。

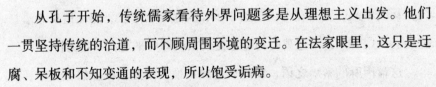

政治不倒翁

司马迁在其《太史公自序》中，将汉朝的制度建设归功于四个人："萧何次律令，韩信申军法，张苍为章程，叔孙通定礼仪。"

萧何和韩信在前面已有交代，在此不再赘述。张苍所定的"章程"，当时是指历法和度量衡等制度。他凭此仕途一路高升，在汉文帝时做了宰相，位极人臣。在法家和道家大盛的时代，叔孙通经由定礼仪，为儒家一脉保留了仅存的硕果。

从孔子开始，传统儒家看待外界问题多是从理想主义出发。他们一贯坚持传统的治道，而不顾周围环境的变迁。在法家眼里，这只是迂腐、呆板和不知变通的表现，所以饱受诟病。

若以上述标准衡量，叔孙通作为一个擅长通权达变、与时进退的儒生，的确与众不同。但以儒家"中庸"的标准来看，他又是一个彻底的儒家人物。在某一特定的时期和环境中，什么事该做或不该做，他都力求拿捏得恰到好处。

历史的事实则是：传统儒家因在现实面前一再碰壁，后来发展出了权变主义。

秦汉易代之际，叔孙通既是八年动乱的亲历者，可能也是唯一在秦、楚、汉三方宫廷都待过的人物。他一生侍奉过六位君主，将权变技巧发挥得淋漓尽致，成了官场中的"不倒翁"。

叔孙通步入仕途之时，正是秦廷吸收东方文化的高峰期。由于自幼生活在鲁地，叔孙通深受传统文化的熏陶。秦朝灭六国后，他终于以其文学造诣被征召，成了秦始皇身边的一名待诏博士。当时，博士在秦朝廷是一种正式官衔，而待诏博士则不然，只是博士的一种候补职衔。

叔孙通是一个能沉住气的人，困境中的逆来顺受是他的长项。就是在待诏博士这样一个编外岗位上，他也一待数年毫无怨言，直至秦始皇驾崩都没转正。

秦二世胡亥即位后，东方群盗蜂起，想以暴力推翻旧世界。胡亥在感情上接受不了，便让一帮儒生各抒己见，想从中寻找安慰。但多数人不肯配合，不是将陈胜认定为匪盗，就是认定为造反，这些回答均被认为不合格。胡亥在盛怒之下，将他们纷纷罢免或问罪。

为昏君而死，轻于鸿毛，不得其所。明哲保身，是为了实现更大的价值。叔孙通善于察言观色，只有他的回复能使胡亥满意：现在天下一统，兵戈不兴，贤君在上，法治于下，人人奉公守法，定无造反之事！陈胜、吴广等人，不过鸡鸣狗盗之徒，很快即可平定，不足为忧。

这篇肉麻的奉承之语，使胡亥龙颜大悦。因此，在众儒生之中，只有叔孙通得了赏赐，还由此被升格为博士。但他的曲意奉承，仅仅是为了自保。事后，他深感秦朝大限将至，来日无多，便悄悄离官去任，暗中潜返老家薛县。

当时，薛县已被义军占领。义军领袖项梁在此主持了一次军事会议，叔孙通便趁机投其麾下。项梁死后，他转投楚怀王熊心，也没过几天安稳日子。不久，熊心被项羽迫害致死，他又宣布为项羽效劳。几个月后，刘邦趁项羽北上伐齐，以重兵攻克彭城。这时，他才终于找到自己的落脚地。

自此，叔孙通叛楚归汉，一心追随刘邦，这实在是他敏锐观察到天下大势的明智之举。

五年之内，五次易主。即便当时世局纷扰，如此坎坷、曲折的经历也是首屈一指的。尽管一再受指责，叔孙通依然故我，坚持其一贯风格。在他看来，身为人臣，伺候好主子、让主子满意，就是自己的天职。只有这样，才能使自己立于不败之地，也为自己发挥价值提供空间。当然，这必须有一个前提，即自己内心光明，明辨是非，并能因时而动。

叔孙通降汉之后的行事风格，与之前如出一辙。他连自己的衣着服饰，都要依刘邦的喜好而定。

当时，因为楚汉之争的特殊环境，叔孙通屡次向刘邦推荐一些盗贼、勇汉，并由此获得嘉奖，被拜为博士，赐号稷嗣君。但同时，追随他的儒生有一百多个都未得到晋升，对由此产生的不满或怨言，叔孙通根本不予理会。他深知，眼下的首要任务是打败项羽，还没到儒生发挥长才的时机。

第十章 雄关漫道

后来，随着楚汉之争结束，天下定于一尊。这时，刘邦面临着一大难题：大臣们多出身于草莽，即便坐了江山，也难改江湖习气。他们有时酒后争功，大呼小叫，甚至醉后拔剑砍墙，搞得宫廷乌烟瘴气，大失体统。

叔孙通经过一番细心揣摩，看透了刘邦的心思。隐忍多年，他终于盼到了崭露头角的机会。当然，他考虑的远不只自己，还有那帮经常误解他的追随者。

"夫儒者难与进取，可与守成。臣愿征鲁诸生，与臣弟子共起朝仪。"叔孙通情知机不可失，主动向刘邦发出了制定朝廷礼仪的建议。

在这里，叔孙通再次表现出有别于传统儒家之处。在礼的内容方面，传统儒家一贯坚持保守立场，认为看待任何问题，都要诉诸古代权威。在这方面，叔孙通显然是个例外。在重视礼制方面，他和传统儒家基本态度一致，却坚持认为礼应"因时世人情"而有所损益。这说明，叔孙通作为一名儒生，已受到当时法家进步历史观的影响。

从以上信条出发，叔孙通提出杂采古礼和秦仪为汉制礼的原则。制完朝礼并经认可后，他召集弟子和鲁地儒生共百余人，开始在野外排练，一个月便大功告成。接着，他再向刘邦汇报。刘邦看后表示认可，于是下令群臣操练。

以上即叔孙通制汉礼艰难而复杂的过程。值得注意的是，对叔孙通其人其事，自当时至于后世，历来有截然相反的两种评价。

当他阿谀求宠时，其弟子或同行无不报以鄙夷的目光，甚至当面讽刺："公所事者且十主，皆面谀以得亲贵。"而当他所制之礼被采纳，弟子们被加官晋爵时，他们又恍然大悟，认为"叔孙生诚圣人也，知当世之要务"。

不仅如此，后世史学"两司马"对此也甚为重视。但因所处时代、环境不同，他们给出的评价也是背道而驰。

司马迁：希世度务，制礼进退，与时变化，卒为汉家儒宗。

司马光：惜夫，叔孙生之为器小也！徒窃礼之糠秕，以依世、谐俗、取宠而已，遂使先王之礼沦没而不振，以迄于今，岂不痛甚矣哉！

折中评价：其优点同时也是缺点，优与劣是一体的两面。

匈奴的崛起

汉朝初年面临的内忧外患，除山东诸侯的问题之外，再有一个就是北方的边境危机。其中，后者在秦朝就已十分突出，这时来得更为迅猛。对于这两大持久性隐患，汉政府必须正面回应，予以解决。

北方的边境危机源自匈奴的崛起和扩张。

匈奴是北方蛮夷之一。作为草原文明的主宰，游牧蛮族的历史可以追溯至远古。到西周末年，他们开始大规模干涉中原事务。当时，周王室内乱频仍，犬戎便趁机入侵周都镐京，从而导致周朝的灭亡。时隔五百余年，匈奴又崛起于秦汉之际，再度成为中原王朝的劲敌。

匈奴人的最高头目称"单于"，意为"像天子一样广大的首领"，单于的妻子称"阏氏"。与秦始皇同时在世的单于，名叫头曼，极富侵略性。秦灭六国前后，他趁乱南下，夺取了河套，以此为基地，进而威胁秦朝北疆。

秦始皇感受到这一压力，于是授兵三十万予大将蒙恬，令他驱逐匈奴出河套，并主导北方防御体系——长城的修复工作。结果，头曼在蒙恬手里尝到了苦头，几经战败之后，向北逃窜。匈奴一撤，草原西南和东南部分就分别落入了月氏和东胡之手。

匈奴的厄运并未持续太久，因为秦是个短命的王朝。秦始皇驾崩后，中原大乱，蒙恬含冤自杀，秦朝的北疆防御日渐松弛。头曼见时机已到，便卷土重来，重返故地，将兵锋伸至长城一线，再度与秦接壤。

秦的衰亡正是匈奴复兴的良机，但头曼因年迈体弱，已无力迎接新的挑战。匈奴的隆兴大业，注定要在他伟大的儿子冒顿手中完成。

冒顿是老单于的长子，早就被立为太子。但头曼晚年昏聩，迷上了一位年轻貌美的阏氏，并且爱屋及乌，将对她的爱扩展到她儿子身上，遂起了易储之念。于是，冒顿被派往月氏做人质。更让冒顿始料未及的是，他刚到月氏，头曼就宣布对月氏开战，想借敌方之手铲除太子，好为阏氏之子腾位子。

但冒顿勇略过人，作风果断，一意识到自己处境危险，他当即就骑上一匹盗取的良驹，快马加鞭，逃归本国。经此事件，老单于对他刮目相看，并授予他一万骑兵的指挥权。

无论是在大漠草原，还是华夏文明之邦，弱肉强食是永恒的生存法则。只有心狠手辣的人，才能获得生存空间。

一万骑兵使冒顿有了立身资本，但还远不能满足他的野心。对权力的执著追求，使他起了杀父夺位之念。为尽快达到目的，他发明了一种新式武器——"鸣镝"，也就是响箭。

"鸣镝"的使用主要着眼于两点：一是训练骑兵战士精湛的射术，二是建立骑兵队伍对其首领的绝对忠诚。

冒顿先后拿林中鸟兽、良马、爱妾做实验，由他本人先射，骑士们若有胆敢不随射的，立马就被处决。如此几次之后，他使用"鸣镝"

已出神入化。凭借如此强大的武器，冒顿终于向头曼宣战。一次狩猎之际，他先放箭射向自己的父亲，随后，他的骑兵队也万弩齐发。转眼间，可怜的头曼就倒在血泊中，被射成了刺猬。

斩草不除根，等于为日后培育祸患的根苗。于是，在冒顿的授意下，头曼的爱妻、少子和一批不肯顺从的大臣尽被诛杀。然后，冒顿自立为新单于，掌管了崛起中的匈奴帝国。

当时，东胡是草原上的霸主，有轻视匈奴之心。在单于父子相残之际，东胡王借机挑衅，先向冒顿讨要千里马，后索求阏氏。新单于两次忍让，都被认为是怯懦之举。东胡王更加肆无忌惮，进而想霸占夹在东胡与匈奴之间的一块闲地。

不料这次，冒顿竟勃然大怒。他下令斩杀了同意出让土地的大臣，然后跨上战马，向东胡发动闪电袭击。东胡王蔽于冒顿前两次退让的假象，这次毫无戒备，被打得措手不及，最终落得身死国破。

吞并了东胡，使匈奴成了草原上的巨兽。但冒顿仍不满意，再乘战胜之余威，向西痛击并驱逐了月氏，向南越过黄河，夺回了被蒙恬占去的河套。经过数年东征西讨、南征北战，他麾下控弦之士达三十余万，在长城以北再无敌手。

自此，匈奴雄踞大漠南北，成了大漠草原的真正主人。

匈奴的崛起，正值楚汉之争最惨烈的时期。当时，无论项羽还是刘邦，都无暇顾及北邻的变化，更无力插手干涉。匈奴在楚汉之争的夹缝中日渐壮大起来。等刘邦击败西楚、建立起汉朝时，这位北方强邻欲壑难填，正对长城以南虎视眈眈。

汉朝建立之初，并未认识到匈奴的真正威力。

刘邦在八年创业历程中，有两点体会比较深刻：一是项羽是个极可怕的对手，需诸侯合力经五年持久战才能打败；二是连年征战使国内凋敝，黎民受苦，现亟须无为而治，与民休息，以积蓄国力。

刘邦以上两点体会多半是正确的，唯一的不足是低估了项羽之外的对手。可怕的项羽耗时五年才被消灭，但有一个对手即便花上五十年，也未必能打败。这个对手便是匈奴，尤其是冒顿领导下的匈奴。

对汉朝而言，匈奴的可怕在于它是一个从未接触过的对手。有迹象表明，他们早在楚汉之争后期，就时常光顾燕、代地区，却从未与汉或楚正面敌对。对刘邦而言，长城以北完全是一片盲区，对于匈奴的强悍，他最多只有一种朦胧的印象。

刘邦为了巩固边防，在打败项羽的次年将韩国整体搬迁，由宛、洛地区迁到了当时的太原郡，建都于晋阳（今山西太原市）。按他的看法，韩王信素以才武著称，防御匈奴恰能发挥其所长。

对于中央的部署，韩王信这次完全配合。而且，为迎合刘邦之意，他不久又主动申请将首府由晋阳迁往马邑（今山西朔州市），因为马邑比晋阳离匈奴更近。

刘邦对韩王信防御匈奴有无比的信心，所以一接到韩使的来信，便欣然准奏。但时隔半年有余，他的判断被眼前的事实无情地推翻了。韩王信所率领的韩军主力，被匈奴军团困于马邑，三个月后竟举众投降。

这看似毫无可能的事之所以变为现实，其实恰由刘邦多疑所致。

在被包围期间，韩王信曾多次派遣使者试图与匈奴谈判，结果和解没达成，却引起了刘邦的疑心。尽管韩军翘首以待，汉军的驰援最终并未到达，相反却有汉使屡屡前来训责。于是，韩王信心灰意冷，生了反心。

韩国的归附，使强大的匈奴如虎添翼。冒顿占了马邑，乘胜挥师南下，准备一鼓作气再拿下晋阳。

第
十
章
雄
关
漫
道

韩王信反叛的消息传到关中，使刘邦怒不可遏。眼下，政府虽在推行无为而治，不妄动兵戈，但关涉国家疆土之事，无任何讨论余地。经过再三权衡，刘邦决意挂帅亲征，扫荡敌寇。

这次，为兼讨韩国和匈奴，汉军于公元前200年阴历十月出师，兵力有三十二万之多。按刘邦的设想，汉军最好能一战而胜，"毕其功于一役"，既收复太原失地，又打掉匈奴的嚣张气焰，使其再不敢轻视华夏。

为此，刘邦引大军向太原郡进发，一路进军神速。在半路的铜鞮之战中，他轻而易举地击溃了一支由韩王信亲率的部队。之后，汉军继续前行，一再击败韩匈联军，直抵晋阳。

汉军的一系列胜利，使刘邦深信匈奴兵是因不敌汉军而溃退的，从而愈发自信。但他忽略了一个事实，眼下正值隆冬，又逢雨雪天气，汉军战斗力被严重削弱。据史料记载，当时汉军中出现了"士卒堕指者什二三"的惨状。

在这种情况下，刘邦将军队暂时驻扎在晋阳，然后连番遣使出使匈奴，以窥探对方底细。但冒顿单于精明过人，一眼就看出了他的意图，于是将计就计，把精兵猛将都隐匿起来，而以老弱病残示人，从而蒙蔽了汉使。

兵者，诡道也。《孙子兵法》指出，行兵作战有"十二诡道"，其中之一是"能而示之不能"。冒顿虽没读过兵法，却能无师自通，运用得当。

汉使陆续返回晋阳，将自己的眼见耳闻悉数报予刘邦，称匈奴军中士卒病残，牛马瘦弱，不堪一击，汉军恰可大举进攻。刘邦见众人所说一致，信以为真，于是决定放心大胆与匈奴一战。

《兵法》云：出其不意，攻其无备。刘邦为能出奇制胜，以最小的代价赢得最佳战果，自行挑选了一支精悍的先头部队，由他自行统领，赶往平城（今山西大同市），而将主力部队抛在身后。

精明如冒顿，早已料知刘邦冒险轻进，故提前埋伏了多达四十万的骑兵精锐。

刘邦想以精锐奇袭敌军，到平城却不见一人。他情知中计，急欲撤退时，却见匈奴大军漫山遍野而来。因事出仓促，刘邦一时无计可施，只好在附近白登山列阵待敌。但冒顿很快以四十万骑兵紧围过来，汉军便插翅难飞了。

敌我兵力悬殊，汉军主力又无法驰援。更糟糕的是，当时天气酷寒难耐，兼之军中粮草告罄，进一步加剧了汉军的危机。这样一来，刘邦更是束手无策了。

不过，好在汉军先头部队都是精锐，突围纵然不易，好歹能抵抗一阵子。而冒顿虽困住了汉军，却担心强攻损失太大，所以也只围而不攻。双方一直这样僵持着，渐渐由阵地战变成了消耗战。

汉军本想速战速决，如今却迁延日久不能脱身，而且明显处于劣势。刘邦深知，若再不设法脱身，将有全军覆没的危险。所以，在被围七天后他终于忍受不住了，情急之下，只能再向陈平求计。

境遇越危险，往往越激发人的智慧。按照以往的经验，这在陈平身上是完全适用的。对于如何摆脱困境，他似乎早就胸有成竹了。

解决问题的关键有两点，一是韩将王黄，一是单于的阏氏。

韩王信在铜鞮被击溃后，由部将王黄收集残兵，以匈奴作后盾，继续与汉为敌。按照事先商定的计划，他本该协助单于围攻白登山上的汉军，却迟迟没有露面。这时，多疑的冒顿心生疑忌：王黄本是汉将，现在迟迟不到，莫非又想反戈助汉？倘若如此，届时匈奴将被反包围，进而陷入困境。

一方面，冒顿因多疑而心生忧虑，渐起撤军之念。另一方面，陈平也已在阏氏身上做起了文章。趁着休战的空隙，他携带几幅中原美女图和大量珍宝潜入了阏氏的营帐，向她做出以下分析：单于想征服中原，只是贪图画中女子的美色。这些女子一旦到手，阏氏必然会被抛弃。阏氏若想继续受宠，最好阻止单于南下。因为这对汉方也有利，他们还会以大量珍宝相赠。这样，阏氏等于是一举两得，何乐而不为？

想征服一个女人，就要先为她着想。这是陈平的出发点，也是其经验之得。他私下送出珍宝，知阏氏已然默许，便宣布大功告成，打道回山，向刘邦报告好消息。过了几天，汉军果然探得匈奴已撤开一角。

陈平得知计已奏效，急劝刘邦突围。当时，趁着雾色浓重，刘邦以弓弩手打头阵，徐徐撤围而出，在平城与汉军主力取得了联系。

从白登返回后，刘邦认识到自己的失误，并陷入了沉思。匈奴的实力远比想象中强大，若想将其彻底打垮，恐怕要付出比灭亡秦朝和打败项羽更加惨重的代价。而汉朝建立伊始，仍满目疮痍，百废待兴，亟须休养生息。战端一旦开启，汉朝必会陷入万劫不复的深渊。

秦朝的悲剧不能重演，暂时的隐忍也属必要，还是向匈奴求和吧！这是刘邦久经考虑之后的决定。于是，对待匈奴的方针，由原先的武力打击变成了现在的和亲。

新政策的提议者和执行者，都是对匈奴有所了解的娄敬。公元前198年初，他受刘邦之托，将一名经慎重挑选的宫女，以公主身份嫁给冒顿，以换取双方互不侵犯条约的缔结。除和亲之外，合约还附带其他条件：匈、汉结为兄弟，匈奴为兄，汉为弟；汉朝每年给匈奴赠以棉、丝、酒、米等物资。

对汉而言，这纯粹是屈辱的城下之盟。不过，自该政策执行后，终高祖之世，匈奴的确未再发动过针对汉朝的大规模军事行动。由此，汉朝获得了一个相对和平、稳定的国际环境，以便于整顿内务、积蓄国力。

大丈夫为了顾全大局，要忍得一时之辱。只要不动摇国体根基，待国力雄厚之后，儿孙们终会一雪前耻的。几年前，刘邦经历过鸿门宴之耻，现在又以此安慰自己。

白登之围及其后续发展，使我们至少得出两个结论：

第一，世纪之交，东亚大陆的真正霸主是匈奴而非汉朝，对汉而言，匈奴是一个比项羽和秦朝更可怕的对手。

第二，刘邦的军事才能的确一般，但从有利于解决问题的角度看，他是一个高明的识时务者，也是忍辱负重的典范。

第十一章

萧萧大风歌

嬴飛大風缚

第十一章

　　公元前198年，刘邦以"和亲"稳住了匈奴，但北方仍不安定。作为冒顿的代理人，韩王信和几个部将还是阴魂不散，一直招惹事端，闹个不停。不久，他们在赵国边境又勾结到一个同党——陈豨。

　　陈豨是刘邦在赵、代边境专任的监军，有一段时期还兼任赵相国，主要负责对匈奴的防御工作。

　　陈豨和当年的刘邦一样，也是信陵君的坚定崇拜者。但两人有一点不同：刘邦小时家里穷，受经济条件所限，只想成为信陵君的追随者；而陈豨家境优越，生活宽裕，足以供他奉养宾客之用。条件有异，梦想就不同，最终成就也会不一样。

　　陈豨此前名不见经传，之所以敢萌生异心，背叛汉朝，一来因为他手握重兵，二来是受了韩王信的拉拢，三来则是受当时形势所迫。当然，还有最重要的一点，就是淮阴侯韩信的鼓动。

　　韩信自从被由楚王降格为淮阴侯，先在洛阳待了数月，后又迁往关中。汉、匈平城之战，仅就军事才能而论，汉军统帅的最佳人选当然是他。但因受刘邦猜忌之故，他已彻底丧失兵权，再不能带兵打仗了。

丧失兵权之后，韩信最重要的一项工作是搜集、整理先秦历代兵书。这项工作是由他和张良共同负责完成的。两人成果十分丰硕，前后共搜集了182家兵家著作，后经删取、整理，定著为35家。此外，韩信本人还创作了三篇兵书。

本该征战沙场的统帅，如今却俯首做起了文案工作，这在韩信看来，简直形同监禁，其心情之苦闷可想而知。

当时，刘邦对韩信的嫉恨之心已昭然若揭。韩信为避免相见尴尬，一直称病不上朝。偶尔有几次，两人只是在私下里叙旧。有一次，两人论及众将的才能。刘邦问自己能带兵几何，韩信回答说顶多十万。刘邦又问他能带多少，韩信说是"多多益善"。但他紧接着将话锋一转，说刘邦虽不擅长带兵，却擅长统将，而且得上天佑助。

孤傲的性格使韩信极易得罪人，所以他的朋友极少。至于樊哙、灌婴、周勃等人，他根本羞与为伍。

闲暇之余，他经常回顾过去，尤其是做齐王时的风光。他心里常念叨一句话：当初若听蒯通之劝，与楚、汉鼎足三分，岂有今日之苦闷！长此以往，这种思想愈发强烈，他甚至质疑当初所做的决定了。

韩信和陈豨早就认识。陈豨走马上任前夕，前来与韩信辞别。两人相携而行，在院子里闲庭信步。韩信认为他是可交心之人，便仰天叹息，进行试探："赵是天下精兵所在之地，而你又得皇上宠信。若有人说你谋反，他肯定不信；若两人说你谋反，他就会怀疑；若三人说你谋反，他便会怒而亲征。你现在手握重兵，加上我的佐助，天下可图也。"

陈豨听了这番话，心中窃喜。他之所以高兴，一者因为自己手握重兵，二者是出于韩信的自信，三者他本人对韩信的才能也同样坚信不疑。于是，两人一拍即合，开始谋划他们的造反大业。

陈豨到达赵、代边境后，专任军职巨鹿守，赵相国一职改由周昌担任。周昌是周苛的哥哥，患口吃症多年，之前曾任御史大夫，为人精细、谨慎。陈豨到任后，连年招兵买马，门下供养宾客数千，一切都被周昌看在眼里，记在心中。

周昌觉察到陈豨举动异常，认为不能久拖，就暗中报告给刘邦，请求查办陈豨，好让其阴谋胎死腹中。陈豨心里本就有鬼，经这么一闹，生怕被查出蛛丝马迹，心里更加忐忑不安。

恰在这时，长安宫廷传来噩耗：太上皇刘执嘉去世。这对刘邦来说，无异于晴天霹雳。事先预定的计划，只得被迫搁浅。

实际上，刘邦一面为父亲置备丧礼，一面仍处心积虑，考虑制服陈豨之法。一日，他突发奇想，认为以为太上皇奔丧为名，将陈豨诱入长安，便可就地擒拿。

几天之后，陈豨果然接到了去长安奔丧的诏令。但他警觉性极高，早已预感到其中有诈，犹豫的同时也更加惶恐不已。去，怕是凶多吉少；不去，则明显违抗皇命。究竟该如何抉择呢？

陈豨最后的答复是：装病不去。

恰在此时，韩王信得知陈豨预谋造反，认为机不可失，就派部将王黄前去拉拢。王黄经过两个月的软磨硬泡，终于使他思想有所松动，同意与韩王信合作。

公元前197年年底，陈豨自立为赵王，正式扯起反汉大旗，然后急速进军，以迅雷不及掩耳之势，将赵国和代国收入囊中。

远在长安的韩信，一直积极关注赵国的局势。他准备一旦陈豨起兵，自己就里应外合。不久，陈豨果真起兵反汉，而刘邦的御驾亲征正好给他提供了机会。

韩信想配合陈豨的行动，但苦于手中无兵。于是，通过一番紧锣密鼓的筹划，他制订出了一个周密的计划：先设法联系陈豨，待其回复一到，他就与家臣伪作皇帝诏令，将牢中囚徒全部赦免释放，以此为军队，去袭击吕后和太子刘盈。

对于该计划，韩信自认万无一失。部署已定，他先派人联系陈豨。

韩信之前历次成功，除他本人谋划得当外，其实多凭侥幸。他的谋划可圈可点之处颇多，只是没有被敌方重视。但这一次他运气不佳，没有得到上天眷顾。更重要的是，这次的对手与以前根本不是一个档次的。

破绽往往从极小处产生。韩信的一名家臣，因罪将被处死，其弟为搭救兄长，竟将韩信谋反之事密告朝廷。

刘邦的正妻吕后是个精明且歹毒的女人，得知此事后，她的第一反应是调虎离山，将韩信召进宫里就地正法。但细想之下又觉不妥，韩信不是泛泛之辈，平时一贯装病在家，这次岂会轻易奉命进宫？

解铃还须系铃人，韩信当初是由萧何举荐的，萧何对他比较了解，该有办法吧！

吕后想到这里，便去请萧何出面，谋划擒拿韩信之计。萧何当时贵为丞相，为保大汉江山，只得狠下心来，对韩信痛下毒手。

可怜的韩信还在等待陈豨回复，结果回复没等到，却等来了这样一条消息：皇上御驾亲征，已将陈豨击毙，着令群臣克日进宫，以表庆贺。另附一封萧何的亲笔信：你（韩信）虽患病，最好也过来。

韩信自以为保密工作万无一失，又误信萧何的诡计，被骗入宫道贺，结果误陷吕后预设的圈套。慌乱之余，他还未来得及辩解，就被问斩于"钟室"（即长乐宫内吊钟的房间）。临刑之前，他最后一句话是："悔不用蒯彻之计，乃为儿女子所诈，岂非天哉！"

谋事如神，战无不胜，竟落得如此下场，令人扼腕！

当时，刘邦在邯郸与陈豨对敌，尚不知韩信伏诛之事。陈豨麾下众将，多是商人出身，刘邦抓住商人趋利的特点，出重金收买，很快便使叛军土崩瓦解。之后，陈豨负隅顽抗到公元前195年初，才被樊哙斩首，距韩信被杀只一年。在此之前，他的同党韩王信已被汉军诛杀。

刘邦是在击败陈豨返还时得知韩信被杀的，当时他的心情十分复杂——"且喜且怜之"。喜的是在他有生之年，汉朝又消除了一大隐患；怜的是韩信有才得不到施展，为汉朝打下半壁江山，却身败名裂。

其实，韩信纵有得罪刘邦之处，如灭齐自立为王、固陵违约不击项羽、隐匿楚将钟离眜等，却罪不至死。他的谋反，多半是由刘邦猜忌、打压造成的。皇帝日渐戒惧和嫉恨的结果，就是将功高之臣除之而后快，这才是一切症结之所在。

史赞：军事一奇才，政治亦侏儒。成败一知己，生死两妇人。

英雄死于妇人手

在汉朝的历史上，公元前196年是比较特殊的一年。若要选一个能涵盖当年大事的主题词，"反叛"肯定会成为首选。或许此时刘邦已预感自己来日无多，为确保太子将来平稳接班，他要趁有生之年将所有障碍和隐患扫除干净。

能对新王朝构成威胁的人物或势力之中，居榜首的无疑是淮阴侯韩信，其次便是梁王彭越和淮南王黥布。所以，韩信年初刚被杀，到年中就轮到了彭越。

由匪盗头目成长起来的彭越，在封王之前桀骜不驯，立场也不坚定，时而附汉，时而又与楚和解。直到楚汉之争末期，他才明确加入了汉阵营。这一点，和韩信不无相似之处。

被封为梁王后，彭越一直比较低调，从不招惹是非。但他有时很无奈，自己虽不招惹是非，是非竟会主动找上门来。

陈豨反叛后，刘邦驻兵于赵国邯郸。因赵国紧邻梁国，从梁国往邯郸调兵，要比长安方便得多。刘邦发现眼前有捷径，便派人出使梁国，想让梁军参与此次讨伐行动。但彭越竟不配合，称病不肯前往，只让部下带去了一小股部队敷衍了事。

汉朝之内，任何人的花花肠子都休想逃过刘邦的法眼。由此事件，皇帝已认定彭越对自己不够尊重。平定陈豨之乱后，他再派使者前去责备。这下，彭越被搞得神经紧张、慌乱不安起来。

皇帝动怒，该如何消除其疑虑呢？彭越犹豫再三，决定亲自去长安走一遭，向刘邦负荆请罪。

鉴于此前韩信的教训，彭越认为去长安风险极高，很可能九死一生，不得生还。他的一员部将扈辄也认识到此行的风险，竭力阻止彭越往长安，而且鼓动他直接造反。

彭越被扈辄之语吓蒙了。自己贵为一方之王，可从未想过造反之事。况且，皇帝宽仁大度，会因如此小事动怒吗？若不去长安，怎能让他息怒呢？惶恐之中的彭越，已彻底乱了分寸，开始胡乱猜想。

一个人的决断力，有时会被其地位和权力所左右。在这方面，称王之前和之后的彭越简直判若两人。最后，他否决了亲往长安的想法，但也没采纳扈辄的建议，而是派人去向刘邦做辩解，称自己病未痊愈。

事情到此并未结束，后面的发展和韩信的败露如出一辙，彭越也被人密告到朝廷称他要造反。告密之人是一个获罪潜逃的囚犯，之前曾在梁国任太仆。

就谋反一事来说，彭越其实比韩信要冤枉得多。韩信已制订了作乱计划，即将付诸实施；而彭越却瞻前顾后，举棋不定，最终否决了造反的方案。所以，他的罪名是"据说造反"才比较恰当。

造反之事不管真假，只要一传到皇帝耳朵里，那就百分之百当真对待了。

刘邦认为，事情远没有想象中复杂，应该很容易解决。若派兵讨伐，动静太大，反而会弄巧成拙，将问题搞复杂。与其如此，不如暗中派使者前去。彭越年事已高，瞻前顾后，多半会束手就擒。

刘邦的预料的确精准。对于汉使的到来，彭越果然毫无准备，轻易地就成了他们的囊中物，被带出梁国，关押到洛阳。事后经司法部门审查，他被认定为"反状已具，请论如法"。

不用说，该事件从始至终，根本就是刘邦导演的。告密的逃犯、汉使和司法机关，只不过是奉命行事，以得出彭越"反状已具"的结论。可怜的彭越，几次被玩弄于股掌之中，根本就不是刘邦的对手。

刘邦是个重感情之人，见昔日战友身陷囹圄，竟有些不忍。在他的授意之下，彭越竟又捡回了一条命，但若想再做回梁王，却是毫无可能了。他被流放到蜀地，获准以庶民身份了此余生。这虽然不公，刘邦确已仁至义尽了。

一个人永远不知道自己的明天会怎样。彭越说什么也不会想到，自己的晚年会这么一波三折，而且还远未结束。他在被押赴蜀地途中，碰上了从长安而来的吕后。

遇上悍妇绝不是好兆头。彭越不知吕后生性狠辣，于是向她苦苦哀求，称自己绝无反心，希望能返还故乡昌邑。但他不知道，这纯粹是与虎谋皮之举，不仅毫无可能性，相反还有极大的危险。

吕后见彭越老泪纵横，当即应允，将他带回洛阳。彭越只希望她向刘邦求情，放自己返还故乡，却不知前面就是一个万劫不复的深渊。由此可以看出，晚年的彭越已昏聩到了何种地步。

吕后一到洛阳，不去给彭越求情，而是诘问丈夫："彭越一介枭雄，一旦放入蜀地，遗患无穷，不如趁早斩草除根。我现在已将他带来了。"

刘邦本想放彭越一马，怎奈碰到了吕后。他对这个女人的品性再了解不过了，所以宁愿牺牲彭越，也不想与她起争执。若不顺从其意，她怎肯罢休？更何况，彭越本就是他一时感情用事才赦免的，吕后现在想杀他，也是为大汉江山着想。

于是，彭越再次被指控谋反，紧接着被执行死刑。

彭越既死，刘邦认为梁国地处中原，势力不宜太大，乃将其肢解为二：东北仍为梁国，由皇子刘恢任梁王；西南为淮阳国，由皇子刘友任淮阳王。

彭越，以一个匪盗头目的身份，在几年之间飞黄腾达，成为一国之主，但终究没能摆脱身败名裂的宿命。

第十一章 萧萧大风歌

一个都不能留

　　韩信和彭越分别在同年春天和夏天被处决。到秋天时，淮南王黥布造反了。

　　彭越伏诛后，尸体被剁成了肉酱，分赐给尚存的各路诸侯，以作警示。黥布当时正在林中打猎，见到肉酱，兔死狐悲，万分震恐。他由此推断，淮南也不能久存了，刘邦迟早会拿它开刀。

　　韩信、彭越、黥布三人同功一体，都是汉朝开国元勋。韩、彭二人先后被杀，黥布预感到自己来日无多，所以传令士卒，严守边防，加强警惕。但在当时的大环境下，这只能归于徒劳。几个月后，该来的一天总归来临了。

　　黥布万万想不到，自己与刘邦的决裂，竟起因于一个女人。

　　黥布有个爱姬，史不载名，一次因病就医，地点就是中大夫贲赫家对门。因为机缘巧合，两人在医家对饮攀谈过几次，贲赫给对方留下的印象极佳，甚至闻于黥布之耳，他的醋坛子一下就被打翻了。

黥布怀疑爱姬与贲赫有染，想找他问个究竟。但贲赫心中有鬼，三番五次借病推脱，硬是不肯奉命，惹得黥布怒火中烧，想把他强行逮捕。不料贲赫事先得到消息，干脆一不做二不休，跑到朝廷谎报黥布图谋造反。

刘邦未轻信贲赫之言，于是派使者去淮南查验。先前，黥布曾令部下加强戒备，在汉使看来，这些措施都明显具有造反迹象。黥布自料解释不清，也就懒得再争辩，索性真扯起了反旗。

黥布一反，证明贲赫所言不虚。刘邦予以褒奖之后，将其封为将军，然后召集众将，商讨破敌之策。诸将多是惯于谄媚之徒，均众口一词："发兵击之，坑竖子耳。何能为乎！"

诸将无能，只有夏侯婴找来一人，给刘邦答疑解惑。此人名叫薛公，是项羽的老部下，在西楚时曾任令尹一职。根据他的分析，叛军有上、中、下三策可供选择：上策是东取吴，西取楚，并齐取鲁，传檄燕、赵，固守其所。这样的话，叛军得势，汉将失去山东半壁江山；中策是东取吴，西取楚，并韩取魏，据敖仓之粟，塞成皋之险。这样的话，双方胜负还不一定；下策是东取吴，西取下蔡，归重于越，身归长沙。这样的话，黥布必败无疑，汉可高枕无忧。

刘邦认为以上分析很有道理，但不知叛军会作何选择，于是再问薛公，得到的回答是：黥布本是一骊山役徒，现在虽贵为一国之主，但终究目光短浅，必定会选择下策。

以上分析精辟得当，刘邦也为之折服。韩信、陈平、薛公三人本是项羽旧臣，但在西楚时无尺寸之功，归汉后却妙计连出，原因何在？答曰：环境造就人才，这最终得归于领导者的品性。

《兵法》云：知己知彼，百战不殆。在刘邦君臣商讨如何破敌之际，黥布也召集众将训话："刘邦已经老迈，厌倦兵戈，肯定不会御驾亲征。他手下的善战者，只有韩信、彭越，现在都已被杀，其余微不足道。"

黥布虽是一员骁将，毕竟谋略不足，他的算计果然被薛公料中。更使他意料不到的是，刘邦这次也御驾亲征了。

因淮南兵骁勇、精悍，刘邦认为力敌并非良策，于是选择从彭城南下，在庸城筑起壁垒，据此与淮南军对峙。这时，黥布已相继吞并荆、楚二国，之后再转而向西，恰巧遇到刘邦大军。

汉军等壁垒建好时，已是次年年初。刘邦作壁上观，发现敌方阵形极似项羽，大为惊骇。黥布是由西楚转投汉营的，所以熟知楚、汉双方行军布阵之法。他现在采用项羽的阵形，分明就是贬低汉军。

刘邦立于壁垒之上，冲黥布大喊："你何苦造反呢？"

黥布的回答简洁、有力："我要当皇帝！"

刘邦心知情势无法挽回，遂下令全军出击。紧接下来，双方一番激战。淮南兵虽精悍有加，却敌不过汉军人多势众，终于兵败如山倒，被打得溃不成军。刘邦领汉军一路穷追，痛歼敌军。

黥布率残兵渡过淮水，一路向南逃窜，最后剩下一百余人，完全丧失了抵抗能力。这时，他只剩下最后一条路——投奔妻子的娘家长沙国。除此之外，别无选择。

当时的长沙王名叫吴臣，是黥布的妻弟。第一代长沙王吴芮，即黥布岳父，已于四年前去世。对长沙国而言，黥布的到来可是飞来横祸。吴臣聚集起众臣，询问应否接纳投奔者。众臣多持消极态度。对此，吴臣没有明确表态，却郁闷至极。

刘邦称帝时，因功立了七位诸侯王。这几年，他正找机会将其一一废除，而改立刘氏子弟。截至目前，除赵王张敖被降格为侯外，燕王臧荼、韩王信、楚王韩信和梁王彭越，都已因故被杀，淮南王黥布也已濒临绝境。现在，非刘氏诸侯已所剩无几。

黥布与长沙国有姻亲关系，只此一点，便足以削除吴臣的王号。新长沙王深知其中利害，故深怀忧虑。这时，一个名叫利仓的近侍，建议他逮捕黥布，或将其首级呈献朝廷。因为目前只这两个办法，能保住吴臣的王位。

长沙王沉默了半晌，最后痛下狠心，让利仓全权处理此事。

利仓得令，便立即展开行动。他先令数十名勇士埋伏于鄱阳湖附近，然后以让黥布暂避风头为名，将他骗到该地。结果，黥布误入圈套，最终被潜藏的武士袭击而毙命。

由此，吴臣的王位被保住了，而汉朝也消除了一大祸患。事后，利仓因功被封为轪侯。

1972年，一具女性遗体在长沙马王堆汉墓中被发掘出来，其皮肤下结缔组织尚存弹性，与新鲜尸体无二。经确认，此人即轪侯利仓的夫人。

韩信、彭越死于同年，黥布死于次年年初，理由都是造反，也都缘自下属的告发。就结局来看，韩信因遭猜忌、打压而反，死得最窝囊；彭越压根就没想造反，死得最冤枉；黥布一被怀疑就主动造反，算是比较洒脱。

黥布被杀后，淮南国照例由一位刘氏皇子接管。刘邦择定皇子刘长担任新王。

到现在为止，当初的七个异姓诸侯王，大部分都已被铲除。剩下的除长沙王外，就只有一个燕王卢绾了。

第一代燕王本来是臧荼，于楚汉之争时被韩信威逼利诱，最终答应和平解放。但汉朝建立后，他因不习惯对刘邦俯首称臣，于是起而反叛。刘邦御驾亲征，费时两个月将其擒获。那时，他刚打下江山，尚无

铲除异姓诸侯之念，故又封卢绾为燕王。

卢绾是刘邦的同乡，又和他生于同一天，故而两人情同手足，私交甚深。卢绾当燕王之后，感念刘邦之恩，也为他尽心尽力。陈豨反叛时，他主动配合政府军作战，从东北袭击叛军。

但以上仅是表象。樊哙击斩陈豨后，发现事情远比想象中复杂。后来，刘邦也从陈豨降将口中得知，卢绾受部下唆使，为了延长燕国的政治寿命，只是在表面上配合汉军，实际却在帮陈豨加强抵抗。

事实上，卢绾的确跟陈豨联络过，但只是出于自保，而非真想反叛。因为他身为异姓诸侯，自知迟早会被收拾，于是便暗助陈豨抵抗汉军。按照卢绾的逻辑，朝廷一旦忙于镇压陈豨，就没工夫再对付燕国。这样，他的政治寿命能暂时延长。

刘邦得知真相后，怒不可遏，想当面质问卢绾，但对方装病不来。由此，刘邦遂断定卢绾谋反属实。但因为患病，他这次没有御驾亲征，而是派樊哙前去讨伐。

卢绾感念与皇帝的情谊，想等他病好后，亲自前往谢罪。但很遗憾，他未能等到这一天，刘邦几个月之后就驾崩了。刘邦逝后，卢绾无心与汉为敌，举众投降匈奴，一年之后因思乡而亡。

汉朝建立后，刘邦与山东诸侯的斗争，就其本质而言，仍是帝制与分封制之争的延续。在这方面，刘邦继承了秦始皇的衣钵。这场东、西方的持久战，自商鞅变法时起，直至汉武帝颁布"推恩令"方告终结，前后历时二百余年。刘邦消灭异姓诸侯而代之以皇族，只是这长期斗争中的一步。

「四皓」安太子

据不完全统计，中国历史上出现过三百五十多名皇帝。这么多皇帝，没有一个像刘邦这般辛苦的。几乎他的整个后半生，都是在戎马倥偬中度过的。

公元前196年，刘邦已是一个六十多岁的老头了，还在为帝国大业劳苦奔波，继续战斗在第一线。

黥布被击败后，淮南叛军已不成气候。刘邦遂令部将追敌，自己却打道回府，返回长安。在途经故乡沛县时，他因为思乡心切，就给自己放了个假。这是真正的衣锦还乡。

十一年前，正是西楚如日中天之时。项羽因灭秦有功，驻军咸阳，威震天下。但后因思乡，他却撤军东返，并留下名言"富贵不归故乡，如衣绣夜行，谁知之者"。结果，没过几年，西楚霸业就在他手中告终。

抚今追昔，刘邦不胜感慨。拿他自己来说，昨天还在乡间过着悠闲

第十一章 萧萧大风歌

的无赖生活，今日却已贵为皇帝。这难道是天意吗？真是人生无常，世事难料。

刘邦在丰县摆了盛大的宴席，广邀家乡父老。乡里的孩子们，大多初见皇帝尊容，无不欢呼雀跃。当酒喝到尽兴之时，刘邦开始教他们击筑唱歌："大风起兮云飞扬，威加海内兮归故乡，安得猛士兮守四方！"

昔日与他并肩作战的群雄，这时已被消灭殆尽，当然没有人再"守四方"了。这时的刘邦，心里大概别有一番滋味。

刘邦一边击筑作歌，一边手舞足蹈，慢慢竟乐极生悲，悲伤地哭起来："话说'游子悲故乡'。朕如今居国都长安，但老死之后，终究要魂归故里。沛县是朕的发迹之地，今后免除一切租税和徭役。"

沛县父老听到这话，被感动得热泪盈眶，莫不叩首称谢。

刘邦在沛畅饮了十几天，最后不顾父老的极力挽留，抽身而去。临别之际，他又免除了丰县的租税和徭役。其实，沛县只是刘邦的发迹之地，丰县才是他真正的故乡。

皇帝一行自沛县出发，经鲁地祭拜了孔子，于次月抵达长安。

几个月前，刘邦在与淮南军对阵时，胸部曾受过箭伤，至今尚未痊愈。面临着长安的复杂环境，他立马旧伤复发，病倒在床。或许因感到来日无多，他开始考虑接班人的问题。

刘邦的家庭相当复杂，他一生共有妻妾六人，儿子八个。

正妻吕雉，在成为皇后之前被项羽关了三年多，给刘邦生有一子一女，即太子刘盈和鲁元公主。由于个性强悍、狠辣，她注定不是一个温顺的娇妻，却是刘邦的慷慨资助者和患难与共的革命同志。

刘邦对这位悍妻的态度，向来是尊重多于喜爱。尤其在称帝之后，由于常年出征在外，他与吕后的感情进一步疏远，由此威胁到刘盈的皇储地位。

刘盈是刘邦的嫡长子，于汉国成立第二年被立为太子。楚汉之争期间，他一直由萧何陪同，留守后方。但由于性格柔弱，他一开始就不受父亲喜爱，后又遇到其异母弟弟刘如意的挑战，几乎丢掉太子身份。

刘如意是刘邦与戚姬之子。与多数母亲一样，晚年得宠的戚姬对爱子百般呵护，甚至想取代刘盈成为太子。但凡男人，总敌不过枕边人的眼泪。面对她的苦苦哀求，刘邦到晚年竟真动了易储之念。

第一次易储风波发生在两年前，一经提出，便遭到群臣的强烈抵制。起初，刘邦固执己见，毫无妥协之意，但经口吃御史大夫周昌一再反对，最后只能作罢。然而，他并未放弃第二次尝试。

刘邦坚持易储，其实还有另一层考量：他一旦驾崩，若由仁弱的刘盈即位，大权势必落入其母吕后之手，戚姬和刘如意就性命难保；若由如意即位，却不至于危及吕后母子的性命。

当然，是否保全戚姬母子，只不过是刘邦的私事，群臣不会过多考虑。所以，在此问题上，刘邦君臣始终没有达成一致。

第一次易储不成，反使吕后有了戒心。她处心积虑，挖空心思，妄图阻挠刘邦的计划，但苦于无从入手。后经人指点，她得知张良的意见在皇帝那里分量十足，遂决定从张良身上着手。

张良是个病秧子，为人行事低调，从不居功自傲、盛气凌人。他与韩信都是兵法专业出身，但两人的处世哲学迥异，行事风格也大相径庭，形成了鲜明对照：

韩信锋芒毕露，功高震主，功成而不知收敛，所以成为第一个被收拾的对象，惨死于妇人之手。张良与刘邦结识较早，战时又朝夕相处，深知其为人。所以，一旦天下平定，他就索然寡居起来，安然度日。在他看来，多一事不如少一事，最好能淡出皇帝的视线。

"飞鸟尽，良弓藏；狡兔死，走狗烹；敌国破，谋臣亡"一语，是黄石公《三略》中的文句。张良和韩信都曾拜读，也各有领悟，但毕竟有境界和层次上的差别。

汉得天下之后，张良几乎不再过问世事，甚至有一年多曾因病闭门不出。自此直至去世，他仅再为朝廷服务三次。除两次受刘邦邀请之外，再有就是这次易储风波，他是被吕后强迫出山的。

最初，张良对易储之事兴趣不大，也无意过问。他认为这纯属刘邦个人家事，与外人无干。但吕后经人指点，竟强迫他为其效劳。张良最后无以推脱，于是献出"'四皓'安太子"之计：朝臣虽一致力挺刘盈，但多半人微言轻，不足以让皇帝重视。远在商山，居有四位隐士[1]，皇帝想聘他们为朝廷服务，一直未能如愿。吕后若能邀请这四人出山，使其为太子羽翼，必能保住刘盈的皇储之位。

吕后认为此计极佳，于是经与兄长吕泽商议，决定请"四皓"出山协助太子。

在此期间，刘邦的态度依然强硬。在长安，他因旧伤复发，一直卧病在床，易储之念越发强烈，虽经张良劝谏，叔孙通以死相争，也毫无动摇的余地。在病情好转时，他只偶尔参加一些宴饮，其余概不关注。

一次，皇帝酒意方浓，有四个老头尾随太子前来，给他拜寿。刘邦见四人都年届八旬，须发皓白，服冠甚伟，一经讯问，竟是多次邀聘未遂的"四皓"，这才恍然大悟。

"四皓"盛名远播，不慕名利，朝廷数请不到，如今竟成了太子的座上客，真是奇哉怪哉！这该是吕后之意吧！刘邦料太子得四位大贤之助，再难轻动，顿时心灰意冷，就此打消了易储的念头。

1　根据《史记·索引》，"商山四皓"分别为东园公庾真明、绮里季、夏黄公崔广、角里先生周术。

太子走后，刘邦叫来戚姬，指着"四皓"远去的身影，叹息道："如意性格像我，我本想改立他为太子。但如今刘盈得'四皓'辅佐，羽翼已丰，朕也奈何不得了。吕后真要凌驾在你之上了。"

这话的言外之意是，戚姬和刘如意现在有他罩护着，尚可安然无恙，而他一旦弃世而去，必由刘盈即位。那时，吕后大权在握，就要整治戚姬母子了。刘邦贵为皇帝，虽能预测将来的事变，却无力保护娇妻爱子，其心境之无奈，可想而知。

戚姬闻之，泣泪不止。

见美人怮哭，刘邦也颇为动情："为我跳支楚舞吧，我也为你唱一阕楚曲！"接下来刘邦所唱的楚曲，是他平生的第二首作品：

鸿鹄高飞，一举千里。羽翮已就，横绝四海。

横绝四海，当可奈何！虽有矰缴，尚安所施！

戚姬听罢，当场哭倒。刘邦起而离去，从此再不谈及易储之事。

第十一章 萧萧大风歌

-319-

刘邦终其一生，在三件事上留下了遗憾：

第一是匈奴外患。汉初因国家疲弱，民生凋敝，刘邦未敢跟匈奴开战，而是选择忍辱负重，以"和亲"政策求妥协，换取短暂的和平。如何对待匈奴，仍是一个悬而未解的难题。

第二是诸侯势力。在刘邦临终之前，山东诸侯虽已被剿除殆尽，但以同姓王代替异姓王的策略治标不治本，要在全国范围内消除诸侯势力，还有很长一段路要走。

第三是家庭悲剧。两次易储不成，不仅使晚年的刘邦备受挫折，更宣判了戚姬母子的死刑。此外，由于泼辣、强悍的吕后秉政，汉朝也将面临一次严峻的考验。

受时代环境影响，前面两大隐患虽然不能根除，但经过刘邦的努力，已被最大限度地遏制向坏的方向发展。所以，对他晚年打击最沉重的莫过于其家庭悲剧了。

易储不成，势必造成戚姬母子无可避免的惨败。以吕后的性格，刘邦几乎不敢想象此事将如何收场。自己虽已尽力，怎奈戚姬母子无此福分，徒呼奈何！

刘邦本有旧伤在身，很可能又因此事而加重了病情。第二次易储失败后，他又卧病在床，不能起身。在其病重期间，吕后亲自侍奉汤药，但她已趁机独揽了大权，并阻止任何臣属与皇帝见面。

为挽救丈夫的病情，吕后专门请来一位良医，以"疾可治"的诊断结果相激励。但刘邦对此嗤之以鼻，不肯配合治疗，甚至谩骂医者："我以布衣之身，提三尺而取天下，难道不是天命吗！我的命数由天定，即使扁鹊复生，又能如何！"

不过，对于医者的美意，他还是嘉许的。他奉送出黄金五十斤，打发医者离去，然后静待死神降临。

吕后虽然泼辣、专横，毕竟没有单独治国理政的经验，而刘邦却是个政治天才。所以，她对丈夫的意见仍比较尊重。在侍奉期间，她开始就一些重大人事问题请教这位即将辞世的皇帝：

第十一章 萧萧大风歌

"陛下百岁后，萧相国既死，谁令代之？"

"曹参可。"

刘邦对萧何的治国方略是深表认同的，而曹参却与萧何私怨甚深。若以他继任丞相之职，不怕萧何之法被改弦更张吗？其实，这正是刘邦的过人之处。

萧何、曹参虽私人关系不睦，却绝不会因私废公。萧何之法为当时之所必需，能使其行而不废之人，非曹参莫属。刘邦对此明察秋毫，早有明断。

吕后再追问曹参之后的人选，刘邦的回答是："王陵可，然少戆，陈平可以助之。陈平知有余，然难独任。周勃重厚少文，然安刘氏者必勃也，可令为太尉。"

陈平作为一个谋士，当然是再优秀不过了，但他擅长的是阴谋诡计，以一个政治家的标准衡量，就显得过于阴暗。王陵骨子里朴实、憨直，恰可与陈平取长补短。刘邦对两人品性洞若观火，所以主张两人合作，组成一对最佳拍档。

周勃缺乏文才，非宰相之才，但为人厚重，值得临危受命，以帝国安危相托。所以，刘邦认为吕氏之乱不会长久，能"安刘氏者"非周勃莫属，故将太尉之职相授，让他掌管帝国军队。

吕后继续追问王陵、陈平、周勃之后的人选，刘邦回答："此后亦非乃所知也。"

此话的言外之意是说，吕氏之乱将被周勃等人平定，之后的事与吕氏无关，吕后自然也就不必再关心了。

综合来看，刘邦似乎已经预知：新帝懦弱，将来必由吕后把持朝政。这个泼辣的悍妇一旦大权在握，必定无法无天，闹得天翻地覆。而正因如此，吕氏家族的政治寿命注定不会长久，将在陈平、周勃等人手中结束。届时，天下将复归刘姓。

这一伟大预言，绝非刘邦信口胡诌，而是他综合考量后得出的结论。只是，他将话说得相当隐晦，以吕后的才智和悟性，难以明澈。但她深信丈夫之言，将当政后的人事布局全按该意见施行，结果给自己埋下了一颗定时炸弹。

精明神断如刘邦，早凭生前所知，将身后之事料到十之八九。由此看来，刘邦以布衣得天下，不是没有道理的，他的确是一个天才政治家。此后汉朝近二十年历史的发展，恰如其所料。

至此，刘邦了无挂碍，于公元前195年阴历四月驾崩。次月，他的遗体入葬长陵。人们普遍认为"帝起细微，拨乱世反之正，平定天下，为汉太祖，功最高"，故定尊号为"高皇帝"。

不出刘邦所料，刘盈登基为新帝，吕后果然将其变作傀儡，一手操控了朝政。

接下来，她做的第一件事就是铲除其情敌兼政敌——戚姬、刘如意母子。刘邦死后不足半年，吕后就将戚姬折磨得体无完肤，之后更将其断手去足，剜眼熏耳，扔到厕所。尽管刘如意一再受刘盈庇护，仍未幸免于难，最终被吕后暗中毒害致死。

暴力能压制反对和异议，却不能取得支持。为逞一时之快，吕后将情敌、政敌一网打尽、斩尽杀绝，这是她的毒辣之处，也是其缺陷之所在。

吕后借由儿子的权力将政敌斩尽杀绝，一时权势熏天、炙手可热，但这不过是昙花一现。在其死后，她的家族立即垮台，被彻底清算。刘氏家族又夺回政权，重掌了朝政。

薄姬姿色不如戚姬，强悍逊于吕后，之前曾是魏豹的妃子，仅被皇帝宠幸过一次。因为争宠无望，她将精力全用于教养其子。吕氏败亡后，她的儿子刘恒就以诸侯身份荣登帝位，即开创"文景之治"的汉文帝。

此后汉朝历代诸君都是薄姬的子孙，而非吕后或戚姬的后代。

老子在《道德经》中讲："夫唯不争，方天下莫能与之争"。这里的"不争"，并不是杜绝一切竞争，而是指要另辟蹊径，以常规之外的方法与对手竞争，以达到"不争而争""不争而胜"的目的，这是竞争的最高境界。

薄姬，一个默默无闻的人，最后以不争取胜，恐怕连刘邦都始料未及吧！

史赞：高祖不修文学，而性明达，好谋，能听，自监门戍卒，见之如旧。初顺民心作三章之约。天下既定，命萧何次律令，韩信申军法，张苍定章程，叔孙通制礼仪，陆贾造《新语》。又与功臣剖符作誓，丹书铁契，金匮石室，藏之宗庙。虽日不暇给，规摹弘远矣。[1]

---

1 这段是班固对刘邦的评价，见《汉书》卷一（下）。

附　录

统一之前秦国的阶级分野与斗争

一、孝公以降秦廷之国策

晚清时，中国进入了一个三千年未有的大变局。曾国藩、李鸿章、张之洞等哀中国之衰，痛与西夷抗而屡败也，故倡西学，造"中体西用"之说，欲以重振中华声威。

自此前推两千年，亦战国中叶之大变局也。秦自孝公以降，其国策亦与晚清相类，曰"秦国为体，东学为用"。且此政策持续一个半世纪，实为秦兴衰治乱之关键。秦之崛起和统一，固有采东学之故，然亦因此激起东学策士与本土派之矛盾与冲突，延及秦二世而不可调和，足致秦之覆亡。研究秦史者于此固不可忽视耳。

"体用之说"为吾国固有之哲学命题，历代多有阐述，因关系重大，兹先引史料予以阐明。对于该说，古来描述最周详者，莫如唐人崔憬。憬于《周易探玄》中论曰："凡天地万物，皆有形质，就形质之中，有体有用。体者即形质也，用者即形质上之妙用也。"

崔憬将"体"释为物之形质，将"用"释为形质上之妙用，可谓确切。明乎此，"秦国为体，东学为用"之内涵亦明，即以秦国形质为体，而以东方策士所学在秦之发挥为用。然因关系紧要，为免读者误解，再多几点解释。

首先，盖当时列国文化大盛之时，而秦独弱，无甚文化可言，故孝公能放低姿态、屈尊下顾，而不先抱以"吾国文化最优"之态度，故此政策以秦国为体，此为与近代"中学为体"者大有不同。

其次，"东学"指秦以东诸国学术流派，大致分为两派。一派为文化派，主要是儒家、阴阳家、墨家、道家等，地域分野大致在燕、齐、楚及淮泗诸国。此派学术之特点在于重历史、倡文化，理想宏伟而难于实践，其主要代表人物为吕不韦、茅焦。

与之相对的一派为事功派，主要有法家、纵横家、兵家等，地域分野大致在三晋，尤以魏国为重。此派学术之特点在于务实际、尚功利，旨在富国强兵，其主要代表为商鞅、尸佼、张仪、公孙衍、陈轸、甘茂、范雎、尉缭、李斯、赵高等。

秦对东学两派，采兼收并蓄之态度，而兼顾轻重缓急。当孝公、惠文王、武王、昭襄王之时，主要吸收实务派，以强大自身。而当孝文王、庄襄王，以至于秦始皇之世，秦廷一面仍继续发展秦之国力，同时经过百余年之发展，一统的愿望即将实现。此一新起时代潮流，对秦统治者提出了更高要求。故诸君仍继续吸收事功派，然于此基础之上，已注意吸纳更东方的文化派。

再者，先事功派后文化派之顺序，自然与秦国形势之要求有关，但也离不开两派地域分野之影响：三晋皆濒秦，而燕、齐位于东海之滨，与秦地遥不可接，楚虽亦与秦接壤，然其疆域甚广，而政治、文化重心位于偏东位置，且其自身文化本不甚发达，故为秦引进者亦微矣。

秦孝公之世事功派之引进及与主体派之斗争

兹先叙孝公之改弦更张，主要在实务派之引进，而与文教派尚无多牵涉。盖秦孝公即位之时，秦建国已愈五百余年，然其跻身强国之列，当属穆公之时。孝公在即位初发布之求贤令中，回顾穆公至献公三个世纪之历史：

> "昔我缪公自岐雍之间，修德行武，东平晋乱，以河为界，西霸戎翟，广地千里，天子致伯，诸侯毕贺，为后世开业，甚光美。会往者厉、躁、简公、出子之不宁，国家内忧，未遑外事，三晋攻夺我先君河西地，诸侯卑秦、丑莫大焉。献公即位，镇抚边境，徙治栎阳，且欲东伐，复穆公之故地，修穆公之政令。"（《史记·秦本纪》）

秦孝公将这段历史归结为三期：一为秦穆公时代之强盛期，一为"厉、躁、简公、出子"时之衰乱期，一为由其父秦献公开创之改革期。秦献公在位二十五年，镇抚边境，迁都栎阳，"复穆公之故地，修穆公之政令"，很有一番振作之象。当时，魏为中原霸主，竟两次为秦所败。

尽管如此，秦因地处偏域，文教落后，人才匮乏，与山东诸侯相比，在政治上仍有较大差距：

> "孝公元年，河山以东疆国六，与齐威、楚宣、魏惠、燕悼、韩哀、赵成侯并。淮泗之间小国十余……周室微，诸侯力政，争相并。秦僻在雍州，不与中国诸侯之会盟，夷翟遇之。"（《史记·秦本纪》）

时值战国中期，天下扰乱，诸侯并争，秦竟无资格参与诸侯之会盟，乃至被视为蛮夷。然秦孝公乃一颇具野心之主，知耻而后勇，即位伊始，即以先祖秦穆公的事迹相标榜，欲重振秦之声威。为此，在内外交困之局中，他采取了一系列措施：

"孝公于是布惠，振孤寡，招战士，明功赏……乃出兵东围陕城，西斩戎之镍王。"（《史记·秦本纪》）

此外，秦孝公还下达一封求贤令。在令中，他表达了继续其父遗志、发奋改革图强之决心：

"寡人思念先君之意，常痛于心。宾客群臣有能出奇计疆秦者，吾且尊官，与之分土。"（《史记·秦本纪》）

秦孝公此番下令求贤，目标在于"强秦"。为达此目标，秦孝公不计任何代价。此令一下，遂引起商鞅之入秦。

"商君者，卫之诸庶孽公子也，名鞅，姓公孙氏，其祖本姬姓也。鞅少好刑名之学，事魏相公叔座为中庶子……闻秦孝公下令国中求贤者，将修穆公之业，东复侵地，乃遂西入秦，因孝公宠臣景监以求见孝公。"（《史记·秦本纪》）

"（李）悝撰次诸国法，著《法经》……然皆罪名之制也。商君受之以相秦。"（《晋书·刑法志》）

盖战国法家起自魏人李悝，先行于魏。李悝为魏文侯师，行"尽

-328-

地力之教"，编《法经》六篇，遂使魏至于富强。李悝既没，法家分三派：一为势派，以慎到为首；一为术派，以申不害为首，一为法派，以商鞅为首。商鞅为卫人，在魏任中庶子，然不得重用，闻秦孝公求贤，乃携其所学赴秦。商鞅之学，盖承自李悝《法经》。与商鞅同时赴秦者，尚有魏人尸佼：

"《尸子》二十篇。名佼，鲁人，秦相商君师之，鞅死，佼逃入蜀"。（《汉书·艺文志》）

"今按《尸子》书，晋人也，名佼，秦相卫鞅客也。卫鞅商君谋事画计，立法理民，未尝不与佼规之也。商君被刑，佼恐并诛，乃亡逃入蜀。自为造此二十篇书，凡六万余言。卒，因葬蜀。"（刘向《别录》）

由此，尸佼亦魏人，与商鞅同属法家。商鞅主持变法，他是重要参谋。但他们于孝公元年赴秦，欲行变法图强之策，其始颇为不顺。《史记》谓商鞅因景监得见孝公，凡三见乃遂其意，后又经两年，方使其坚定变法之决心。

"孝公平画，公孙鞅、甘龙、杜挚三大夫御于君，虑世事之变，讨正法之本，求使民之道。"（《商君书·更法》）

"三年，卫鞅说孝公变法修刑，内务耕稼，外劝战死之赏罚，孝公善之。甘龙、杜挚等弗然，相与争之。"（《史记·秦本纪》）

"商君相秦十年，宗室贵戚多怨望者。"（《史记·商君列传》）

即便孝公已明确支持变法，秦内部之持反对态度者，如甘龙、杜挚等，仍大有人在，在商鞅相秦之时，亦多怀怨望。于是，针对变法问题，秦廷遂分裂为两派。对此，《吕氏春秋·无义》有以下论述：

"公孙鞅之于秦，非父兄也，非有故也，以能用也。"

此寥寥数语，对两派对抗的实质，颇切中要害：一派乃秦之"父兄"或与之"有故"，可称之为主体派，多为秦宗室贵戚和勋旧大臣，如太子、甘龙、杜挚等，对变法持竭力抵制态度；另一派则以于秦"能用"为立身之资，可称之为（外用）事功派，即自山东赴秦求功之游士，如商鞅、尸佼等，是变法事业之中坚力量。从上述所引两派观点来看，两派除主体与外用之矛盾外，尚有一守旧与维新之冲突。

外用派力量之凭借，一为其所学"于秦能用"，一为秦君之鼎力支持，否则全无可能与主体派相抗衡。故趁孝公在世，外用派威势能大行于秦，然其与主体派之斗争，亦贯穿孝公之世。商鞅、尸佼等人，除与甘龙、杜挚等人辩变法之利害外，尚有以下数端：

"于是太子犯法。卫鞅曰：'法之不行，自上犯之。'将法太子。太子，君嗣也，不可施刑，刑其傅公子虔，黥其师公孙贾。"（《史记·商君列传》）

"行之四年，公子虔复犯约，劓之。"（《史记·商君列传》）

以商鞅、尸佼为首之外用派，仰仗孝公之权威，屡与主体派抗衡，皆获胜捷，乃至于刑太子之傅，黥太子之师。然及孝公之没，主体派乃凭新君之支持，大肆反扑，外用派之势运遂急转直下。

"秦孝公卒，太子立。公子虔之徒告商君欲反，发吏捕商君。商君亡至关下……与其徒属发邑兵北出击郑。秦发兵攻商君，杀之于郑黾池。秦惠王车裂商君以徇，曰：'莫如商鞅反者！'遂灭商君之家。"（《史记·商君列传》）

"商君被刑，（尸）佼恐并诛，乃亡逃入蜀。自为造此二十篇书，凡六万余言。卒，因葬蜀。"（刘向《别录》）

秦孝公在位二十四年卒，由其子惠文王嗣立。惠文王为太子时，曾因犯法致傅、师遭刑，故对外用派恨之入骨。商鞅、尸佼有大功于秦，殆惠文王一嗣位，一遭车裂，一逃匿于蜀。孝公任用之外用派，遂至全军覆没，而让位于主体派主政。

三、秦惠文王之世外用派（纵横家）之继续引进

盖此时之惠文王，乃秦廷主体派之领袖也。其虽视商鞅之辈如仇雠，然究竟无孝公改弦更张之魄力，兼之秦行新法确有大效，故诛商鞅而不废其法。其后，又有新外用派因欲求功，而求仕于秦者。

"苏秦者，东周雒阳人也。东事师于齐，而习之于鬼谷先生。求说周显王。显王左右素习知苏秦，皆少之，弗信。乃西至秦。秦孝公卒。说惠王……方诛商鞅，疾辩士，弗用。乃东之赵。"（《史记·苏秦列传》）

苏秦乃周人，先游说周王不果，遂以游说之术干秦，为外用派之纵横家也，其经历颇似商鞅，而所学不同。惠文王因忌商鞅，仍厌之不纳，足见其仍坚持主体派之保守政策。

《史记·索引》谓："山东地形从长，苏秦相六国，令从亲而宾秦也。关西地形衡长，张仪相六国，令破其从而连秦之衡，故谓张仪为连横矣。"

此段述"合纵""连横"之由来，故知纵横家之兴，必在商鞅变法强秦之后也。此前或有辩士，而未可称"纵横家"焉。盖此派学术乃继法家之后，将东学西用之第二波。惠文王初采排斥态度，殆苏秦已去秦游赵，弃横倡纵，乃渐视此派学术之功效，而后有犀首（公孙衍）、张仪、陈轸诸人之赴秦。

"五年，阴晋人犀首为大良造……十年，张仪相秦。"（《史记·秦本纪》）

"张仪者，魏人也，始尝与苏秦俱事鬼谷先生，学术……苏秦已说赵王而得相约从亲，然恐秦之攻诸侯，败约后负，念莫可使用于秦者，乃使人微感张仪……乃遂入秦。"（《史记·张仪列传》）

"陈轸者，游说之士。与张仪俱事秦惠王，皆贵重，争宠。"（《史记·张仪列传》）

"犀首者，魏之阴晋人也，名衍，姓公孙氏。与张仪不善。"（《史记·张仪列传》）

苏秦本欲事秦倡连横，既遭拒于惠文王，乃发奋弃横倡纵，激张仪入秦，而为连横派之执牛耳者。张仪、犀首皆魏人，陈轸籍贯不详，然断非秦人。张仪独倡连横，犀首、陈轸时纵时横，而与张仪不睦。惠文王在世时，三人在秦廷虽皆贵重，然推于秦立功最著者，当属张仪。

"惠王用张仪之计，拔三川之地，西并巴、蜀，北收上郡，包九夷，制鄢、郢，东据成皋之险，割膏腴之壤，遂散六国之从，使之西面事秦，功施到今。"（李斯《谏逐客书》）

　　盖此三人者，外用派第二波之代表人物，唯获秦王之支持，始位至卿相，而能将其所学致于用。一旦惠文王辞世，三人自不免遭主体派之排斥，一如事孝公时之商鞅、尸佼。

　　"秦惠王卒，武王立。武王自为太子时不说张仪，及即位，群臣多谗张仪。"（《史记·张仪列传》）

　　惠文王既没，武王嗣立，素恶张仪，主体派遂趁机诋毁。针对此局面，张仪恐落商鞅之下场，乃施计去秦，与之同往者尚有魏章。魏章亦魏人，因张仪之荐而任秦将，此时与其同时被逐。张仪赴魏后任相，一年而卒。

　　自武王即位，陈轸之事迹亦不复见于秦廷。而关于犀首，据《史记·张仪列传》载：

　　"张仪已卒之后，犀首入相秦。尝佩五国之相印，为约长。"

　　《史记·秦本纪》又载：

　　"（武王）二年，初置丞相，樗里疾、甘茂为左右丞相。张仪死于魏。"

　　"秦卒相向寿。而甘茂竟不得复入秦，卒于魏。"

附录　统一之前秦国的阶级分野与斗争

"昭王七年，樗里子死，而使泾阳君质于齐。赵人楼缓来相秦……而秦果免楼缓而魏冉相秦。"

秦武王二年，张仪死于魏，而秦廷置左、右丞相，由樗里疾、甘茂担任。及昭襄王之世，甘茂为向寿所代，而樗里疾为楼缓、魏冉所代。据此可知，犀首相秦实不足一年，后乃东游诸侯，从事合纵抗秦之事业矣。

盖惠文王任用之纵横家，在武王之世已不免失势，且因主体派之反击，两年内即凋零殆尽，不能立足于秦廷。此实秦廷政治建设之一大弊端也。

然至此亦可断定，秦廷之引进东学诸派，所重者乃堪致富国强兵之学术，实非掌握此学术之人。试观秦廷诛商鞅而续行其法，恶苏秦、张仪而不废纵横家之策，乃至其后逐甘茂而用甘罗、谪吕不韦而扩大理想派之引进者，皆此类也。

四、秦武王之平衡政策

兹续言武王之世，秦廷对主体与外用两派之态度。据《史记·樗里子甘茂列传》载：

"樗里子者，名疾，秦惠王之弟也，与惠王异母。"

"甘茂者，下蔡人也。事下蔡史举先生，学百家之术。因张仪、樗里子而求见秦惠王。王见而说之……"

据上述两条，樗里疾为秦宗室子弟，甘茂为外来策士，两人分属于主体派与外用派，当无疑义。条中但言甘茂"学百家之术"者，盖指其所学甚杂，不专归于一家，然自其行事观之，盖不出纵横家和兵家也，当亦属外用派之务实派。

由上述两条，联系武王二年置左、右丞相之条，可知当时秦廷对主体与外用两派之斗争，已颇有所觉，并试图调解其冲突。故武王以樗里疾、甘茂分任左、右丞相，此欲使两派皆当权秉政，从而消弭争端之意也。

武王之意固美，然两派之争既久，未可猝然而解。在宜阳之役中，两派斗争仍旧持续。据《资治通鉴》卷4载：

"秦王使甘茂约魏以伐韩，而令向寿辅行。甘茂至魏，令向寿还，谓王曰：'魏听臣矣，然愿王勿伐！'王迎甘茂于息壤而问其故。对曰：'宜阳大县，其实郡也。今王倍数险，行千里，攻之难……今臣，羁旅之臣也，樗里子、公孙奭二人者挟韩而议之，王必听之，是王欺魏王而臣受公仲侈之怨也。'王曰：'寡人弗听也，请与子盟。'乃盟于息壤。"

"甘茂攻宜阳，五月而不拔。樗里子、公孙奭果争之。秦王召甘茂，欲罢兵。甘茂曰：'息壤在彼。'王曰：'有之。'因大悉起兵以佐甘茂。斩首六万，遂拔宜阳。"

此役中，武王欲伐韩宜阳，甘茂料其不可猝拔，其因有二：一者，路途险远，秦军"倍数险，行千里，攻之难"；二者，甘茂于秦为"羁旅之臣"，惧樗里疾等人进谗言于武王。于此，甘茂对主体与外用两派之争端，可谓有先见之明，故先说武王定"息壤之约"以自固。后事之进展，果如其所料。最终，甘茂因武王之倾力支持，卒拔宜阳。

故此可知，当武王之世，主体与外用两派之矛盾，仍于秦廷绵延不绝，未有丝毫松懈。甘茂可得任事于秦者，实全凭秦王支持。武王固欲调和两派之冲突，然在位仅四年，未竟其功而卒，后由其弟即位，是为昭襄王。秦廷之风向，遂有压倒性之骤变。据《史记·樗里子甘茂列传》载：

"秦武王卒，昭王立，樗里子又益尊重。"

"甘茂竟言秦昭王，以武遂复归之韩。向寿、公孙奭争之，不能得。向寿、公孙奭由此怨，谗甘茂。茂惧，辍伐魏蒲阪，亡去。"

"秦卒相向寿。而甘茂竟不得复入秦，卒于魏。"

"向寿者，宣太后外族也，而与昭王少相长，故任用。"

昭襄王即位，樗里疾"益尊重"，而甘茂惧谗而亡之齐、楚，其相位由向寿所代。由第四条可知，向寿因外戚见用，当属主体派。故此，昭襄王初年，樗里疾、向寿尽掌秦柄，使秦廷成主体派大权独揽之势，而外用派已无可立足。

"向寿为秦守宜阳，将以伐韩。韩公仲使苏代谓向寿……苏代对曰："……王之爱习公也，不如公孙奭；其智能公也，不如甘茂。今二人者皆不得亲于秦事，而公独与王主断于国者何？彼有以失之也……""

苏代对当时秦之两派之分析，可谓一语中的，切中要害。向寿之"所以贵者"，与司马迁所谓樗里疾"以骨肉重"，确有异曲同工之妙。盖当此时，昭襄王采一完全倾向于主体派之政策，一如惠文王初即位之时！

五、昭襄王之世主体派之独盛

樗里疾、向寿之当权，既启主体派专政之端，后由魏冉继之。樗里疾自武王二年任左丞相，迄于昭襄王七年卒，凡十年，而后秦廷定左相之人选，颇费一番周折，至十二年方定之。

据《史记·穰侯列传》载：

"（秦）昭王七年，樗里子死，而使泾阳君质于齐。赵人楼缓来相秦，赵不利，乃使仇液之秦，请以魏厓为秦相……而秦果免楼缓而魏厓相秦。"

又据《史记·孟尝君列传》载：

"秦昭王闻其贤，乃先使泾阳君为质于齐，以求见孟尝君。孟尝君将入秦，宾客莫欲其行，谏……孟尝君乃止。齐湣王二十五年（秦昭襄王八年），复卒使孟尝君入秦，昭王即以孟尝君为秦相。人或说秦昭王曰：'孟尝君贤，而又齐族也，今相秦，必先齐而后秦，秦其危矣。'于是秦昭王乃止。囚孟尝君，谋欲杀之。"

又据《史记·秦本纪》载：

"（秦昭襄王）七年，拔新城。樗里子卒……九年，孟尝君薛文来相秦……十年……薛文以金受免，楼缓为丞相……十二年，楼缓免，穰侯魏厓为相。"

又据《史记·六国年表》载：

"齐湣王二十四年（秦昭襄王七年），秦使泾阳君来为质。二十五年（秦昭襄王八年），泾阳君复归秦，薛文入相秦。"

由上述第一条可知，樗里疾卒于昭襄王七年，而由赵人楼缓继任左相，旋而罢，再由魏冉继之。由上述第二条，孟尝君欲于昭襄王七年入秦为相，然未能成行，而于八年成之，旋遭囚禁。第四条亦言其于昭襄王八年相秦。然第三条又言，薛文于昭襄王九年相秦，而于十年以金受免，与第二、三条皆相抵牾。推其究竟，盖因齐、秦相距万里，孟尝君虽于秦昭襄王八年去齐，然入秦为相已是九年，而只过一年，昭襄王信他人之言，以受金为由将其囚禁。

此六年中，秦左丞相之位凡五易其人：昭襄王七年，由樗里疾易为楼缓，再易为魏冉；九年，由魏冉易为薛文；十年，由薛文再易为楼缓；十二年，由楼缓再易为魏冉，始定其人选。外用派一再更迭，始终不能得势。

上言左相之更替，兹续言右相。前文已叙甘茂于秦昭襄王元年奔齐，次年又赴楚。楚王纳范蜎之策，而使秦以向寿充右相之职。《史记·秦本纪》记：

"（秦昭襄王）十三年，向寿伐韩，取武始……"

《史记·穰侯列传》又载：

"（秦）昭王十四年，魏厓举白起，使代向寿将而攻韩、魏，败之伊阙……"

据此，当秦昭襄王十三年时，向寿尚活动于秦。然此正值魏冉势力急剧膨胀之时，向寿虽为右相，亦不免相形见绌。及至次年，魏冉竟以白起代其兵权。至此，秦廷之权柄遂又操于魏冉之手。关于魏冉之阶级分野，兹将引史料讨论之。

《史记·穰侯列传》载：

"穰侯魏冉者，秦昭王母宣太后弟也，其先楚人，姓芈氏……自惠王、武王时任职用事。武王卒，诸弟争立，唯魏冉力为能立昭王。昭王即位，以冉为将军，卫咸阳……昭王少，宣太后自治，任魏冉为政。"

"太史公曰：穰侯，昭王亲舅也。而秦所以东益地，弱诸侯，尝称帝于天下，天下皆西乡稽首者，穰侯之功也。及其贵极富溢，一夫开说，身折势夺而以忧死，况于羁旅之臣乎！"

魏冉本系楚人，其能用事于秦者，其端有二：一是其姊为惠文王妇，二是彼能拥立其甥昭襄王。司马迁之语"况于羁旅之臣乎"，盖言魏冉非"羁旅之臣"（即外用派）。由此，魏冉属秦主体派无疑。且魏冉虽于昭襄王十二年方定左相之职，然由第一条可知，其自昭襄王即位之初，即因宣太后而秉秦政矣。

前已由甘茂、樗里疾、向寿诸人之事迹，推昭襄王初年之为外用派遭逐、主体派大盛之时，今更以魏冉之事得印证矣。魏冉与宣太后虽属主体派，然究竟系楚人，其视其余秦宗室外戚之态度，遂与以往主体派有异。

据《史记·穰侯列传》载：

"宣太后非武王母。武王母号曰惠文后，先武王死……昭王即位，以厓为将军，卫咸阳。诛季君之乱，而逐武王后出之魏，昭王诸兄弟不善者皆灭之，威振秦国。"

又据《史记·秦本纪》载：

"（昭襄王）二年，彗星见。庶长壮与大臣、诸侯、公子为逆，皆诛，及惠文后皆不得良死。悼武王后出归魏。"

又据《史记索引·穰侯列传》载：

"季君即公子壮，僭立而号曰季君。穰侯力能立昭王，为将军，卫咸阳，诛季君及惠文后，故本纪言'伏诛'。又云'及惠文后皆不得良死'，盖谓惠文后时党公子壮，欲立之，及壮诛而太后忧死，故云'不得良死'，亦史讳之也。又逐武王后出之魏，亦事势然也。"

据此，秦武王与昭襄王同父异母，武王母惠文后与昭襄王母宣太后俱为惠文王之妻，当武王卒没之时，各形成自己之党羽、派系。宣太后、魏冉一系欲拥立昭襄王，惠文后、武王后一系欲立公子状（即季君）。双方斗争之结果，宣太后一系获胜而昭襄王得立，惠文后一系遂或诛或贬，故有"诛季君之乱""惠文后皆不得良死"云云。

然由此亦可知，此两党系之争属主体派内部之权力争夺，而外用派无涉焉。再联系昭襄王初年左相更迭诸条，又可知当时秦廷以薛文、楼缓为相，时间或长或短，盖秦之政柄皆操之于宣太后、魏冉也，而与其同党者又有白起。

据《史记·穰侯列传》载：

"昭王十四年，魏厓举白起，使代向寿将而攻韩、魏……白起者，穰侯之所任举也，相善。"

又据《史记·白起王翦列传》载：

"白起者，郿人也，善用兵，事秦昭王。"

关于白起之祖系，《新唐书·卷七十五下·宰相世系表》载：

"一曰西乞术，二曰白乙丙，其后以为氏。裔孙武安君起，赐死杜邮。"

又据《太原白氏家状二道·故巩县令白府君事状》载：

"白氏芈姓，楚公族也。楚熊居太子建奔郑，建之子胜居于吴楚间，号白公，因氏焉。楚杀白公，其子奔秦，代为名将，乙丙已降是也。裔孙白起，有大功于秦，封武安君。"

白起，《战国策》称公孙起，后世或谓楚白公之后，或谓秦将白乙丙之后，皆不可详考。然可确认者，白乙丙之世早白公胜百余年，故《太原白氏家状二道·故巩县令白府君事状》谓"楚杀白公，其子奔秦，代为名将，乙丙已降是也"，则绝无可能。由上述第一、二条，郿即陕西郿县，当时固属秦国。故白起当为秦人，且附于魏冉无疑，亦其同党也。

盖魏冉、白起之当政，恰秦雄于诸侯之时。两人之于向东、南挞伐诸侯，拓展秦之势力，可谓不遗余力矣。

据《史记·穰侯列传》载：

"昭王十四年，魏厓举白起，使代向寿将而攻韩、魏，败之伊阙，斩首二十四万，虏魏将公孙喜。明年，又取楚之宛、叶……穰侯封四岁，为秦将攻魏。魏献河东方四百里。拔魏之河内，取城大小六十余。昭王十九年，秦称西帝，齐称东帝……三十二年，穰侯为相国，将兵攻魏，走芒卯，入北宅，遂围大梁……（三十三年），秦使穰侯伐魏，斩首四万，走魏将暴鸢，得魏三县……（三十四年），穰侯与白起客卿胡阳复攻赵、韩、魏，破芒卯于华阳下，斩首十万，取魏之卷、蔡阳、长社，赵氏观津。且与赵观津，益赵以兵，伐齐。"

"太史公曰：……秦所以东益地，弱诸侯，尝称帝于天下，天下皆西乡稽首者，穰侯之功也。"

又据《史记·白起王翦列传》载：

"（昭襄王十五年），白起为大良造，攻魏，拔之，取城小大六十一。明年，起与客卿错攻垣城，拔之。后五年，白起攻赵，拔光狼城。后七年，白起攻楚，拔鄢、邓五城。其明年，攻楚，拔郢，烧夷陵，遂东至竟陵。楚王亡去郢，东走徙陈。秦以郢为南郡。白起迁为武安君。武安君因取楚，定巫、黔中郡……"

白起虽善用兵，魏冉固无所学，然竟能"东益地，弱诸侯，尝称帝于天下，天下皆西乡稽首"者，何也？曰：借商鞅、张仪等外用派之功也。盖至昭襄王之时，商鞅变法、张仪连横已颇具成效，魏冉、白起之徒因之，坐收其成，而成此大功也。司马迁之赞"穰侯之功"者，是徒见其表矣。魏冉罢相后七年，白起又大破赵，杀赵卒四十五万于长平，山东诸侯遂无一可抗秦者。

盖自昭襄王即位至魏冉罢相，凡四十余年，是为主体派极盛之时也。

六、昭襄王末年外用派之复兴

秦国诸君，唯昭襄王在位最久。其即位因得主体派之支持，遂造成该派之持久秉政。然处当时大环境之下，昭襄王对主体、外用两派之态度，与孝公、惠文王、武王实无二致。执政后期，他已渐显出对主体派之不满，而拔擢魏人范雎。

"范雎者，魏人也，字叔。游说诸侯，欲事魏王，家贫无以自资，乃先事魏中大夫。"（《史记·范雎蔡泽列传》）

范雎为魏人，因为秦王献"远交近攻"之策而得任用，当属外来之事功派。既蒙秦廷重用，自不免与当权之主体派发生一番斗争。

据《史记·范雎蔡泽列传》载：

"穰侯，华阳君，昭王母宣太后之弟也；而泾阳君、高陵君皆昭王同母弟也。穰侯相，三人者更将，有封邑，以太后故，私家富重于王室。"

"范雎日益亲，复说用数年矣，因请间说……昭王闻之大惧……于是废太后，逐穰侯、高陵、华阳、泾阳君于关外。秦王乃拜范雎为相，收穰侯之印……"

由此，范雎明显将魏冉、泾阳君、高陵君视为敌对势力，而此三人皆为秦宗室，为秦廷主体派之代表。此时，宗室一派已失宠，于是魏冉免相国，泾阳君出关就封邑，而以范雎继任秦相。此时，主体派在秦廷尚发挥影响者为白起，遂与范雎产生冲突。

据《史记·白起王翦列传》载：

"韩、赵恐，使苏代厚币说秦相应侯……武安君闻之，由是与应侯有隙。"

"秦复发兵，使五大夫王陵攻赵邯郸。是时武安君病，不任行……乃使应侯请之，武安君终辞不肯行，遂称病……应侯请之，不起。于是免武安君为士伍……秦昭王与应侯群臣议曰：'白起之迁，其意尚怏怏不服，有余言。'秦王乃使使者赐之剑，自裁。"

白起由魏冉提拔，而与之相善，故同属一阶级明矣。长平之战后，苏代为解韩、赵之危，而游说范雎，以劝秦王退兵，即利用两派之矛盾。两人冲突既开，范雎正值得势之时，必除白起而后快。白起虽于秦有大功，然因范雎之挑拨，日遭猜疑，于昭王五十一年被谋害至死。事功派遂全面掌控政权。

七、吕不韦引文化派入秦

自范雎任相至秦昭襄王辞世，是为事功派之复兴时期。昭襄王崩，由孝文、庄襄王先后即位，然为时甚短，仅四年。是时，中国之统一已迫在眉睫，秦廷为迎合此一大趋势，遂有吕不韦引进文化派之事。

据《史记·吕不韦列传》载：

"吕不韦者，阳翟大贾人也。往来贩贱卖贵，家累千金。"

"当是时，魏有信陵君，楚有春申君，赵有平原君，齐有孟尝君，皆下士喜宾客以相倾。吕不韦以秦之疆，羞不如，亦招致士，厚遇之，至食客三千人。是时诸侯多辩士，如荀卿之徒，著书布天下。吕不韦乃使其客人人著所闻，集论以为八览、六论、十二纪，二十余万言，以为备天地万物古今之事，号曰《吕氏春秋》。"

由此，吕不韦论国别，非秦之主体派，论其所学，亦非事功派。然观其秉政后之作为，则自属一派，因其外来且着力于秦之文化建设，故名之曰文化派。该派与事功派同为外来派，而所学及理想不同，一者致力于经济、军事、外交上之提升与开拓，旨在富国强兵；一者着眼于秦之意识形态及文化建设。

自孝文王即位至秦始皇十年，吕不韦掌秦之国政达十四年之久，其间必对秦之文化建设有所影响。

据《史记·秦本纪》载：

"孝文王元年，赦罪人，修先王功臣，褒厚亲戚，弛苑囿。"

"庄襄王元年，大赦罪人，修先王功臣，施德厚骨肉而布惠于民。"

"庄襄王即位三年，薨，太子政立为王，尊吕不韦为相国，号称'仲父'。"

据此可知，孝文王、庄襄王即位初之举措，多涉及道德、礼仪层面，必有受吕不韦文化建设之影响者。吕不韦之权势因此而益彰，至秦王政即位之初，尊为相国，号称"仲父"，权倾朝野。

据《史记·吕不韦列传》载：

"秦王年少，太后时时窃私通吕不韦。"

"秦王下吏治，具得情实，事连相国吕不韦……王欲诛相国，为其奉先王功大，及宾客辩士为游说者众，王不忍致法。秦王十年十月，免相国吕不韦。"

自庄襄王即位至秦王政即位早期，吕不韦虽权倾一时，然因其常与秦王政之母有不正当关系，卒招致秦王政之反感与打压。亦因此之故，秦王政自始即对文化派抱有偏见，晚年更对其失去耐心，遂有焚书、坑儒之举。

至于秦统一之后对于主体、事功、文化三派之政策及三派之斗争，本书正文已有论述，兹不赘述。今只将秦自孝公至于始皇一百五六十年间，凡受"秦国为体，东学为用"政策影响之秦廷派别及其学术人物罗列如下：

主体派——杜挚、甘龙、公子虔、向寿、樗里疾、魏冉、白起、蒙骜、蒙毅、蒙恬、王翦、王贲、王离、扶苏、子婴等；

外用派——

之事功派：

之法家：商鞅、尸佼、韩非、李斯、赵高等；

之纵横家：张仪、犀首、陈轸、甘茂、范雎、蔡泽、尉缭等；

之文化派：吕不韦、茅焦、叔孙通、卢生、侯生、徐巿等。